中国美术收藏史

History of Chinese Art Collection

谷赟 著
Gu Yun

辽宁美术出版社
Liaoning Fine Arts Publishing House

目录

我们通过“艺术”“权力”“财富”三个关键词来观察“中国美术收藏史”。收藏史的主体是人，也就是收藏家，他们的收藏对象是美术品，所以我们研究的藏品是艺术品，而不仅仅是文物。立足当下，中国艺术品从悠久的华夏文明中走出来。从历史的角度看，中国艺术的评价主体随着不同时代权力结构的变化而变化。“越是民族的，就越是世界的”，20 世纪以来，中国艺术在全球化趋势下逐渐形成了世界性的价值判断，中国艺术的收藏变成了世界性的，评价标准也是由构建现代世界体系的“西方”建立起的。全球现代化的趋势是由“西方”引领的，因此财富也随着权力结构变化，从欠发达地区和国家，流向了发达地区及国家。权力和财富的流动，当然引导着艺术品的走向，并左右着艺术的品位。

一、艺术（Art）

艺术品作为商品在艺术市场流通是很普遍的现象。艺术品既有艺术价值（使用价值）又有交换价值。艺术品的使用价值，也就是艺术价值是在审美过程中被实现的，而交换价值，一般会用货币来衡量。大概在唐代，书画等艺术品的购买便成为普遍现象。商品经济在宋代空前发展，远胜于唐。宋代宫廷有复制历代藏画的做法，今天收藏于全球各大博物馆、美术馆的早期绘画作品，大多是宋摹本。从这一点来说，书法作品倒是有不少早期作品传世。宋代青铜器的收藏也蔚然成风，并有“金石学”问世。

北宋大兴翰墨雅玩之事，书画、金石收藏极为繁荣。皇室内府热衷对于书法名画的复制、重装、刻帖。《淳化阁帖》的印行是“帖学”之祖，开启了刻帖流传的传统。金石主要分两部分。金，多指先秦青铜礼器鼎、鬶、簠、簋、爵、觚等。还有其他金属的工具，如权、度、兵器、乐器等，多被称为吉金，其中有铭文的价值更高。石类则有碑、碣、志，还有摩崖石刻、造像碑等。也包括烧制的建筑构件，如瓦当、画像砖石等。我们的这一部中国美术收藏史，上限便从宋代开始。

使用价值

艺术作品本身的审美属性，可以让人满足于精神享受，在精神享受的过程中，形成一种心理认同，从而产生不可思议的精神力量。丘吉尔曾说：“我宁愿失去一个印度，也不肯失去一个莎士比亚。”文艺作品带给一个民族精神层面的价值，是绝对不能用物质来衡量的。

唐张彦远在《历代名画记》中提道：“夫画者，成教化，助人伦，穷神变，测幽微，与六籍同功，四时并运。”艺术首先是服务于礼教，在“文以载道”这个层面上，历代统治者都要建立一套教化系统，使艺术服务于意识形态。南朝萧绎《职贡图》、唐代阎立本《步辇图》(传)、北宋《瑞鹤图》、明代《雪夜访普图》等，都属于宣扬统治者意识形态的宫廷绘画。这一批作品并不投入市场，而是在宫廷内供帝王与近臣观赏，起到歌颂功德或者劝诫警醒作用。再有皇帝将自己的书法作品赠与臣子，是一种价值转换。皇帝投诸时间创作的艺术品换取的是下级对他的尽忠。

“文物”一词最早出现在春秋时期，指的是礼乐制度。1982 年首次颁布的《中华人民共和国文物保护法》是当下文物管理工作的主要法律依据。它定义了文物的概念、分级等总则和细节。文物的价值对于国家和民族的意义要绝对高于其商业价值。文物范围很大，包括了可移动的和不可移动的全部历史文化遗存。在年代上不仅限于古代，也涵盖近现代和当代。而且文物至少具备艺术、历史、科学价值中的一个。在中国近代战乱时期有大量的古代书画作品非法流出境外，被海外收藏机构及个人收藏。那个时候国家对待文物买卖管理力度不够，管理疏松。不同于多用于私人把玩的古董（古董也有古玩、骨董的称呼），文物多用来满足个人藏家的艺术审美需求。

书画在帝制时代是宫廷的财产，精品庋藏于内府而平民不可得见，是少数皇族方可把玩的“稀罕物”。书画的递藏和大批易主，造成了书画创作、研究群体的转移。近代虽然引入了博物馆制度，但实际上大众如果没有经过专业训练，观看古书画也仅限于感性认知。创作、研究、鉴定活动，仍然是专业领域内少数人从事的业务。尤其是文物鉴定，是极小范围内学术精英引导的工作。

古董圈的交易完全靠购买者的眼力。圈子里的潜规则是不能够找后账，当时眼力不行，判断有误也不能后找，不退钱或不全退钱。“面子”在这里尤为重要，因为这关乎一位藏家业内口碑中的专业水准。这和市场经济的体制不同。当下的许多拍卖机构也不提供鉴定意见，不保真，而只是将各种参考意见和拍品的来源列出而已。文物的鉴定者大都是博物馆、高校的专业文物工作者或者研究员，他们以缜密的学术考证为文物作保障。学院派的鉴定方式和市场鉴定是完全不同的规则。

当下艺术史研究，受西方知识体系影响，以“图像”研究为核心。“图像”一词源于英文 icon，即圣像。在学理上讲，有图像志（iconography）和图像学（iconology）的不同层面。图像志侧重考察作品题材的识读，图像学主要是从文化层面分析作品，考察形成这样图像的多元因素。而中国美术收藏史关注的是“文物”或者“艺术品”。鉴定、买卖、保存、转移、展览等全部工作，都是围绕着实际的物件来进行的，重视实际操作，而绝不仅仅是对图像的释读，对艺术史实的考据。这是收藏史和艺术史不同的地方。

传统书画鉴藏，延续的是自古以来雅玩的风尚。依靠经验积累的目鉴是最核心的技术。由于中国书法和绘画的特殊技术及根植于中国哲学特点的传统文化，文人绘画积累的笔墨特点，决定了古代书画收藏不能仅停留在读图的层面，绝大多数作品不适用于画面题材象征意义的释读。一位有眼力的收藏者，对于作品的质地、笔墨的材质、图章的辨认等细节，一样都不能错过。

交换价值

艺术品的交换价值受到几个因素的制约，包括政治宣传、媒体炒作、社会经济状况、艺术家的个人状况等。符合某种意识形态的作品，在不同的意识形态中未必有交换价值。基督教题材绘画，在佛教信仰地区就没有市场。经常出现在媒体上的艺术家自然具有社会认知，作品的交换价值也会相对高。已故艺术大家，存世的作品不可增长，交换价值一般会升高。而在经济发达的时期，人们的积蓄增加，在满足基本物质消费后，才有可能去投资精神产品。

画廊系统是在 19 世纪才进入中国的，中国大多数艺术品流通都是通过画店、古董店买卖。拍卖系统，是西方商业体系的产物，进入中国后，逐渐成为艺术市场上资源流动的重要渠道。近些年中国艺术品在拍卖市场屡屡拍出过亿天价，这其中有古代艺术品，也有当代艺术品，超高的成交价究竟有多少水分？艺术品的使用价值和交换价值之间如何匹配？保值甚至增值，无疑是每一个藏家在投资前后心心念念的。

赝品

赝品制造者，即作伪者，瞄准的是暴利。通过付出较少的成本，而取得更多的利润。大规模的作伪通常发生在社会稳定、经济发达、艺术市场繁荣的时期。历史上有几次大规模的作伪高潮。第一次出现在 11 世纪后半叶到 12 世纪初，是北宋王朝后期。“安史之乱”后的中国，中央集权遭到破坏，整个国家的运势急转直下，全国范围内兵乱迭起，延续到五代十国。当时北宋结束了这一局面，经过百余年的积累，社会安定，城市化程度在中国古代社会首屈一指。城市化是商业经济的基础，都城汴梁人口密集，商业繁荣，居民二十余万户，商肆贸易不分昼夜。书画交易在当时也极为繁盛。第二次高潮出现在 16 世纪到 17 世纪前期，此时正值明代中晚期。朱明王朝历经一个半世纪休养生息后，社会安定，尤其是江南地区的经济达到了极为繁荣的程度。书画古玩的交易也日益兴隆，苏州不仅是引领全国风尚的核心，也是作伪的核心。第三次作伪高潮出现在 19 世纪的后半叶到 20 世纪初。这是晚清到民国初年时期。清代康乾盛世之后，也达到了前所未有的社会稳定、经济繁荣状态，商品经济非常繁荣，刺激了中国资本主义萌芽的发展。1840 年鸦片战争后，中国成为半殖民地半封建社会，沿海开放了大量通商口岸，出现了上海这样的国际性的贸易城市。①

赝品产生后便自然有鉴定学问世。历代书画鉴定家大都能书善画，对历代名作纸张、笔法等元素非常熟悉。精于金石鉴定者，必通晓经史。瓷器、玉器鉴定者，必然对材质提取、制作流程洞然在胸。陆俨少谈到自己的创作精力分配时曾经说到他是“四分读书，三分写字，三分画画”。古书画的创作看重的“书卷气”即“逸格”，如果用西方美术史研究的方法是无法理解的。海外研究中国卷轴画的学者学派如方闻先生及传派，如傅申先生等，都有极深的古书画造诣。中华人民共和国成立后，文物管理日趋法制健全，许多之前鉴藏圈的“巨眼”在为国家工作，如徐邦达、启功、谢稚柳等，他们都有书画家的身份。20 世纪 80 年代的全国鉴定小组在目前的文物收藏基础上，建立起一套有法可依的系统收藏体系。文物收藏工作还在逐日推广，国家可以管控的文物数量也在不断增加。

葬玉对于中国人来说有五千年的传统了。我们可以看到史前文化中玉器在葬俗中的使用。葬玉作为皇族的葬俗，是从汉初起，到三国时期被曹丕

① 参见杨新，《商品经济、世风与书画作伪》，《中国古代书画鉴定二十五讲》，浙江大学出版社，2019 年版。

禁止。作为殓服的"金缕玉衣"在中国历史上走过了四五百年，数量稀少且珍贵。现藏于河北省博物馆的西汉中山靖王刘胜墓中出土的"金缕玉衣"最为完整。共用玉 2498 片，金丝重为 1100 克，制作手法精妙，成本极高。20 世纪 90 年代的顶级国宝"金缕玉衣"造假案件在中国出现。该事件一起，便震惊了全国。这一文物造假案主犯为谢根荣。谢根荣花费 2 万元买来玉片和金丝，仿造考古出土物搞出了一套"金缕玉衣"。更甚者，他的赝品通过了五位国内权威专家的鉴定。专家们共同在鉴定书上签了字，并估价这件"金缕玉衣"价值为 24 亿元人民币。然后谢根荣以此鉴定书从银行贷款，骗出了 7 亿元。最后由于还不起贷款将相当于价值 2 万元的假文物以 7 亿元卖给了银行。2008 年此案被侦破，谢根荣和涉案鉴定专家均入狱。

二、权力（Power）

马克思在德国古典哲学的体系中，有了新的理论推进。哲学革命的社会基础是在资本驱动下发生的，这使传统社会的伦理发生了动摇，因为人是逐利而为，而非在理性的逻辑中行为。康德和黑格尔在德国古典哲学中，建立起独立的人格（person），认为人都有权利（right）。马克思在资本主义世界中提出"权力"（power）。权力观点在福柯、布尔迪厄等后现代主义哲学家那里得到延续阐述，形成了现代哲学到后现代哲学的转折，彻底颠覆了古典哲学关于"人格"的定义。

福柯的哲学中，权力（power）是通过和知识、意识形态等结合在一起，形成社会权力，构成了社会道德评价体系。布尔迪厄的理论更为具体和细致，他提出了场域（field）、习惯（habitus）、资本（capital）等概念，对社会权力、艺术文化资源和货币资源的转化做出更为系统的解释。

而且马克思主义关于"艺术生产"的定义，从社会学的视角开辟了理解艺术的一个新角度。之后的法兰克福学派，在马克思主义艺术理论的基础上继续开拓，形成了艺术管理学的理论基础。美国的丹托，提出“艺术终结”理论，主张在一个“艺术世界”中讨论艺术，而非单纯讨论艺术作品。这些理论，都是随着全世界的工业化、现代化进程，逐渐成熟和发展起来的。

在工业化大生产出现之前，农耕文明是人类社会最主要的文明形式。中国在一段时期的分裂后，会形成一个大一统的帝国，以统一的思想和制度来管理。而欧洲则不同，在西罗马帝国崩溃后，便大部分时间处于分裂状态。只有在 19 世纪初和 20 世纪初，法国和德国曾短期统一大部分欧洲领土。而传统的农耕社会，倡导的价值观和大工业生产截然不同。东方是以皇权为核心的管理制度，西方是教权和王权交织的管理方式。在 20 世纪，东方在不情愿的状态下与西方进行了碰撞，之后便形成了以西方话语体系为评价标准的全球国际政治格局。而这个全球化的国际权力结构则是欧美强国建立起来的。强行植入中国的并非完全是科技和制度，在思想观念层面，中国传统思想在西方价值体系下，也承受着冲击，甚至关于价值观都要重建。来自西方资本主义世界的强力冲击，对华夏民族来说也是一个考验。

公私藏家

中国历朝历代各个时期都有热衷于投资艺术收藏的富有者。投资者绝大多数是为了自己的藏品升值。自赵宋一代兴起尚文之风后，中国文官的地位逐步压倒了武将，宋一代文官数量较之唐代激增，使得士大夫阶层话语权逐渐增加。文人的审美逐渐上升，开始左右皇帝的审美标准。一代文宗苏轼带领的文士群体所倡导的诗词歌赋、书法、绘画，完全引领宋代文艺走向。

古代书画精品的流向，就是书画大师诞生的一个必要条件。只有过眼、精研名作，才有可能跻身于时代之巅。明之前的书画大师，多出于宫廷或者官宦士族，原因就是皇家、贵族和官僚才能够掌握书画精品。如张彦远，家中几代都官至一品，家藏书画精品的丰富程度超过了内府收藏。经过几代人的收藏积累，才形成了规模极大的收藏和对于书画极为深厚的认知，完成画史巨著。

古代几次极为重要的官方书画收藏有北宋赵佶时期宫廷的大规模书画收藏活动，清代乾隆时期虹吸一般的收藏，以及中华人民共和国成立后的全国博物馆对《故宫已佚书籍书画目录》书画的搜求。这三个时期都有官修的著录存世，比如《宣和书谱》《宣和画谱》《石渠宝笈》等。对传世精品研究后可知古书画在历史长河中的基本流向。而有史可考的收藏史脉络，也都是由官方收藏和私人收藏共通建构的。著名的私人藏家如项元汴、梁清标、安岐等，他们的著录也都是收藏史研究的重要参考书。

明末江南的私人刻帖兴盛，便是基于私家收藏的繁荣。书画兴隆之地，私藏精品通过印刷的方式流传。文徵明、董其昌都有刻帖传世。明中叶兴起的吴门收藏，是中国古书画收藏史上的一个特殊阶段。由于明代的“书画折俸”事件，大量的古书画流出宫廷。吴籍官员和吴门文士阶层在书画收藏上颇有传统，因此形成了全国领先的书画收藏地域性群体。

明代徽商中的吴其贞家族，便在江南地区的艺术圈里极为活跃。一方面在艺术品买卖中赚取高额利润，一方面斡旋于买家和顶级批评家之间，对于当时艺术风尚的走向起到“推手”作用。明代的私人收藏强于国家收藏，而清代乾隆时期国家收藏则达到顶峰。在清廷覆灭后，大量的宫廷收藏流出，转入私人藏家手中，流布全世界。中国艺术在世界范围内形成大规模的影响，并在外国形成话语权，是在这一时期形成的。中华人民共和国成立后，国家收藏得以重建，文物外流的现象得到控制。在改革开放之后，中国艺术市场随着市场经济的繁荣而逐步建立起来，国家导向下的艺术产业园区、美术馆、博物馆建设起来，民营美术馆、画廊开始繁荣，艺术拍卖市场逐步建立，很好地迎合了全球化的大趋势。纵观中国美术收藏史，藏品“富可敌国”的藏家，藏品的流向是很值得关注的。公私收藏的转换，是中国艺术收藏史中非常重要的关键点。

三、财富（Money）

艺术收藏活动由来已久，不分国家、民族、信仰，进入文明社会的人类在物质生活得到满足的条件下，都乐于追求精神层面的享受。中华文明源远流长，每一个时代都留下璀璨的物质和精神文明。中国艺术自成体系，以兼容并蓄又极具独特面貌的形式存在着。

从当下的学科立场观察中国艺术收藏史，不仅要停留在艺术的审美价值、材质、形式、主题等本体的特性，更要以经济史、市场史等多种交叉学科的视角，来考虑艺术作品在中国历代经济系统中的价值变化，以及和社会财富的流动趋势之间的大关系。

艺术收藏要从社会学的角度上观察。观察艺术收藏要从几个方面立足：社会结构、财富流向、作品价值、意识形态。艺术作品在社会流通要具备使用价值和交换价值，这两个价值之间的关系不是成比例或者系数关系的。比如一个国家的国歌，只有使用价值，在交换价值层面上是无法衡量的。而凡·高、黄宾虹的作品在作者生前，是没有使用价值的，画家投入了极大劳动时间，作品无人看好，当然也没有市场价值。在他们故去后多年作品才得到专业认可，在市场上也就卖出了天价。意识形态的力量是民族、国家、阶层、宗教、文化等精神层面所需要的。“成教化，助人伦”作用在何时何地都是必需的。所谓“盛世兴收藏”，艺术品的交换价值在社会动乱时期一般不会凸显，意识形态的作用却会凸显。

唐之后文人在意识形态中扮演起了愈发重要的角色，文人趣味的艺术作品便繁荣起来。在天下太平、社会稳定、生活富庶的时代里，市场便繁荣起来，艺术市场也随着物质生活的盈余逐步涌现出更多不以意识形态宣传为主的作品，比如 17 世纪荷兰小画派，作品中基本都是反映世俗生活的题材，所谓的“商品画”，目的就是纯审美，普通家庭装点生活，提升主人的艺术品位。而在这种时期，伪作、贿赂、盗墓等负面的因素也会应运而生。

宋之前，以丹青为主，白描为画稿，多在绢或熟纸上绘制。宋之后水墨淡着色画的数量激增，写意绘画增多，画家逐渐不再作稿，而是直接写成。从我们取得书画的方式来看，中国古代美术品有考古发掘和传世两种。书画同源，是一个老话题，但并不过时。而且在漫长的历史时期，书、画共法且相互影响。书画的收藏放在一起来考察讨论，比较合理。金石收藏则多依赖拓印的方法，并结合书籍出版，在书中也有梳理。笔者学力有限，认知不足，今后若有余力，再讨论其他形式的美术品收藏。

资金的流向

决定社会财富流动方向的是社会结构。“人往高处走，水往低处流”，社会财富自然是流向更能使它增值的阶层手中。中国在被资本主义世界列强侵入之前，基本以“内循环”的方式运行。对外交流并非国家主要财政收入，以农为本的经济模式决定了社会财富集中在皇帝、贵族与官员手中。进入近代史之后，就要观察财富在全球范围内的流向。西方欧美资本主义国家，在全球经济、政治格局中占有主导地位，由它们来结构全球政治格局，决定资本的流向。

根据英国《经济学人》杂志出版的《经济学人权威预测：2050 趋势巨流》书内的推算，中国经济将在 2030 年前后超过美国成为全球第一大经济体，2050 年中国的经济总量将占到全球的 20%。[①] 中国经济学家林毅夫的预测和《经济学人》的结果是一致的。[②] 美国财政部前部长、哈佛大学校长劳伦斯・萨默斯认为，300 年之后历史书会把发展中国家尤其是中国和印度的崛起，列在伊斯兰世界和西方世界的关系以及冷战结束之前，作为我们这个时代的头等重要的事情。我们有幸成为“大变局”的亲历者。

① 参见丹尼尔・富兰克林、约翰・安德鲁斯，《经济学人权威预测：2050 趋势巨流》，罗耀宗译，天下杂志股份有限公司，2012 年版。

② 参见林毅夫，《解读中国经济》，北京大学出版社，2012 年版。

回顾20世纪以来的历史，积弱积贫的中国被西方资本以鸦片叩开国门后，便开始被动地走上由农业社会向工业社会的转变之路。从最初的“洋务运动”到当下的世界第二大经济体，中国在世界经济中扮演的角色日新月异。农业社会的组织秩序在近代逐步瓦解，西方的经济、政治、文化制度在各个方面冲击着传统中国。当代中国虽然和农业社会时期在制度、国际地位、经济体量、科技教育等各个方面有天壤之别，但作为一个绵延不绝传承下来的文明集体，在意识形态上仍然显示出独特的特性。从世界格局来看，资本的流向从环大西洋地区转移到环太平洋地区。财富的走向有各种原因，而财富的来临往往会带来持有者的危机感，手中的货币是否能够保值？盛世投资艺术收藏往往是个不错的选择。

经济发展

“大一统”的传统是中国社会发展过程中极为重要的管理方式。国家对文化事业的引导，塑造着中华民族在新时代的形象。国家的各大文博、高校、科研系统，对于整个社会文化价值的引导、塑造起到了导向作用。为了保护文脉绵延，国民政府在溥仪出宫后便着手筹建故宫博物院、古物馆、国子监等文管部门。为了躲避战火对文物的损毁，几经周折迁移紫禁城及各处清朝宫廷藏品。在20世纪80年代，中国组织了历史上最大的一次全国性文物大盘点。在国家的财力、物力、人力支持下，对传统文物进行保护、整理和研究。

任何政府在成立之初，往往经历多年兵燹，民生凋敝，百废待兴。国家能够有富余资金投入文化建设，一般都要在立国几十年后，从战后重创中经济得以恢复后。长期的社会稳定，酝酿出经济繁荣、国库充盈、人民富裕、商贾兴盛的局面，艺术投资才会昌盛。当下中国的GDP跃居世界第二，国家实力和20世纪不能同日而语。国家对于本民族的文物和艺术品，可以更好地收集、管理和研究。

国际资本

有学者研究，宋代中国的国民生产总值居世界首位。宋代对外开放，商业繁荣，尤其是南宋。这个时期中国的南方，尤其是长江下游地区，经济被大幅度开发，一举成为后世中国经济的重心。元代的国家财政更多的是建立在海路贸易上，而不像明清两代，以农为本，依赖“人头税”来满足国家开支。但即使如此，古代社会的对外交流和20世纪以来的资本全球化，还是不能同日而语。进入19世纪，中国欲以“闭关锁国”法来避免卷入全球资本竞争，然而结果是更为被动地卷入到资本全球化。20世纪对世界格局最大的影响不外乎两次世界大战。破坏力无比的战事造成了欧洲的衰弱，以美国、日本、中国为核心的环太平洋地区经济的崛起，“地理大发现”带动的环大西洋经济圈日渐衰弱下去。

美、日是19世纪末到20世纪初中国文物的两大买家。大批藏家利用中国现代国家秩序尚未建立起来这一阶段，大量购买中国文物和艺术品，有“奇货可居”的投资眼光。中华人民共和国成立后，中国经济快速增长的状态下，这些人再通过各种渠道将手中藏品卖回中国，从中牟取暴利。

书画在市场中流转时主要受法律保护的载体是画廊、文物商店、拍卖行等机构。但值得注意的是，这些机构遵循的规则和学院派差距颇大，作品也是鱼龙混杂，说法不一。拍卖机构是可以不对拍品作出保真承诺的。因此对于艺术管理专业的学子们来说，进入社会工作，面对瞬息万变的市场要作出及时的应变。

本书主要通过大藏家藏品的转移、社会权力结构、财富流动几个角度来观察中国美术收藏史。我们理出一条大藏家的活动线索。从艺术管理学的角度来看，收藏是整个艺术世界里非常重要的环节。所有的工作都要围绕“艺术品”（包括文物）进行，在艺术市场中去适应、调整。我们的美术收藏史是对艺术市场的观察，是艺术管理学之下的一个分支。

早期艺术收藏

中国古代经济体制　宋代艺术市场与收藏　元代官私收藏

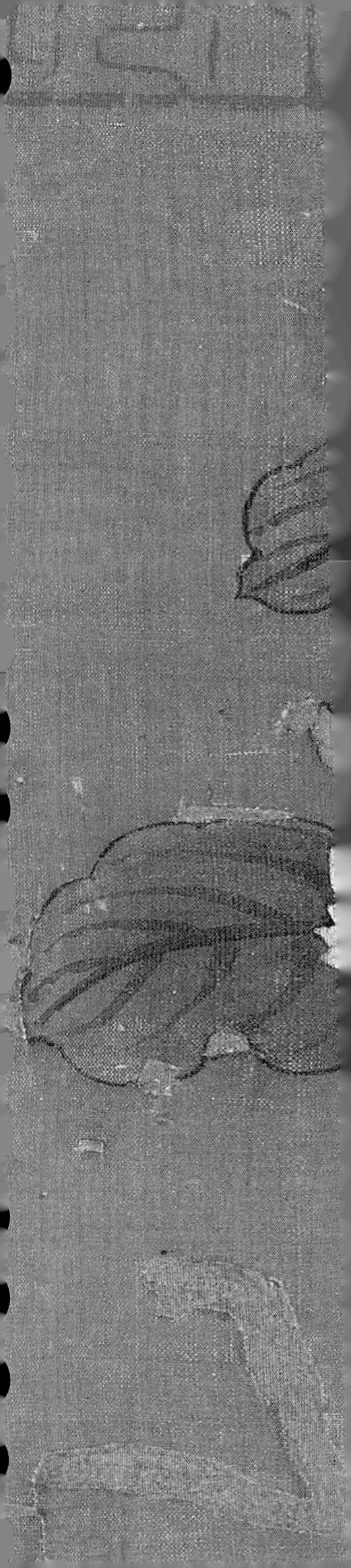

第一节　中国古代经济体制

中国古代经济体制建立的基础便是皇权至上的政治制度基础，“管仲陷阱”模式的专制经济基础是和这一政治制度匹配和契合的经济体制。孔子曾经发出内心的呼喊：“微管仲，吾其被发左衽矣。”这确为华夏文明延续至今的内核，历代有为帝王均费心打磨这一套管理制度，通过“重农抑商”，严格的户籍管理制度，将人口束缚在土地上，减少人员流动。通过宋代以来发达的文官制度削弱国家分裂的地方权力。通过科举制度选拔管理人才，并将以君臣、父子等伦理组成的儒家核心价值观通过考试制度推广开来，形成稳固的统治。

1.“人头税”和“资产税”

唐宋在经济制度上有了极大不同。唐早期的租庸调制，以人头为征税单位，严格控制人口流动，采用收取田租、服役、实物等多种形式，有着非常浓厚的计划经济色彩。兵制延续了北周所创的府兵制，政府募兵，兵民一体，非战时经济自足。而唐代政府致力于领土的扩张，唐王室本身具备鲜卑血统，自从唐太宗开始，唐皇帝被北方民族政权尊称为“天可汗”，不断四方征伐。朝堂之上有大批胡人为官，而在戍边将领中，如安禄山、史思明等，均为胡人将领。大唐乐于使用胡将，原因也由于对外扩张领土，导致“摊子铺得过大”，为了减少开支，便采用了各个藩镇节度使募兵的制度。这也为足以毁掉盛唐“开元盛世”的“安史之乱”埋下伏笔。唐末杨炎推动的“两税法”基本类似现代的“财产税”，不看人口，依照田地来收租。而且不用实物、各种役和调，都可以用货币来替代，这就进一步促进了土地兼并和财富分化，导致中央政府可以控制的财富越来越有限。这一制度，在中国古代社会一直延续下来。宋代初年，统治阶级为重塑帝国统一的政治权力，作出了一系列努力。

五代到宋代初年，香巴王国（今越南北部）的占城稻被引入，在长江流域被广泛种植，一年成熟两到三次，产量翻番，远高于之前普遍种植的小麦。粮食产量的增加对农业经济的推动极大，宋代人口和前代相比激增，是人类历史上第一个上亿人口的帝国。①统治者也不用通过四处开疆拓土来增加自己控制的土地和人口便有足够的税赋。宋太祖赵匡胤总结前代管理经验，用“杯酒释兵权”使中央政府收回了武将兵权，基本解决了唐中期之后的地方藩镇割据的弊端。宋代大儒程颐总结本朝超越古今的五个方面：第一,百年无内乱，地方造反在百年内没有发生；第二，开国四位皇帝都是明君，所谓“四圣百年”；第三，赵匡胤陈桥驿黄袍加身，改朝换代手段非常平和，市不易肆，没有血流成河；第四，厚爱文士，百年不杀大臣；第五，对周边蛮夷胡族采取怀柔政策。这是之前汉唐等朝代没有过的。

而宋代的经济政策具有两面性，一方面对待民间经商非常宽松。世界闻名的长安城坊市布局分明，交易都要在市内进行，宋代打破了交易场所这一界限。唐代县以下是不允许建立集市的，但自宋代开始去掉了这一限制可以建立集市。宋代的工商税金很低且都会明示，以公告的形式张贴在所有的城门之上，老百姓可以通过榜单了解被征的税种和税率。宋代虽然民间生产和贸易较前代有所发展，但自由经济产生不了私营商业巨富。史籍中也找不到一位著名的商人，可以找到的巨富人群中贪官居多，这便是宋代经济政策的另一面决定的。宋代国有专营领域比前代广泛得多，资金量也更大。主要

① 参见费尔南·布罗代尔，《文明史纲》，广西师范大学出版社，2003 年版。

商品如茶、盐、酒、矾、醋等暴利行业都进行严格管控，私营者要受到重罚。茶税每一贯钱都要上缴中央。私自贩盐十斤判处死刑。私自贩运矾超过一两、私自销售矾超过三斤一样获判死罪。贩运私酒三斗以上进城的，亦处死。民间松散管制的，都是利润极其微薄的行业，比如针线、服装、肉食等，这些行业也很分散，不适合专营。

2. 官营资本的强化

宋代的经济制度和前代比，有几个特殊的政策。第一，公开允许官员经商。结果造成了一些高官名将经商致富。如开国宰相赵普、南宋名将张俊、刘光世等，均依靠皇帝给的权力经商致富。他们以公款为资本，以公物为原材料，以公人为劳动力来经营，成为一时巨富。如刘光世动用八千士兵给自己贩运货物。第二，不抑制土地兼并。这导致了一个郡县中，一半以上的土地和财富都集中在少数官宦手里。第三，对于垄断性的资源授权经营。在当时有“买扑”“钞引”两种模式。“买扑”类似今天的招标承包，买指的是买卖，扑就是竞争的意思。政府抛出一块资源，民间竞标，价高者得。“钞引”类似今天的特许经营，比如盐业等属于暴利行业，商人要先向官府缴纳一定数量财物换取凭证，以凭证去指定机构取货，在指定地点销售。“买扑”“钞引”使得政府在获得垄断性利润前提下激活了市场的能量，但由于那些“买扑”“钞引”获得者大多和官府关系非同一般，是官员亲属或者其他亲近关系，这些经济模式构成了宋代的官商经济。[①]

宋代财政、经济基本就是在一个闭环逻辑下进行的。中央为防止地方武装势力过大，便要政府养兵，军费上扬。要多用文士治国，就扩大科举人数，增设文官职位。中央的财政开支大，国家就壮大国有专营事业，此消彼长，民营经济便受到挤压，权贵经济膨胀。在这样一个死结中，终于在宋代

① 参见吴晓波，《历代经济变革得失》，浙江大学出版社，2013 年版。

开国百年左右的时间出现了无解的矛盾。贫富分化极大，“三冗”导致中央财政空虚，收支不抵，眼看中央政府走到了不得不改革的时刻。

王安石变法影响了北宋后期的政治，在中国经济史上也是非常有代表性的改革。从经济结构上看，变法前后，俨然是两个世界。变法后并没有形成开放、自信的精神，反而导致了政坛上的党争、经济领域中的贫富加剧分化等一系列的负面影响。而在变法后的第 57 年，北宋亡国。王安石变法气魄巨大，格局无与伦比，改革涉及政府机构、产业、市场以及相关配套体制。在中国帝制时代最后一次整体配套体制改革，其实就是宋代政府成为一个巨大公司，与富人争利，削弱贫富差距，而扩大政府财政收入，救济贫困百姓。然用力过猛，反对势力极大，执行过程中用人失误等，改革在延续了 16 年后随着最大支持者宋神宗驾崩而告废止，留下了一片残局。蔡京等人借助王安石建立起来的国家高度集中的专营机器，将盐、铁两业完全垄断经营，不与民间分利。再有就是江淮一带的产茶区被蔡京全部变为官市，杜绝民间经营，从中牟取暴利。王安石极具才华，在明代被列为唐宋八大家之一。官场之上却又不通人情，对反对派一律贬谪。他毫无私欲，一心为国，但他创造的专营制度产生的巨大惯性却被别有用心的后继者利用，从而给国家人事、财政等各方面发展埋下隐患。

第二节　宋代艺术市场与收藏

1. 书画收藏

赵宋王朝被学者们誉为“文化造极之世”。从西汉武帝刘彻设置秘阁以聚图书始，历经魏晋六朝，君王收藏古书、书画等当时的艺术与前代古物的爱好并未改变。东晋桓玄，如老饕般，贪噬天下法书名画。南梁元帝喜好翰墨，才情俱佳，古之稀世珍奇充仞内府。后续陈、隋之主均刻意搜求天下之宝，满足尚古好奇之心。隋炀帝在东京洛阳观文殿后修妙楷台和宝迹台，分别收藏古代法书和名画。唐代帝王对于意识形态的塑造更加重视，将天下法书名画收入内府，重建经典。唐太宗便有萧翼赚兰亭的故事传世，是帝王对书画痴爱的一典型事迹。唐张彦远所撰《历代名画记·叙画之兴废》便历数各代君王之收藏及主要散佚事件。

赵宋王朝开创了很多文化、教育制度，比如，中央政府开办了画院和书院，培养书画人才。在北宋，“金石学”这一门学问出现并发展起来。书画和金石研究，后来影响到艺术创作，这样的一个传统，可以说是北宋正式建立起来的，今天以金石为代表的古器物还是历史学、考古学、美术史研究的核心内容。

苏轼为王诜作《宝绘堂记》，其中提出了“寓意于物”的收藏观念。“君子可以寓意于物，而不可以留意于物。寓意于物，虽微物足以为乐，虽尤物不足以为病；留意于物，虽微物足以为病，虽尤物不足以为乐。”这就是说，一件古董珍品，喜爱它，观赏它，把玩后就应该满足了。如果一定想要去占有它就不对了，尤其是一味强求，而得不到，那会给身心造成伤害，适得其反。留意于物用现代社会学理论来讲，属于一种“异化”。他年轻的时候就是“留意于物”，家里所藏的古董，怕失去；人家的宝贝，怕得不到。成长后便达到了“寓意于物”境界。得失不再那么计较，以烟云过眼、白鸟感耳为喻，意思是只要赏心悦目，这个鉴赏、把玩的精神享受过程最为重要。

由于皇家的收藏都是有意而为之，因此产生了书画、青铜器等藏品的著录。赵宋皇室的收藏规模也是前朝无法匹敌的。翰林图画院在宋徽宗赵佶一朝达到巅峰。宋徽宗宣和年间，将内府所藏名画法书一一进行重新装裱，形成了极具特点的“宣和装”（图 1-1）。这一装裱形制至今还在使用。官修编著的《宣和书谱》《宣和画谱》是古代书画著录的典范。除此之外，以米芾为代表的鉴藏家也有各种著录存世，如《书史》《画史》等。还有董逌《广川书跋》《广川画跋》等著作。

2. 金石收藏

金石运用于考订，肇兴于两汉，在宋代发达起来，元、明相对宋、清来说，属于明显的衰落时期，到了清代达到顶峰。大概来看，金石学主要包含的内容有三方面。其一，通过考订来证经、史以及小学。其二，作古代文化典章层面的考察。其三，作艺术层次的研究，比如书、画、雕刻等。

北宋时期私家收藏青铜器，早期以刘敞为代表。他对金文有研究，在自己收藏的先秦彝鼎的铭文中，先辨识古文字，从而得知夏、商、周三代的典章制度，反过来可以补充史籍的缺漏。他改变了汉学传统，是宋代儒学的先声。刘敞和欧阳修交谊甚好，学术互通有无。欧阳修《集古录》跋尾提到刘敞就他自己收藏的十一件古器物，加以绘图摹刻，著成《先秦古器记》一册。这是金石学开山之作。

我们今日对宋代官员生活的了解一方面来源于史籍，一方面来自考古发现。后续的金石学著作有吕大临《考古图》（图 1-2），还有王黻《宣和博古图》等。吕大临在刘敞著书约三十年后，撰写《考古图》十卷，《释文》一

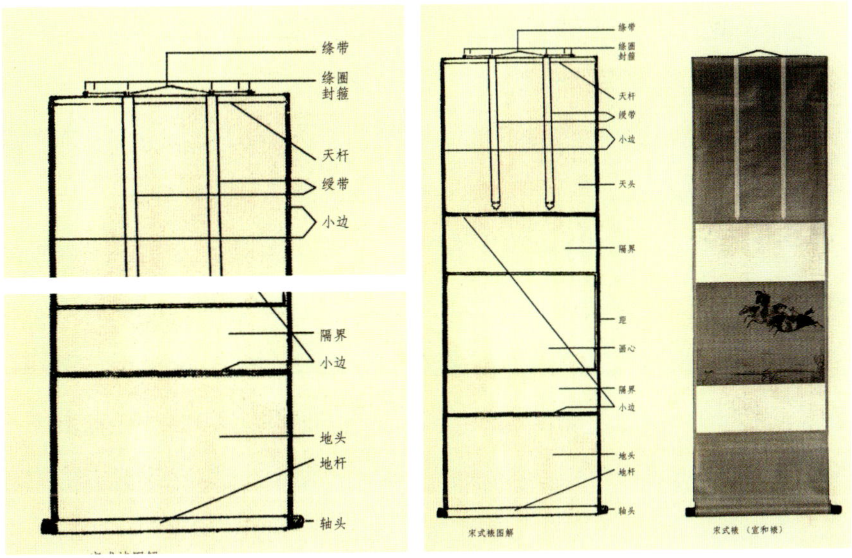

图 1-1　宋氏装裱格式

卷。在序言中说，成书于元祐壬申（1092 年）。《考古图》把秘阁、太常、官廷以及民间所藏的青铜器二百二十四件、石器一件、玉器十三件记录在案。吕大临按照形状让工匠绘图，标注清楚每一件器物的出土地及收藏者。对于器物的大小尺寸，都加以详细记录。在《释文》部分里，吕大临对八十五件青铜器所镌刻铭文用《广韵》四部进行编排，其中异同，都用训释、考证的方法解读。这有助于纠正当时人们对古字的形、音、义的错误看法。《考古图》《释文》成为研究中国古代青铜器的第一部著录和研究的著作。绍兴三十二年（1162 年）南宋接续吕大临的工作，又编纂了《续考古图》合五卷。其中收录了一百件青铜器。其中错误较多，不如吕大临《考古图》的学术价值高。

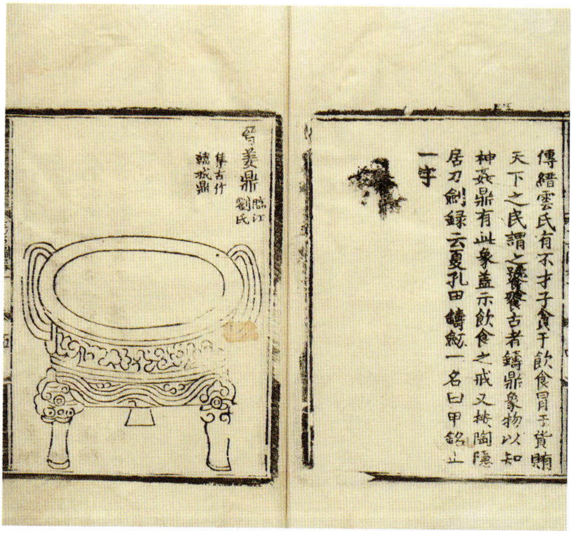

图 1-2 《考古图》

王黻《宣和博古图》在吕氏著作后又十余年问世。该书三十卷。《宣和博古图》在大观初年（1107 年）开始编纂，宣和五年（1123 年）之后成书。著录当时皇室在宣和殿所藏的自商至唐的铜器。总计有二十类，八百三十九件，每一类都有总说，有释文列在图下，器物大小、轻重、容量，都有说明。材料多而全，虽然考订的未必全都正确，但图和文字都流传下来，参考价值很高。在王黻编纂《宣和博古图》三十多年后，薛尚功又编纂《历代钟鼎彝器款识法帖》二十卷。王厚之又著《钟鼎款识》一卷。

王俅著《啸堂集古录》两卷，内收录商到汉代三百四十五件器皿。除此之外，还有张抡《绍兴内府古器评》，记录一百九十六件器物，有五十件见于《宣和博古图》著录。董逌《广川书跋》也著录了部分古器物的款识、论断和考据，都很精到。

欧阳修《集古录》成书的时代和刘敞《先秦古器记》接近。欧阳修搜罗金石镌刻文字，积累著述，在嘉祐六年（1061 年）完成。欧阳修之子欧阳棐撰写《集古录目》二十卷。由于《集古录》只收录了四百多篇有题跋的拓本，还有许多无跋尾的拓本未包括在内。《集古录目》包括了欧阳修家藏的金石拓本达一千种之多，弥补材料上的缺失。《集古录目》的体例只是列出碑刻的撰写人名、姓氏、官位、事实以及立碑年月，不作考证和评论。

赵明诚是北宋金石大家，他所藏三代彝器，以及汉代、唐代以来的刻石非常丰富。赵明诚仿照《集古录》的体例，作《金石录》三十卷。前十卷以时代为顺序，从第一件到第两千件，都有著目，每一题的下面著有撰书者姓名。后面的二十卷是辨证，跋尾有五百二十篇。在绍兴年间，李清照上表于朝，将跋文附在目后面刊行于世。相比而言，南宋郑樵在他的巨著《通志》的《金石略》中仅作了著录名目，没有跋文。跟《考古图》《宣和博古图》《集古录》《金石录》相比，大部分缺失。

第三节　元代官私收藏

元代蒙古族统治中国的其他民族。起初，蒙古贵族并不致力学习汉文化治国。在元代中期，产生了两大宗室收藏家，即皇姊大长公主和元文宗。大长公主祥哥剌吉（1283？—1331）是中国书画史上最重要的女收藏家之一。13 世纪蒙古族骑兵的强大武力，在亚欧大陆无人争锋。蒙古贵族和传统士大夫之间，在教育程度、语言文化、意识形态等各个方面都有着巨大差异。大概在 1366 年，根据陶宗仪《南村辍耕录》的记载，接近元代末年时期，蒙古人、色目人的官员，大多不能够执笔画押，还是用在象牙或者木头上刻画的方法来替代。

书画收藏上，有许多是用花押印标记的例子。在集古印谱里，这种花押印则更为多见（图 1–3）。元代人的花押是这个时代的篆刻史上的特点。蒙古族从崛起于北地的时候，到元太祖之前是没有文字的。在太祖时期，借用畏兀字来传达政令，记载一些史实。而到了元世祖时期，则开始使用西藏藏传佛教萨迦派第五代祖师八思巴，即元朝第一位帝师创制的蒙古文字，对于汉文的学习，可以说基本没有触及。

元代初期，统治者确实需要了解中国传统帝王的治国之道，以及儒家思想的基本理念。通过早期通晓汉蒙语言的幕僚翻译，逐步了解汉文化的源流。随着时间的推移，蒙古皇室的汉学修养渐渐提高。宗室子弟们，在学士经筵官们的教育引导之下，从孩童时期便有了执笔书写的经验，从而培养了宗室们对书画艺术的兴趣。随着学习层次的不断提高，宗室们对汉文化的情感益发深厚，对传统名作的崇敬渐渐增加。因此，皇室在执政后，仍然保持临池的浓厚兴趣和习惯，经常即兴挥毫，赏赐近臣或者亲写书敕。

虽然元代不再延续两宋建立起来的书画学以及画院的制度，但总的来

图 1-3　花押印

说，并没有对书画艺术进行压制和排斥。因此虽然两宋院体画风在元代似乎烟消云散，但却从另外一个角度，推动了文人画的繁荣，起到大河改道般的作用。元代皇帝中没有产生宋徽宗赵佶那样的顶尖艺术家和赞助人，但元仁宗时代礼遇赵孟頫，并延续了赵孟頫的书画品格，也确实造就了中国书画史上空前绝后的一位大师，此后赵孟頫便以他全面的素养和精湛的技艺引领了新的时代风格。

1. 大长公主收藏

元朝皇族，祖上兴起于漠北而不重文教，在元太宗八年（1236 年）采用耶律楚材的谏言，开始编集经史。1234 年灭金的时候，元帝没有主动去保护和搜集金内府的经籍文献以及书画文物。而元代内府的收藏应该是元世祖打下的基础。藏品主要来自南宋内府的旧藏。太宗早期编集经史是在山西平阳，元世祖便下令将其迁移到京师，命名宏文院。元灭南宋，宋帝不战而降，杭州内府收藏未遭兵燹。1276 年伯颜攻入临安，封存府库，将史馆寺府的图书、符印等尽皆收藏起来。当时任两浙宣慰使的是焦友直，奉命将宋秘书省的文献典籍全部收罗起来，经史子集以及内府文物等，全部由秘书监收存掌管。

元世祖、元仁宗相对于早期统治者，更为礼敬文士，对儒学也比较重视。元仁宗对赵孟頫尤其器重礼遇。在他还是太子的时候，便极力搜集赵孟頫手写的每一部千字文，并听闻管道昇能书能文之后，也收集她的手迹。他重视教育，命令中书平章李孟负责国子监，重新举行元朝废止了的科举考试。仁宗对于绘画的喜爱也可以从他命赵孟頫、王振鹏等为他作画看出来。王振鹏在至大庚戌（1310 年）春节作《龙池竞渡图》（图 1-4）呈于圣上，在题词中还有两句夸赞之词，曰：“储皇简澹无嗜欲，艺圃书林悦心目。”

祥哥剌吉，这个中国书画收藏史上最重要的私人女收藏家，有自己的收藏印，文人名士在她藏品上题跋，这些都是为她藏品在中国书画史中占有

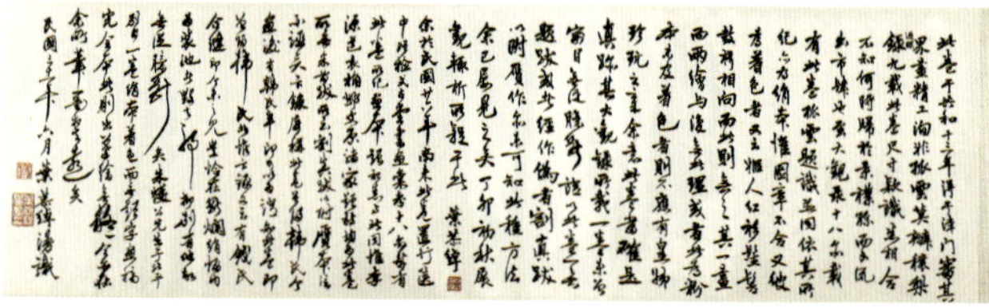

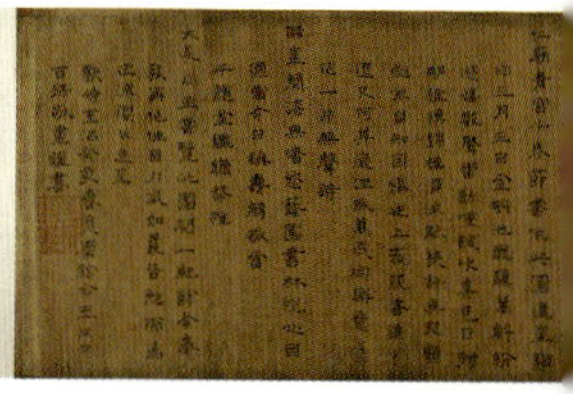

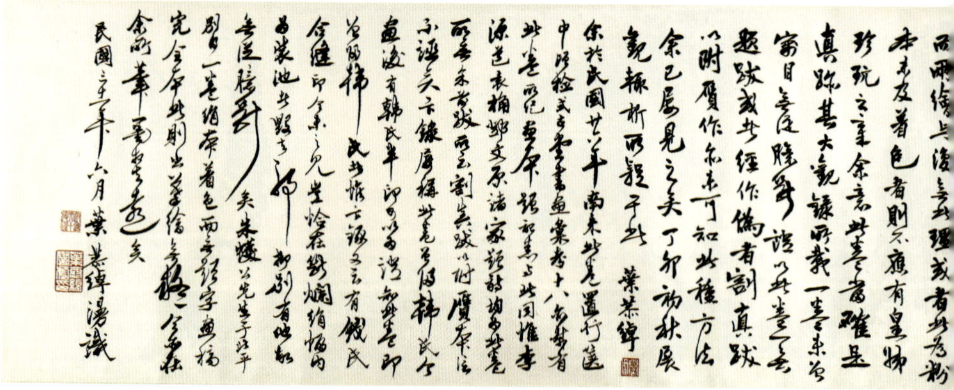

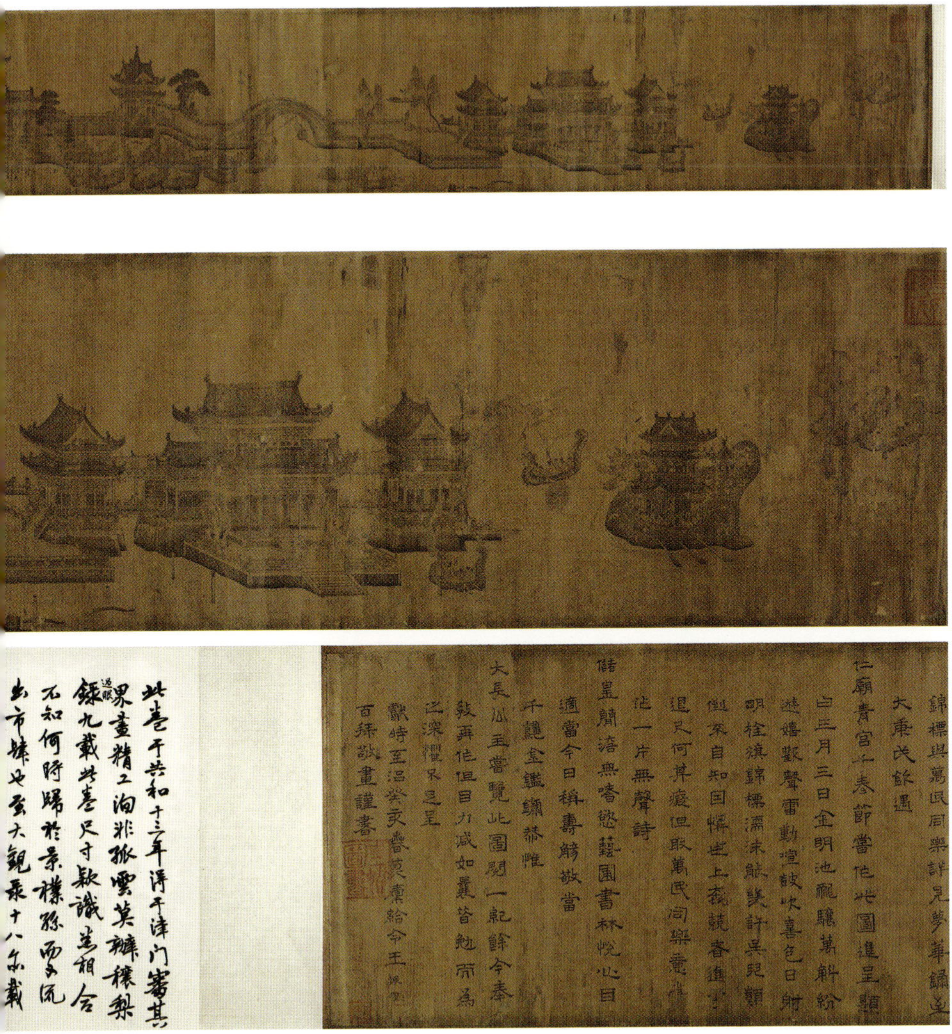

图 1-4 《龙池竞渡图》及局部

重要地位的保证。祥哥剌吉是元顺宗的女儿。元顺宗是元裕宗的第二子，元裕宗是元世祖的嫡子，他非常重视汉文化的教育，但元裕宗和元顺宗其实都没有即位。从世系来看，祥哥剌吉应该是元世祖的直系曾孙女。她有三位兄弟，最长者是同父异母的兄长阿木哥，后被封为魏王。同母兄长海山，后来即位为元武宗。同母弟爱育黎拔力八达后成为元仁宗。祥哥剌吉嫁给了万户斡罗陈的长子琱阿不剌。

元大德十一年（1307 年）海山即位后，祥哥剌吉被册封为鲁国大长公主，驸马琱阿不剌为鲁王。至大三年（1310 年），琱阿不剌去世。这时候公主在二十八岁左右，但之后并没再嫁。元武宗在即位四年后便驾崩，即位的就是爱育黎拔力八达，即仁宗。元武宗生于至元十八年（1281 年），元仁宗生于至元二十二年（1285 年），公主的生年只可能在这其中的年份，大概在 1283 年。大长公主在十八岁结婚，被册封为公主时二十四五岁，婚后十年丧夫。

元仁宗即位后很关注文教领域。在至大四年（1311 年）请赵孟𫖯画《嘉禾图》，在延祐元年（1314 年）请李衎画嘉熙殿壁画。这都是他祖父元裕宗重视汉文化教育的余韵。仁宗拿出内府的藏品，请赵孟𫖯题跋，这传统成为大长公主后来大宴群臣，请名士题跋内府藏画之榜样。仁宗对皇姊的赏赐是源源不断的。在至大四年（1311 年）正式给祥哥剌吉进号为“皇姊大长公主”。并在当年先后赏赐皇姊钞两万锭。因此祥哥剌吉在这样的推崇汉文化的环境中，加上极为有权势的亲缘关系，身边自然会聚集起一批名家高手，文士阶层也会自然依附。既可以从宫廷内府藏品中得到佳作，亦可以个人财富收藏。

大长公主祥哥剌吉在至治三年（1323 年）召集了一次以女性为主的历史性雅集，在暮春的三月于南城的天庆寺集会。在这次雅集中，祥哥剌吉取出所藏的书画作品提供给参与雅集的官员、名士们欣赏，然后请他们为作品题跋。负责雅集具体工作的秘书监丞李师鲁记载当时参加雅集的藏品有北宋黄庭坚的行书《松风阁诗帖》（图 1–5），这是黄庭坚行书代表作，现藏于台北故宫博物院。还有传为隋代展子虔的《游春图》（图 1–6），今天藏于北京故宫博物院。还有唐代的《定武兰亭真本》，以及元代画家刘贯道所作《元世祖出猎图》。除此以外，名作还有五幅宋徽宗的作品以及其他的作品。

袁桷是元代文学家，他是浙江宁波人，在元成宗年间入仕，后受到仁宗与英宗的重用，曾任翰林待制、集贤直学士、翰林直学士、翰林侍讲学士等职。他专门为大长公主编撰了《鲁国大长公主图画记》，这里大概记述了约有 41 件作品，通过其他作品上的题跋，还有印章等信息，公主的收藏超过50件。公主的藏品里，存世的书画名品有18件，上述的《游春图》和《松风阁诗帖》卷都在其中。除了袁桷经常受命品题公主藏品外，在传世的公主藏品上还常见冯子振、赵岩等人题跋。公主身边的文人雅士和元代书画圈子里的名家都有来往，如赵孟頫、黄公望、王蒙、倪瓒、邓文原、虞集、柳贯等。这些史料都说明祥哥剌吉这位蒙古族公主的汉文化修养应该不低，并且真诚地喜爱书画，不惜财帛，投资收藏。

除了《鲁国大长公主图画记》之外，袁桷遵皇姊大长公主教，题在各幅书画的诗的跋目，都收录在他的《清容居士集》之内。这些资料同等重要。在流传的书画作品中，皇姊还有“皇姊图书”“皇姊珍玩”两方收藏印，这两方印风格和尺寸相同，应是出于同一刻者（图 1–7）。

大长公主雅集是她一生收藏史上的高峰，随后而来的是她一生权势的顶峰。她在泰定元年（1324 年）将女儿嫁给了怀王图帖睦尔，也就是后来即位的元文宗。元朝历史上最热爱文化活动的公主和皇帝通过联姻联结到了一起。柯九思的《宫词》如此记述：“玉碗调冰涌雪花，金丝缠扇绣红纱。彩笺御制题端午，敕送皇姑公主家。”因为元文宗是元武宗的儿子，元武宗又是祥哥剌吉的兄长，大长公主本身就有“皇姑”的身份，在嫁女之后，又变

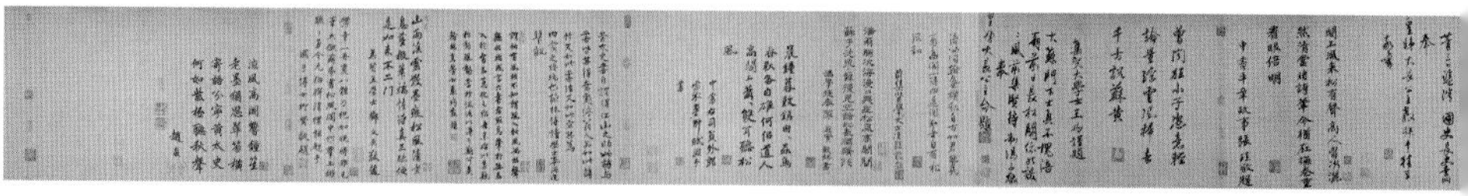

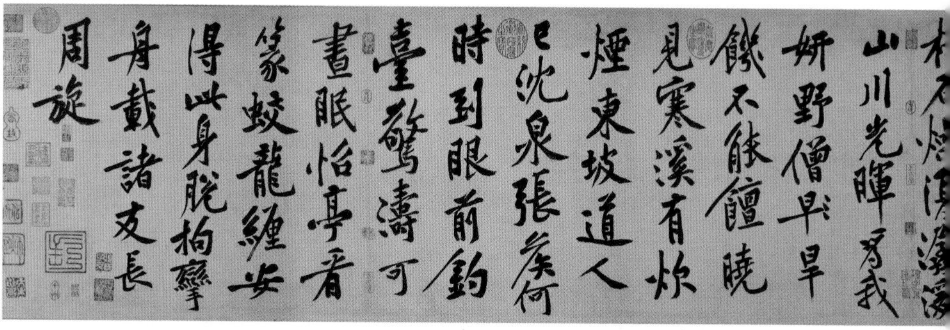
山川光暉為我
妍野僧早
饑不能饘曉
見寒溪有炊
煙東坡道人
已沈泉張侯何
時到眼前釣
臺驚濤可
晝眠怡亭看
篆蛟龍纏安
得此身脫拘攣
舟載諸友長
周旋

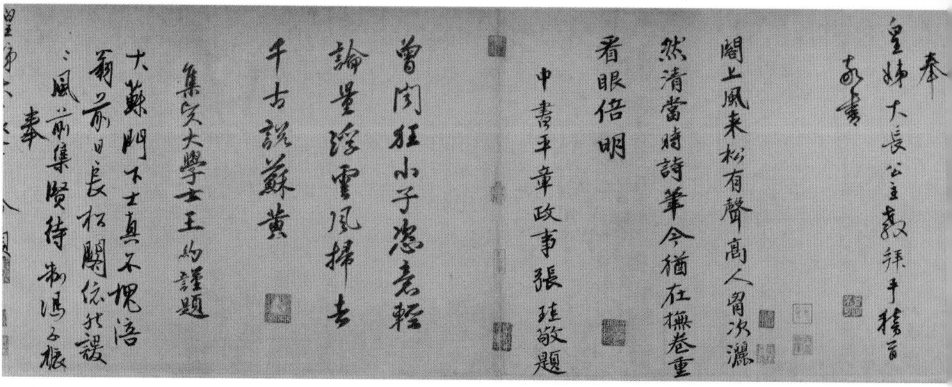
皇姊大長公主敎拜手稽首
奉
敕書
閣上風來松有聲高人留次灑
然清當時詩筆今猶在撫卷重
看眼倍明
中書平章政事張珪敬題
曾閱狂小子急意輕
論量浮雲風掃去
千古說蘇黃
集賢大學士王約謹題
大蘇門下士真不愧語
翁前日長松閣依然護
風前集賢待制馮子振
奉

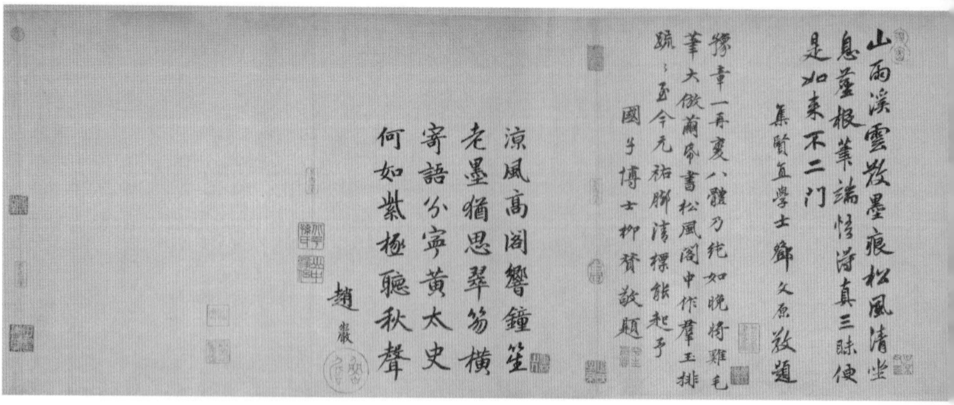
山雨溪雲散墨痕松風清坐
息塵根筆端悟得真三昧便
是如來不二門
集賢直學士鄧文原敬題
豫章一再變八體乃純如曉狩雞毛
筆大似蕭條書松風閣中作聲玉排
踈踈至今元祐腳清標能起予
國子博士柳貫敬題
涼風高閣響鐘笙
老墨猶思翠筱橫
寄語分寧黃太史
何如紫極聽秋聲
趙巖

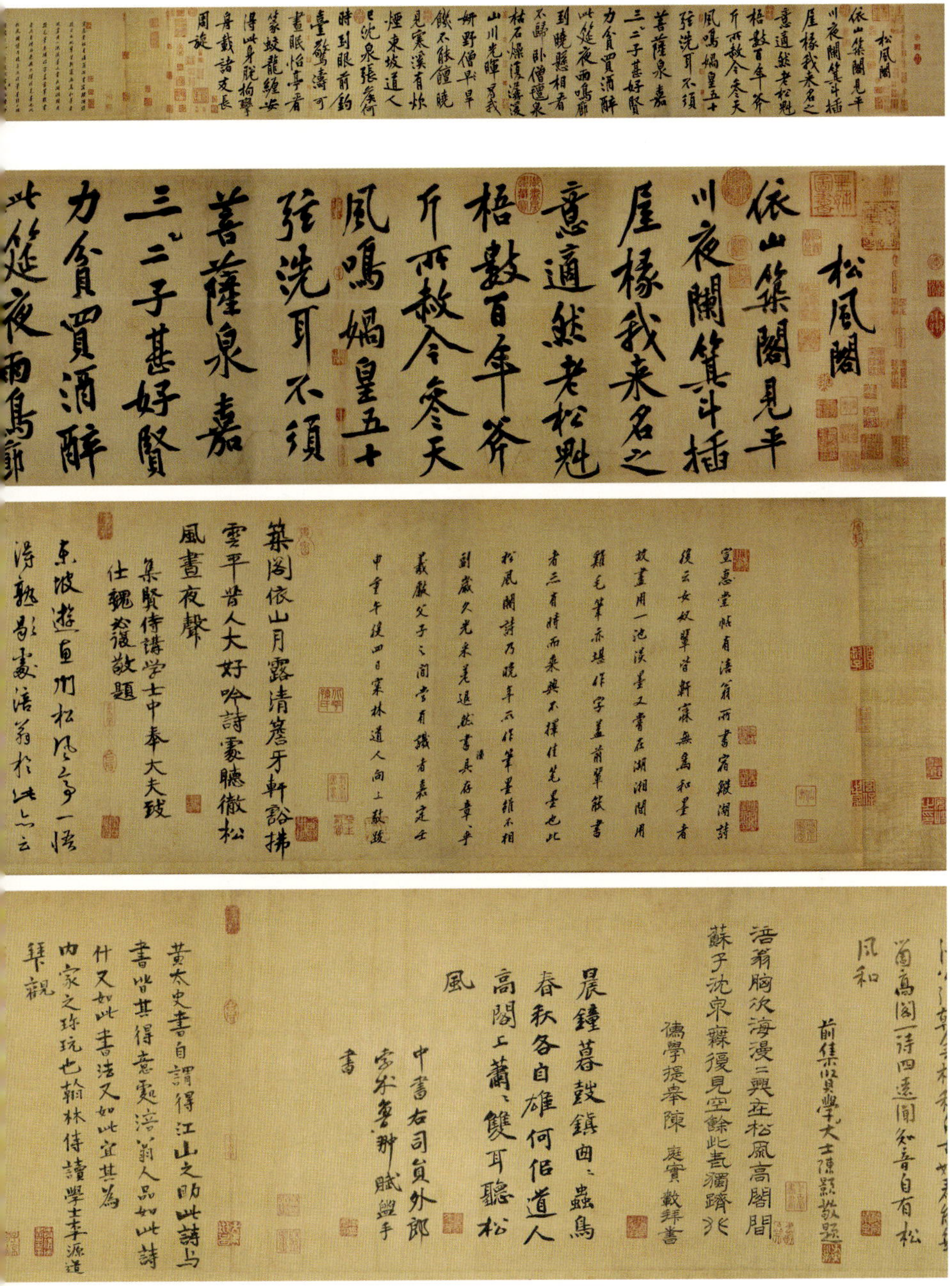

图 1-5　《松风阁诗帖》及局部

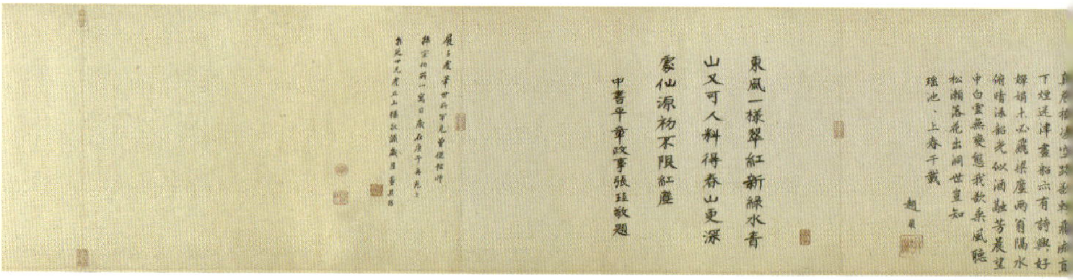

成了元文宗的岳母。①

图 1-7 “皇姊图书”“皇姊珍玩”收藏印

大长公主去世后，她的藏品有可能进入文宗的内府，但是今天很少看到既有大长公主收藏印鉴题跋的作品，同时也钤有文宗时期印章，或者是柯九思等人题跋的作品。1970 年山东邹城明代鲁荒王朱檀的墓葬里发现了大量文物珍品，其中两件宋画《葵花蛱蝶》扇面、《金书草书七绝》纨扇，都有“皇姊”印记。还有一幅元代钱选的《白莲图》，虽然没有钤印，但卷后有冯子振、赵岩的题跋，应当也可以归为大长公主收藏，不过是 1323 年雅集之前的藏品，值得研究者关注。根据史料记载，元代另外有一位封号为鲁国大长公主的宝塔失怜，是魏王阿木哥的女儿，嫁给高丽王璋。元代和高丽通婚的皇室很多，据载应该是有书画陪嫁的。②

① 参见宋濂等，《元史·文宗本纪二》，中华书局，1976 年版。

② 参见柯劭忞，《新元史·高丽列传》，《元史二种》，上海古籍出版社，2012 年版。

图 1-6 《游春图》

2. 皇家收藏机构

元文宗时期的内府收藏活动达到皇家收藏的顶峰。文宗皇帝图帖睦尔也是元代诸帝中汉文化修养最高、最为偏爱艺术的皇帝。经常有研究者会将他和宋徽宗、宋高宗、金章宗对比。他的钤印比较常见的有“天历之宝”“奎章阁宝”两方巨印。和文宗比，大长公主祥哥剌吉的收藏虽然极具色彩，但体量上还是内府的收藏更具规模，这主要因为内府的势力雄厚，非私人可比。

文宗在还是怀王的时期，曾居南京并结交文士。在关于柯九思的史料中就记载了赵淳在泰定二年（1325 年）在建康将柯九思引荐给怀王，柯九思则亲笔画竹赠与怀王。上文已述，文宗和大长公主同出一脉，受到很好的汉文化熏陶，并在重视教育的环境里成长起来。陶宗仪在《南村辍耕录》中记载文宗居于南京潜邸的时候，曾经命令房大年画京都的万岁山，但房大年没有去过，画不出来。还是怀王的文宗便运笔画出大概的草稿构图，让房大年依图画来。这里可以看出图帖睦尔极具绘画天赋。文宗即位之后，和虞集、柯九思等人经常在一起谈书论画，礼遇汉族文臣。在天历二年（1329 年）二月，柯九思被任命为鉴书博士。奎章阁最为辉煌的时期到来了。

杨瑀在《山居新话》所载，奎章阁位于西宫永盛殿的西廊。兴圣宫在当时被称为西宫，元武宗在至大元年（1308 年）为皇太后修建。[1] 奎章阁

① 参见宋濂等，《元史 · 顺宗后传》，中华书局，1976 年版。

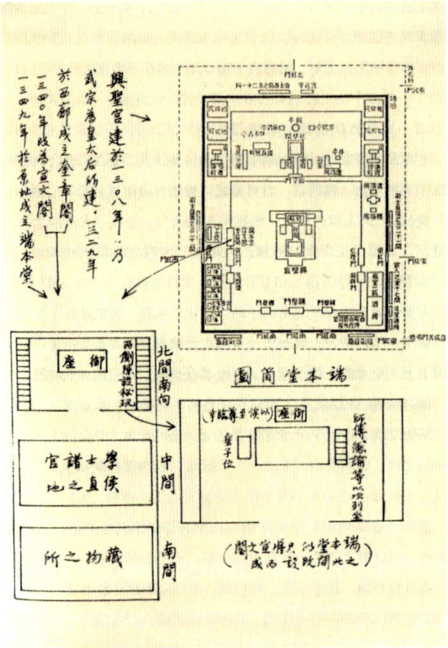

图 1-8　兴圣宫与奎章阁

从创立，一直存在到至元六年（1340 年）。其实也就只有两年的繁荣期。至顺二年（1331 年）御史台弹劾奎章阁以“挟末技”而得宠于皇帝的擅长书画的文人士大夫。至顺三年（1332 年）元文宗逝世之后，虽然奎章阁还存在，但也和头两年的热度无法同日而语了。奎章阁的成立初衷，其实并不是全为了书画收藏鉴赏，按照元文宗所言，还是为了祖宗传统的继承，立奎章阁，设置学士院，集中知识精英对治国之道进行研究宣扬，有研究经学、以史为鉴的意思。这个机构便于皇帝和近臣能够不拘于朝堂礼数，可以自由交谈。后来也经常成为类似清代御书房会见重臣的地方。从以上这些初衷及功能来看，鉴赏书画确实只是末流。[①]（图 1–8）

奎章阁成立之初，只是隶属于东宫的属官，后来元文宗即位之后，最高官职从三品升至为二品。鉴书博士到第二年才设立，鉴书博士大概五品。天历二年（1329 年）八月设立艺文监，被奎章阁学士院管辖。奎章阁学士院下属有学士院属官，内辖大学士，任知经筵事。有侍书学士、承制学士、供奉学士、鉴书博士，还有其他幕职比如参书和授经郎等。知经筵事和侍书学士为正二品和从二品，承制学士为正三品，供奉学士为正四品。除此之外，

① 参见宋濂等，《元史・文宗本纪》，中华书局，1976 年版。

奎章阁学士院还有隶属组织，有群玉内司，为正三品设置，负责掌管秘玩古物。鉴书博士司，正五品设置，负责鉴藏书画作品。艺文监为正三品，下面应该还有艺林库和广成局两个部门。艺林库负责收藏书籍，广成局负责印行书籍。[①]

奎章阁内，正二品的大学士知经筵事俸禄为每月一百一贯三钱三分三厘，米一十石五斗。从二品的侍书学士九十五贯三钱三分三厘，米九石五斗。承制学士正三品，七十八贯，米八石。供奉学士正四品，五十九贯三钱三分三厘，米六石。鉴书博士五品，四十一贯，米四石五斗。官职最低的授经郎二十八贯，米三石。根据杨瑀《山居新话》所载，当时奎章阁的官员，都佩戴着特制牙牌。一面是篆刻汉文，一面是蒙古字、畏兀儿字。

奎章阁的藏品，没有目录传世，元文宗在位时期奎章阁收藏的书画大多有“天历之宝”“奎章阁宝”两方大印。杨瑀《山居新话》中云，两方印都是虞集篆文。“天历之宝”从天历二年（1329 年）左右开始使用，天历三年（1330 年）五月年号改为至顺，该印章就应该不再使用。至顺元年之后，元文宗在御书拓本给近臣的时候，仍然二印并用，有时候还只是使用“天历之宝”。元文宗在至顺三年（1332 年）去世后，该图章应该才不再使用。奎章阁学士院是在至元六年（1340 年）年底撤掉的，根据逻辑关系推论“奎章阁宝”大概使用的年限应该是在 1340 年结束。元文宗虽然爱好翰墨雅玩，但从现存钤有以上二印的传世作品来看，仍然数量有限。元文宗是否主动发动人力物力进行作品的大规模征集，并没有证据来佐证。他的收藏和宋徽宗赵佶、宋高宗赵构、金章宗完颜璟、清高宗弘历相比，差得太远。

董源《夏景山口待渡图》（藏于辽宁省博物馆）、关仝《关山行旅图》（藏于台北故宫博物院）、赵幹《江行初雪图》（藏于台北故宫博物院）、范宽《雪山萧寺图》团扇（藏于波士顿美术馆）、赵佶《梅竹聚禽图》（藏于台北故宫

① 参见傅申，《元代皇室书画收藏史略》，上海书画出版社，2018 年版。

博物院）、赵佶《腊梅山禽图》（藏于台北故宫博物院）、赵佶《五色鹦鹉图》（藏于波士顿美术博物馆）、赵佶《芙蓉锦鸡图》（藏于台北故宫博物院）、宋人《高冠柱石图》（藏于台北故宫博物院）、王振鹏《龙舟图》（藏于波士顿美术博物馆）、赵光辅《蛮王礼佛图》（藏于克利夫兰艺术博物馆）都有“天历之宝”（8.4 厘米见方）的印记。其中赵佶《腊梅山禽图》《芙蓉锦鸡图》《梅竹聚禽图》也有“奎章阁宝”（10.5 厘米见方）印。苏轼《妙高台》诗、五代人画《秋林群鹿图》《丹枫呦鹿图》等传世作品，都有“奎章阁宝”钤印。除此之外，伪作二图章的也很多，在此不一一列举。还有许多其他的印记，如“天历”“天历御览之宝”等有年号的图章，在类似孙承泽《庚子销夏记》、高士奇《江村销夏录》、安岐《墨缘汇观》等著录书中，也有对“天历之宝”钤印的记载。因此这两个图章（图 1–9），可以作为一种鉴别的参考。

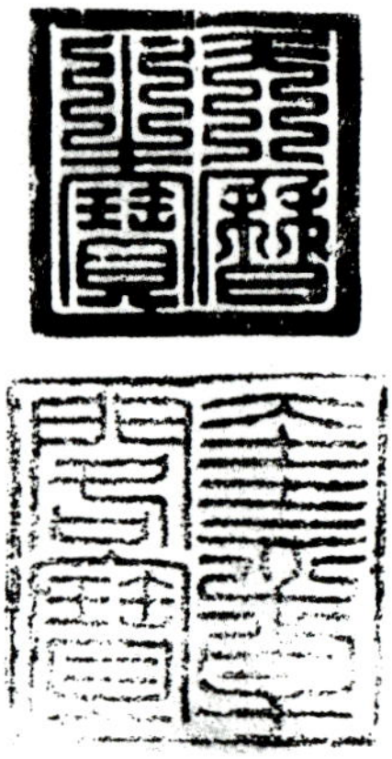

图 1-9 “天历之宝”“奎章阁宝”二印

奎章阁成立初期的辉煌随着文宗驾崩和名家柯九思的故去迅速走向黯淡，大书法家康里巎巎，即康里子山，在这时站出来力挺保留了奎章阁这一机构，但在 1340 年到 1341 年之间更改了名称，即宣文阁。奎章阁存在了十二年之久，宣文阁一直延续了二十多年，直到元帝国灭亡。而在宣文阁之下，为皇子肄业又增加了端本堂的设置，它也存在了二十余年。

康里子山幼年便肄业国学，博通群书，本是康里国人，完全汉化，主要以书家身份传世。康里子山楷宗法虞世南，行草上溯钟繇、王羲之，是赵孟頫之后元代最为知名的书法家。他在朝堂之上曾任经筵官，正二品官职。在文宗奎章阁时期，他担任奎章阁学士院承制学士，后擢升为侍书学士。他的为人和儒学修为为康里巎巎赢得了极大声望。元顺帝在十四岁即位后，康里巎巎任侍经筵，日日劝谏皇帝勤于求学，康里以自己的人格学养，让元顺帝倍加尊敬。康里巎巎进言驳斥了大臣要求裁撤文宗所设奎章阁学士院和艺文监的官制。元顺帝改奎章阁为宣文阁，艺文监被改为崇文监。

元顺帝也是自幼受到正统汉人教育，喜爱翰墨丹青。但由于本朝无柯九思、虞集等纯粹的文人书画家，康里子山又以个人学养特点，以书画为教育皇帝的材料，以成教化为先，不尚审美教育。因此顺宗一朝并无奎章阁建立初年般推崇书画收藏赏玩。宣文阁成立于至元六年（1340 年），周伯琦篆书题阁榜，并篆文“宣文阁宝”印章（11.5 厘米见方），见于巨然所绘《萧翼赚兰亭图》(图 1-10)(台北故宫博物院藏)。元顺帝时期也有“宣文阁印”“宣文阁图书印”(6.8 厘米见方)两方收藏印。“宣文阁图书印”见于宋人《小寒林图》(图 1-11)(藏于台北故宫博物院)和宋人《杏林鸂鶒图》(台北故宫博物院藏)。

秘书监是从元初到元末，一直掌管内府书画的主要机构。它的前身是元太宗八年（1236 年）时期，在山西平阳所设立的经籍所。在至元四年（1267 年）迁到京师。1268 年改名为弘文院。至元九年（1272 年）改为秘书监。秘书监掌

图 1-10 《萧翼赚兰亭图》

图 1-11 《小寒林图》

管历代图书典籍，也包括书画作品。在美国克利夫兰艺术博物馆藏马麟《山水》方册中，还有美国波士顿美术博物馆藏李迪《古木竹石图》方册上，可以看到“都省书画之印”。马麟《茉莉舒芳图》（图 1–12）中左上钤“皇姊珍玩”印，右上钤“都省书画之印”，学者认为该印可能是元内府收藏印之一。

图 1-12 《茉莉舒芳图》

在传世的唐宋书画上经常可以看到有一些蒙古八思巴文的印章，这也是元朝篆刻的一大特色。日本东京国立博物馆收藏宋梁楷所画《李白行吟图》（图 1–13），右上角就有一枚文为“大司徒印”的八思巴文印。现藏于台北故宫博物院的阎立本《步辇图》（图 1–14）也有八思巴文印两枚。同藏台北故宫博物院的唐代徐浩《朱巨川告身》卷，也有一枚貌似八思巴文的印章。黄庭坚《苦笋帖》和唐玄宗《鹡鸰颂》上面都有一枚类似的篆文印。

综合以上，元代内府收藏机构有秘书监、奎章阁和宣文阁等。秘书监是始终存在，而奎章阁和宣文阁在元文宗、元顺宗的时代前后相继出现。其中柯九思、虞集、康里巎巎等名流文士在这些机构中先后任职，和这些机构关系极为密切，综合大长公主祥哥剌吉和元代内府各个机构的收藏情况，可以勾勒出一个元代皇室收藏的大概轮廓，鉴于元史材料确实太少，只能从有限的材料做出基本推理。

图 1-13 《李白行吟图》

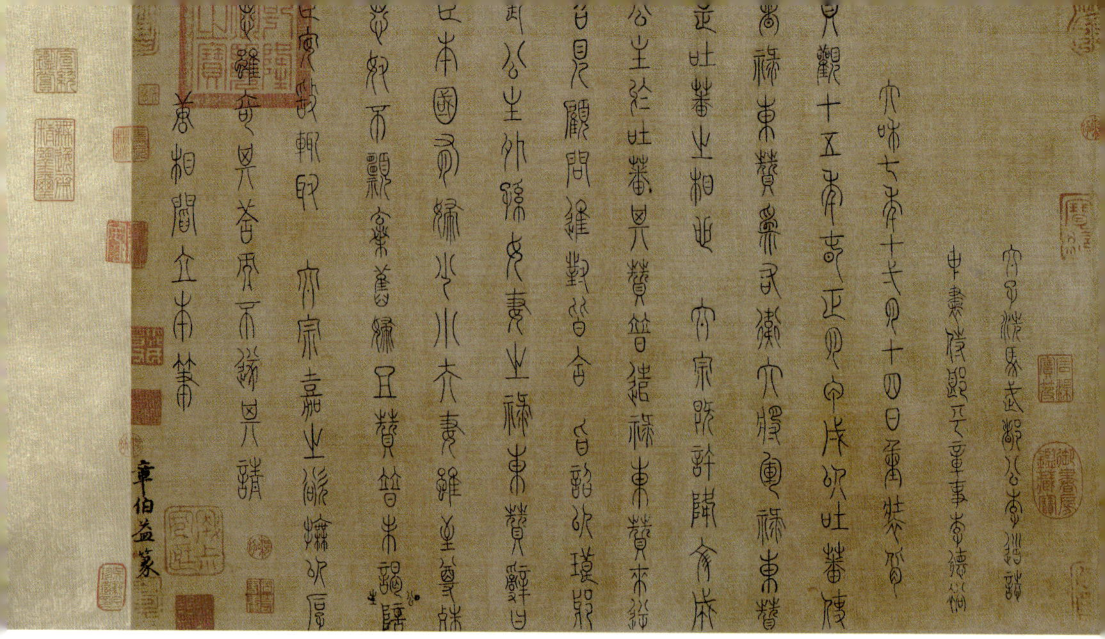

3. 江南士绅收藏

杭州在“靖康之变”后成为南宋都城，北宋士人纷纷云集。赵构在杭州立国后重拾北宋爱好翰墨的风尚，重建内府收藏和画院。杭州一时变成了新的书画艺术中心。谢太后在元兵到来之时投降，保留了完整的杭州城，也保留了南宋内府的收藏。宋亡之后杭州依然繁华不减当年，仍然是全国文化中心。宋代书画传统相当兴盛，收藏之风也同样繁盛。宋士大夫都爱好金石、书、画等古物收藏。南宋到元代，南方地区尤其是临安、吴兴、吴中等江南城镇经济较之北方发达很多。城市富庶，人口众多，商品经济发达，传统文化繁荣，文艺风尚浓厚，这一传统一直延续到今天。

许多南宋遗民中的文士对新政权采取消极态度，拒不出仕。元朝统治者也重用色目人，汉人在朝堂之上总归不受重视。文士便有更多精力投诸文艺。周密便是文士之中精于鉴藏的翘楚。周密父亲周晋酷爱书画，收藏颇丰，周密自幼浸染其中。周密原任义乌县令一职，在 1276 年临安城陷之后便过起了隐居生活。少年时期他随父亲游历富春、建宁等处，积累下学者文士圈子的人脉。他迁居杭州后，由于自身的鉴藏知识积累，在杭州书画鉴藏

图 1-14 《步辇图》

圈很快便成为中心人物。

周密《云烟过眼录》中收录了四十多名江南名士的收藏记录，周密都曾目其藏品，并有鉴定意见。其中记载他收藏有崔白的作品。朋友戴表元在《周公谨〈弁阳诗〉序》中写“公谨盛年，藏书万卷”，可见周密收藏的丰富。周密还有一本《志雅堂杂钞》，提到他藏有王献之《保母帖》，以及一些青铜器。赵孟頫的《鹊华秋色图》也曾经是周密的藏品。周密和在元代最受礼遇的文人赵孟頫相交甚厚，还和大都的高克恭交往甚密。高克恭先人为西域人，在北方活动，他的《竹石图》也在周密的收藏之中。以周密为代表的江南文人收藏，其实有极大的包容度。除了不仕元的文人，还有在元任职的前朝皇室赵孟頫和高克恭这样的异族高官。这也是当时文化交流的一种反映。

第一节 “内循环”与“扁平化”

明清时期的统治者对君主专制制度的打磨达到一种极致。总结了历朝历代的统治经验后，他们发现，欲想江山永固，一定要杜绝内忧和外患，朝代的灭亡无外乎来自这两方面的威胁。杜绝外患的方式不外乎断绝和海外的一切联系，而彻底解除内忧则需要加强控制民间势力，所以明代建立后便执行了“北修长城，南禁海运”的政策。明代沿边设立了九个防备区，即“九边”，汉唐以来绵延不绝的和欧洲通商的陆上“丝绸之路”日渐阻塞。这一时期恰逢欧洲被迫面向大海寻求新商路，开启了“大航海”时代。

1492 年，明廷下令“闭关锁国”。沿海人民不许与来华的商船发生任何贸易行为，违背者将以“私通外国”的罪名获罪。而也就是在 1492 年，意大利航海家哥伦布带着西班牙国王给中国皇帝和印度君主的国书，正式向西启帆远航，开启了伟大的“地理大发现”，到达了美洲的巴哈马群岛。明代初建时拥有全世界最大的海港泉州和最强大的海军，政治和经济势力其实对大西洋地区都有影响。中国当时和周边的六十多个国家形成了“朝贡秩序”，宗主国，即中国提供国际性安全保障，朝贡国对宗主国表示效忠，朝贡国便不必保持常设的武装力量。“郑和下西洋”便是明王朝对这一联盟体系内南部诸国的多次大规模巡检。而自从 1492 年的闭关政策后，明朝实质上是自行毁灭掉了自己的海军体系，也放弃了造船技术上的研究和进步。

明洪武皇帝朱元璋虽然出身低微，但却极有帝王的统治智慧。打散人民之间的联系，削弱民众的凝聚力，便不可能造反了。老子《道德经》中对理想社会描述为“鸡犬相闻，老死不相往来”，即以村庄为单位，日出而作，日落而归，男耕女织，守望相助，绝不远游。朱元璋得其三昧，他在建国后大力推广棉花种植。棉花是外来植物，原产于印度，宋末元初已经在南方地区得到普及。元代松江府（今上海）黄道婆改进了纺织技术，大幅度提高了生产效率。明初朱元璋下令农民有田五至十亩，便要种植桑、麻、棉各半亩，十亩以上要翻倍。到洪武二十六年（1393 年），全国的田地比元代末年增长了四倍多，棉田的增加最为显著。自此棉花种植、纺织技术革新改变了中国人以丝绸和麻布为主的传统，棉纺织业成为全国第一大手工制造业。明清两代中国每年生产大约六亿匹棉布，约人均每年织布两匹，商品价值大约一亿两白银。52.8% 是以商品的形式在市场出售，产量是英国工业革命早期时的六倍。[①] 但在 14 世纪到 19 世纪 80 年代，中国没有出现过一家手工业棉纺织场。当时的中国江南乡村，每个农家都有一部织机，全家不论妇孺，都在农耕之余参与织布活动。这导致了中国传统手工业各大部门都曾经有工场雇人操作生产，而唯独棉纺织业没有形成任何手工工场。[②] 一户一织机，通过劳动成本和时间成本的节省，挤压了手工业工场的生存空间。乡村手工业彻底阻碍了机械化、工业化生产，加剧了中国农业社会的分散性。

唐代以后中国的县级机构，使市镇的数量开始增加。宋代之后城市人口的集中度逐渐削弱。大中型城郡停止扩充。明清时期的江南地区是经济繁荣地区，苏州、松江、常州、杭州、嘉兴和湖州六府境内从宋代原有的 71 座市镇，增加到明代的 316 座，到了清代中期已经有 3 万座市镇。随着家庭纺织业的繁荣，农户周边产生了大型的交易集市，这些集市不是用来让农民们消费的，而是大商贩用巨额资金来从事规模化经营及远途贩运。全国总人口在明代初期达到 7000 万人，16 世纪超过了 1 亿，清代乾隆年间接近 3 亿

① 参见吴承明，《论清代前期我国国内市场》，《历史研究》，1983 年第 1 期。

② 参见赵冈、陈钟毅，《中国经济制度史论》，新星出版社，2006 年版。

人口。但城市人口的比重却并没有增加。中国城市化率最高点出现在13世纪的南宋，之后开始下降。19世纪全球七成的大城市在亚洲，而20世纪工业化后，大城市则几乎都在欧洲和美洲。[①]反观中国，社会出现了极为稳定的结构，“男耕女织”的模式将社会彻底扁平化，工业化需要的人口密集、技术过硬、市场需求大的大城市没有出现，乡村手工业极为发达，阻止了城市化的进一步实现。

自宋代开始，官商资本便占据了工商业极为重要的地位。“买扑制”“钞引制”宋代创立，而在明代进一步完善。明清时期有三大商帮：晋商、徽商、十三行，都是官商资本。商人都是寄生在官僚体制里，靠政府特许经营而致富。西方人对中国历史无法理解，因为中国经营企业的力量均是依赖官场。“中国传统不是制造更好的捕鼠机，而是从官方取得捕鼠的特权。”[②]而取得捕鼠特权的商人，却没有形成自己的阶层意识，他们最大的成功就是子孙不再是商人。在聚敛到财富后，商人一般会把资源投资于几件大事：首先要经营构建一张官商网络，为后续经营铺路；再就是培养子弟科考入仕；最后重新梳理自己的宗族世家。经商富之，仅是手段。而或结交权贵，或子弟踏入仕宦之路，令宗族贵之，才是目的。资本原始积累形成的财富，在体制内转化为权力，才能够守住既得财富，以求更大的利润增值。

第二节　官私收藏的消长

明代江南地区以苏州为中心，直到晚清太平天国运动爆发，都是全国经济最为发达的地方。社会发展、科举及第、文艺时尚，都处于全国领先的地位。明万历年间的浙江临海人王士性曾云：“苏人以为雅者，则四方随而

① 参见吴晓波，《历代经济变革得失》，浙江大学出版社，2013年版。

② 费正清，《美国与中国》，世界知识出版社，1999年版，第46页。

雅之，俗者，则随而俗之。”[1]甚至将苏州人所推崇的风尚称为“苏样”或者“苏意”。

苏式的风貌，主要体现在苏州戏曲，即昆曲，还有苏州发式、服饰等风貌。苏州的酒、美食，亦是有地方特色独步海内。据载，万历初年首辅张居正远在北京，奔丧路过吴地，对美食大加赞扬，认为一路走来只吃了一餐像样的饱饭。明末京师筵宴，都以苏州厨子包办为最佳，苏州的饮食在京城获得如此巨大成功。苏州是文献之邦，文化艺术品的收藏极为发达。所谓天下之俗皆以吴侈，而天下之财皆以吴富，意思是苏州人掌握了当时全国的学术、生活、时尚领域的话语权。在那个制高点上，高处从收藏鉴赏古玩开始，下可以到日常时装、饮食，雅俗的判断标准，都是苏州人给出的。古玩书画市场红火后，收藏的导向，也是由苏州文人控制的。家具等器物的装饰花纹，都是从收藏的古物，如商周、秦、汉等时期的文物中学习的。明后期到清中期，全国在一定程度上是按照苏州为中心的文化定义着自己的生活方式。

江南人勤奋好读、尊师重教的传统古已有之。北宋时期的苏州人朱长文有言：“自本朝承平，民被德泽，垂髫之儿皆知翰墨，戴白之老不识戈矛。”[2]南宋时经济、文化中心再次南迁，经元代至明清，江南文风更盛。这种“家弦户诵”的风气，几乎“人人诗书”的景象，有悠长深厚的社会基础，在文风兴盛为天下之最的江南，诞生出了一批批科场得意之人。尤其是明清时期，江南人勤苦治学，目标明确，就是科考中举，登第入仕。和明清其他地方，如北方山西，人重利而多经营贸易，中材以下方去读书。明代徽州地区也以商贾为第一生业，读书次之。江南地区人则以执着的精神和普遍程度，集中精力将科考视为第一要务。

① 王士性，《广志绎·两都》，中华书局，1981年版，第33页。

② 参见朱长文，《吴郡图经续记》，江苏古籍出版社，1999年版。

而江南人进士仕宦成为气候，多据宫廷选人之列，又有地方提携意识，便不遗余力地提携乡邦后进。江南的进士群体便如滚雪球一般越来越膨胀。江南进士在相互砥砺之中不断向着庙堂攀登，江南多三鼎甲，多出显宦，也多出任会试的考官。亲属和师友之间并非都需回避的那般亲戚关系，但由于盘根错节的关系，总还是说得上话，在录取之前予以各种照顾，也属于人之常情。因此明代顺天的乡试，江南的解元便占大半。北方录取的比较少，而且风评也不如南方的生源。足见江南科考人员的声势浩大。江南士子独多，和乡邦优势是分不开的。

根据明清进士题名录统计，明清两代自明朝洪武四年（1371 年）首科，到光绪三十年（1904 年）末科，共举行了殿试 201 科。博学鸿词科、翻译科、满洲进士科等，共录取进士 51681 人，其中明代 24866 人，清代 26815 人。江南共考取了进士 7877 人，是全国总数的 15.24%。明代有 3864 人，占全国的 15.54%。清代 4013 人，占全国的 14.95%。也就是说，明清两代每七个进士里就有一个以上出自江南，这在全国各地区中是独一无二的。①

南京为古六朝旧都，自明代起便又进入了一个在全国起到重要作用的发展时期。南京第一次成为全国性统一王朝的都城，成为全国性的政治、经济、文化、科考中心。元至正十六年（1356 年）的三月，朱元璋的军队占领了南京，后更名为应天府。以此为根据地经过十余年的苦战统一全国。在洪武元年（1368 年）建立起明王朝，以应天为南京，开封为北京，此时南京之名正式见载于青史。明成祖朱棣在永乐十九年（1421 年）正式迁都北京，南京则从京师降为留都。南京作为全国的首都前后 53 年之久。南京地处南北交会之处，长江穿城而过，水陆交通极为便利，大宗货物和客船的流动密集不断。再加上全国中心城市的重要地位，贸易发达，名士云集，形成南京

① 参见范金民，《明清江南进士数量、地域分布及其特色分析》，《科第冠海内，人文甲天下：明清江南文化研究》，江苏人民出版社，2018 年版。

发达的贸易中心地位。

明初的南京，会集了当时全国的人才，是当之无愧的文化中心。从洪武年间到永乐、宣德时期，朱元璋与他的继任者在南京制定的纲纪法规直接影响到了清代初年的制度。多次召请国内外的僧人举办大型法会，祈福国祚与百姓，并开设了历史上最大规模的国家教育机构国子监。《永乐大典》便是在南京编纂而成的；郑和率领巨大船队下西洋的活动，便是从南京龙江关出发而行。而且整个下西洋期间，大约三十多个国家和地区的使节都在南京聚集，可以称得上是一个国际化的大都市。

虽然南京降成留都，政治地位不可和国都同日而语，但实际上在朱棣政府迁到北京后，很长时间朝廷还没有明确都城就是在北京。迁都前一年的九月，朱棣下诏令京师改为南京，北京改称京师。朱棣驾崩后，朝廷在永乐二十二年九月十六日（1424 年 10 月 8 日）设立了南京守备。明仁宗洪熙元年三月二十八日（1425 年 4 月 16 日）还都南京，诏令北京诸衙门都称为行在，恢复了北京行部及行后军都督府，南京又成为国都。再后来到了明英宗正统六年十一月初一（1441 年 11 月 14 日）又定都北京，北京直到明灭一直是京师，而南京也正式确定了名称。①

南京自此便成为仅次于国都的二号城市。虽然保留了一套中央行政机构，但任职官员大多为被排挤出中央官场权力中心的人员。南京仍然是南半个中国的统治中心，经济地位甚至高于北京。天下财富多半出于东南，南京便是交会之处。南京一度是操江御史驻扎的地点，还是南直隶应天府巡抚驻扎之所。一方面防御长江，一方面控制当时全国最为富庶的江南之地。南方提供的物质财富，供给全国及北方的京师。应天巡抚的衙署在万历二年（1574 年）迁走，最后迁移到苏州。朱棣迁都后，北京主要是政治、军事、

① 参见范金民，《明代南京的历史地位和社会发展》，收录自《科第冠海内，人文甲天下：明清江南文化研究》，江苏人民出版社，2018 年版。

文化的中心，南方仍然是经济中心，南京是传输物资财帛的中枢。

南京在文化引领上也极具贡献。书画鉴藏家有黄琳、金润、徐霖、胡汝嘉、姚汝循、司马泰等。他们和吴门、浙西的鉴藏家一起，互通有无，雅集应酬，对整个江南地区的书画圈子沟通交流起到一定作用。《明史·本纪·卷二》记载“八月己巳，以应天为南京，开封为北京。庚午，徐达入元都，封库府图籍，守宫门，禁士卒侵暴，遣将巡古北口诸隘”。就这样，元内府的这批图籍被运至明初的首都南京。

元文宗奎章阁是元代宫廷书画文玩藏品最丰富的时期。在文宗之后内府的鉴藏活动逐步平淡。公元 1368 年距元文宗时有将近四十年光景，明军灭元后接纳原属元皇室的书画珍玩，哪怕攻破元大都的徐达三令五申保护宫中遗存文物，留下来的珍宝也谈不上丰富。根据《明史·艺文志》记载：“明太祖定元都，大将军收图籍致之南京，复诏求四方遗书，设秘书监丞，寻改翰林典籍以掌之。永乐四年，帝御便殿阅书史，问文渊阁藏书。解缙对以尚多阙略。帝曰：‘士庶家稍有余资，尚欲积书，况朝廷乎’，遂命礼部尚书郑赐遣使访购，惟其所欲与之，勿较值。北京既建，诏修撰陈循取文渊阁书一部至百部，各择其一，得百柜，运致北京。宣宗尝临视文渊阁，亲披阅经史，与少傅杨士奇等讨论……是时秘阁贮书约二万余部，近百万卷，刻本十三，抄本十七。”

从上文我们了解到永乐一朝及之后宣宗朝的藏书情况。明成祖年间组织纂修《永乐大典》，朝廷用了两千一百六十九人，完成了多达两万两千八百七十七卷的工作量。士庶只要是有些经济条件都会收藏书籍。而朝廷为了充实秘藏能做到不惜钱财购买。经过了宫廷收藏活动，秘阁藏书总数为近百万卷。明代官版印书之风极盛，南北两监藏版至多。燕京、江浙的民间书坊众多，私家藏书极为可观。毛晋、何良俊、王世贞等都是佼佼者。范氏天一阁藏书被人称为“两浙第一”，还有以善本为主的钱氏绛云楼等，其影响至今未泯。官私典藏的风气在明代还是相当可观的。

明代内府库藏书画文物的管理制度不是特别严格，没有疑问的是内府珍藏统归太监管理。《明史・职官志》记载，在宦官中设置十二监，每监有太监、少监、监丛各一员。这里面的“御用监”兼管仁智殿。何良俊在《四友斋画论》中所述：“我朝特设仁智殿以处画士。”这里仁智殿的性质基本相当于皇家画院。《职官志》还提到仁智殿设监工一员，专事“掌武英殿中书承旨所写书籍、画册等，奏进御前”。从这里我们可以知道，仁智殿也负责御览的各项事宜，包括管理宫廷秘藏图籍书画文物。

由于没有明代内府收藏的完整著录，只能靠侧面的材料了解一二。明代汪珂玉《珊瑚网》卷二十三收有吴门画派领袖沈周的《本朝内监所藏画目》。该书提到宪宗朝成化末年的宠宦钱能、王赐钟情于书画，钱素轩，即钱能，曾镇抚云南。后迁南京守备，亦喜收书画之物，这二人在南京，“每五日异书画二柜，循环互玩。御史司马公里，见多晋唐宋物，元氏不暇论矣”。文中还记载了唐宋以来十四件作品名目，包括大小李、王维、惠崇、范宽、巨然等名家。黄筌的《写生珍禽图》（图 2-1）、马和之的《小雅・鹿鸣之什图》等传世名作都有钱氏“素轩清玩珍宝”“钱氏素轩书画之记”等印鉴。如文中所述，每五日抬出两柜书画赏玩，而且还能中饱私囊，具体的数目未见记载，但数量大并且管理松懈是可以确定的。

明代重臣如杨士奇，官历四朝，家富藏书，对书画收藏亦乐此不疲，所经手名迹常钤印“梅花阁书画”。他所纂的《文渊阁书目》被《四库全书》收入，是书所记乃文渊阁之藏书，也录入了部分图目。卷八记曾藏宋伯仁《烟波图》一册，卷十三有《圣贤图像》《君臣画像》及《龙虎山图》等六幅。这些文渊阁收藏的部分带有鉴戒含义。严嵩在嘉靖年间官至太子少师，与子严世蕃专擅国政达二十年之久。后来严世蕃被处死，严嵩被革职，家产籍没。文徵明次子文嘉奉旨前去严府清查资产。文嘉后在他撰的《钤山堂书画记》中记载抄没严嵩家藏书画名目，内有书迹三百余件，包括三国钟繇，晋二王，唐欧、颜、柳、张旭、怀素、孙过庭，宋苏、黄、米、蔡，元赵孟

频等人作品，画迹则更多，古今名画三千二百多件。其中李公麟一人就有十八件。全部检阅一遍耗时三月之久。这三四千件书画重入内府，是所知最为大宗的藏品了。文嘉在记载中也写评语。在展子虔《游春图》下注“精妙绝伦”。又在李思训《海天落照图》下注“内一卷为真。有跋者，乃沈文和笔，颇逼真。余二卷，乃仇英所临者，不及多矣”。可见明代的临本或赝本已很常见，而且制作水准很高，在鉴定工作中需要加倍小心。近代赵汝珍在《古玩指南》中援引《珊瑚网》中的跋文，记载严氏收藏中除了古名书画外，还有宋元书籍两千多本，经史子集近六千部，金饰三万余两，银器二百多万两，玉器千余件，名琴五十多张，古铜鼎彝器千余件。这些财富当然都充入

图 2-1 《写生珍禽图》

大内。

明代内府书画在中后期大量流出宫外主要有三个途径。第一，书画折俸。成化五年间，宫廷为解决财政问题，就拿书画等由藏吏检点估值，充俸钞，之后再由各个衙门清点数目后分发，穆宗时期，到给武官发年饷的时候，每卷轴作价不高，就算是唐宋名迹也不例外。第二种书画外流的途径是皇帝以赏赐的形式赠予下臣。宣宗曾赐大臣夏元吉御笔所画寿星图。最后一种形式是通过宦官外流。明代高层政治中宦官影响很大，尤其是后期的宦官权势日大。很多宦官通过盗窃、受赏等途径获得内府藏品，经其中转，致使内府收藏外流。像严嵩藏品遭籍没入官，不到数年就被掌库宦官偷盗出去卖掉了。

内府书画以以上三种方式外流，基本上被民间收藏家购得。内府收藏不善，导致民间收藏与内府形成抗衡之势，称书画进入内府为“受填宫之罚”，从中可见民间收藏情绪的高涨及对内府收藏状况的不满。民间收藏兴起除明内府收藏不善的因素之外，与当时商业发展和市民阶层成熟也有关系。南宋中国经济与文化重心彻底完成了南移，收藏鉴赏风气在江南延绵发展，到了明代鉴赏家辈出，形成非常专业的区域性收藏群体。明中期，吴门画派兴起，基础就是藏品的丰富，这促进了绘画的蓬勃发展。以吴门为中心的私人藏家不但具有很好的创作、鉴赏能力，也有不错的财力。沈周与文徵明先后成为苏州地区创作、鉴藏的领军人物。和他们往来密切的吴门鉴藏家有吴宽、史鉴、陈硕、李应祯、朱存理、都穆等。吴门文徵明卒年九十，他的藏品数量并不巨大，且藏品具有相当的流动性。文氏著名的是他非凡的鉴定眼力，寓目作品数量惊人。文徵明之子文彭、文嘉对父亲的本领有继承，但远逊之。在文徵明和董其昌之间最有名的收藏家是嘉兴的项元汴，他堪称明代收藏家中之巨擘。项家藏金石书画处名曰“天籁阁”，所藏多为历代流传有绪的书画精品。法书著名藏品如唐欧阳询《行书千字文》、唐怀素《论书帖》、五代杨凝式《韭花帖》等。绘画精品有宋马远《潇湘八景图》、元倪瓒《水竹居图》等。所藏书画精品均以千文编号，鉴藏印之多在私人藏家中首屈一指。明末江南的收藏呈现群雄并起的态势。吴门、嘉兴、徽州、松江等地都有著名藏家和鉴定家。吴门有王世贞、王世懋兄弟，韩世能、韩逢禧父子，张丑等。嘉兴地区有项氏家族、李日华、汪继美、汪珂玉父子等。徽州有詹景凤、吴廷等。松江地区以董其昌为代表。这些藏家的藏品大都来自宫廷，精品收藏也是培养画家和鉴定家的基础。明代的书画流动大趋势上是从内府流向民间，这一趋势促进了书画市场的繁荣，并且在民间藏家之间不停流动。这种情形直接影响清代宫廷收藏，导致清内府书画收藏的来源复杂化。

第三节 吴门地区的鉴藏家

1. 吴门画派的鉴藏家

“苏人以为雅者，则四方随而雅之；俗者，则随而俗之。其赏识品第本精，故物莫能违。”这句话说明苏州在明代文化风尚领域的话语权，并且是依靠着“赏识品第”也就是目鉴能力确立的。苏州成为明代风尚中心是有相对长的历史形成过程的。在元代，苏州就已经接收了很多杭州迁过来的文人家族。杭州自赵宋南渡（1127 年）以来，成为南方政治、经济、文化的中心。南宋建都于杭州一百五十二年后，元军攻灭南宋都城（1279 年），杭州虽然经历战火，但繁华依旧。元代八十多年的时期，杭州仍然是江南地区的文化中心，而元至正十一年（1351 年），徐寿辉反元起义军部署的一支，由项普略率领红巾军在七月占据杭州城。之后董抟霄率领元军展开了杭州争夺战，这么一来，就造成杭州文化中心地位的破坏。很多文士为避祸而搬离杭州。苏州素来和杭州共享“天堂”美誉，相距也不远。而且苏州北邻的松江地区也环境安宁，适合居住休养。特别是苏州昆山有一处由顾瑛组织的玉山雅集，在元末的乱世之中，有如此世外桃源，对于周边鸿儒雅士来说，无不趋之如鹜。元末苏州并非只有玉山雅集，规模小一些，但声望不小的雅集活动有“北郭社”，号为“北郭十友”的高启、王行、徐贲、宋克、高逊志、唐肃、余尧臣、张羽、杨基、陈则，是主要成员。还有“听雨楼”“渌水园”“耕鱼轩”“飞云楼”“耕云轩”等。这一传统一直延续到明初，对明初文人雅集鉴藏活动有深远影响。

元至正十六年（1356 年），张士诚建立了吴政权，以苏州为中心。张士诚对儒士、书画家以礼相待。这一区域性的气候让躲避战乱的诸多文士找到了避风港。王蒙、苏大年、张简、陈汝年、饶介、杨基、徐贲等官员，聚集于此。王蒙、饶介等都曾仕元。这一批文士有苏州籍，也有他乡来此避乱者。杨维桢、倪瓒、顾瑛、宋克等，却在此刻离开了苏州，不愿和张氏政权合作。

而杨维桢却受了松江府顾逊邀请，到松江执教讲学。顾逊的草玄阁一时间风头无二。苏松地区在元末便形成了一个文化圈，其中的名家有杨维桢、张羽、饶介、陆居仁、宋克、王蒙、王冕、黄公望、倪瓒等，具有名冠一时的书画家。从傅熹年对长卷轴画《百尺梧桐轩图》（图 2–2）（藏于上海博物馆）的考证便得知，该画是为张士诚的弟弟张士信所画，画后会集了周伯琦、张绅、倪瓒、宇文材、饶介、王蒙、马玉麟等诸多元代名家的手迹题跋。题跋

图 2-2 《百尺梧桐轩图》

中对张士信礼贤纳士、喜好翰雅的作风进行赞誉。①

1367 年，朱元璋攻克苏州，张士诚政权灭亡。距离苏州很近的南京是明王朝的新都。朱元璋出于复仇，残酷钳制打压曾经为张士诚服务过的文士。知识精英阶层是受打击最深的人群。洪武初年，苏州的文人圈子雅集不兴，鉴藏之事受到一定程度的影响。而在明建国百年左右的成化年间（1465

① 参见傅熹年，《元人绘〈百尺梧桐轩图〉研究》，《文物》，1991 年第 4 期。

—1487 年）经过了长期恢复和政治限制的解除，苏州的文艺活动再次回到张士诚统辖时期的繁荣。沈周在成化年间（沈周生于 1427 年，在 1465 年时将近四十岁）成名，正好赶上了苏州文艺的复兴。从曾祖沈良起，到沈周一代，沈氏积累下来相当丰厚的家产。沈良是远近闻名的缙绅，他和王蒙相交甚厚。吴宽就有《题王叔明遗沈兰坡画》（沈良，字兰坡）："黄鹤山人樵古松，踏月夜访兰坡翁。"沈良善画与否无从查证，但他和王蒙这样的顶级画坛巨擘交好，并收藏作品是没有问题的。从沈家子弟的作品来看，大都是王蒙画风的继承者。比如沈周四十一岁所作《庐山高图》，就是典型的王蒙画法。沈周的老师一辈像陈宽、杜琼、刘珏和徐有贞，都是吴门有名的藏家。其中杜琼、刘珏还是早期吴门画家。陈宽是沈周的塾师，他的祖父陈汝言在元末明初书画鉴藏圈内是重要人物，陈汝言也是和倪瓒、王蒙关系密切的名画家，死于朱元璋对苏州文士的镇压。陈宽家藏有祖上传下来的倪瓒、王蒙的画作不少。因为陈、沈两家为世交，沈周在七岁的时候便拜师陈宽修习诗文，一生以弟子之礼律己。沈周《庐山高图》（图 2-3）便是为陈宽（1396—1472）祝寿所作。陈宽喜好文学，书画所藏都是家传。陈家藏有元代名作有黄公望的《天池石壁图》、王蒙的《岱宗密雪图》等。而画家杜琼和沈恒（沈周之父）同师学文，沈周便跟随杜琼学画。杜琼曾向元末大儒陶宗仪学文，陶宗仪为王蒙的表弟，王蒙为陶氏作过《南村草堂图》，因此杜琼对王蒙、倪瓒等画风作品很是熟悉。

苏州人徐有贞（1407—1472）大半生致力于仕途功名。大明中期转折性事件"夺门之变"[①]中，徐有贞参与明英宗的复辟活动成功，官至兵部尚书，兼任华盖殿大学士，还获封武功伯。晚年，徐有贞荣归故里，寄情山水书画，和刘珏、沈周父子往来密切。徐有贞善书，为沈氏先人撰写墓志铭，并且在沈周的"有竹居"中留下很多书作。徐有贞比刘珏大四岁，曾经借观

① 夺门之变（又称南宫复辟）是景泰八年（1457 年）被明代宗朱祁钰囚禁在南宫的明英宗朱祁镇复位的历史事件。

图 2-3 《庐山高图》

刘珏所藏《褚遂良摹兰亭序》，还为刘珏的高克明所作《溪山雪意图》题跋。徐有贞是吴门书派的先驱人物，对外孙祝允明影响极大。徐有贞和沈周为忘年交，徐的孙女嫁给了沈周儿子，两家结为姻亲。刘珏（大约1410—1472）曾官至山西按察司事，致仕后和徐有贞、沈周交好。刘珏家和沈周家也结为姻亲，刘珏的长子婚配沈周二妹，也是沈周的长辈。官至太常寺卿的昆山人夏昶（1388—1470）是名画家，也是鉴藏家。不幸的是家藏书画经历一场火灾基本损失殆尽。夏昶所藏有黄庭坚的草书，还有吴镇的《夏云欲雨图》，此图是吴门地区极其重要的一件吴镇作品，刘珏、沈周都学习过此本，可惜只有刘珏的临本传世（图2-4）。而夏昶在吴门的人脉、师承中也非常重要。他的女儿嫁给徐有贞的儿子徐世良，而徐有贞的外孙是祝允明，因此夏和祝家成为姻亲。夏昶外孙女又是文徵明的夫人，文、祝二人在吴门书画两派中都是中流砥柱。这种牢固、交错的联姻、师承关系，在中国古代艺术收藏史和书画史的传承中，是主要的连接。

图 2-4 《夏云欲雨图》

15世纪70年代，夏昶、刘珏、徐有贞、陈宽、杜琼、沈恒相继离世，如此一来，沈周父辈的一代收藏家便退出历史舞台，而沈周作为吴门甚至整个明代画坛的领军人物，肩负着开启一个新时代的历史任务。沈周所住书斋为“有竹居”，这也是他父亲去世后，自立门户后的居所。沈周时常在有竹居中将其所藏书画、彝器取出，和诸师友共赏。随着沈周声誉日盛，全国都已经慕名求画。京城及全国各省都有路过吴中，取道有竹居造访沈石田先生的门客，上至缙绅大夫，下至后学晚辈。由于有竹居邻水，每天门前的码头都被访客的船舶堵塞。沈周给访客应酬书画作品，也鉴别书画。他对于真伪鉴别，根据就是自身对笔墨的精妙把握。弘治初年，有古董商从浙江拿来一件托名为钟繇《荐季直表》（图 2–5）的卷轴书法请沈周鉴别。沈周一眼判断此作非同一般，虽然价格不菲仍然命子沈云鸿斥资买下。后来沈云鸿去祝允明处求助，由于钟繇传世作品实在太少，祝枝山也不敢断言。便去岳父李应祯处求证。李应祯亦为吴门书派重要人物，文徵明和祝枝山的书法老师。他曾在京师担任中书舍人，在内府亲目钟王之迹，当即断为珍品。

根据黄朋的统计，沈周曾经的藏品大概有《荐季直表》、怀素《草书老子清净经》、林逋《与僧二札》、司马光《楷书宁州帖页》、苏轼《与晋卿、定国二帖》、黄庭坚《经伏波神祠诗卷》、黄庭坚《发愿文》、黄庭坚《老杜律诗二首》、薛绍彭四帖、米芾《苏轼前后赤壁赋》、米芾《自书词一卷》、蔡襄《自书绝句诗》、李思训《江山渔乐图》卷、董源《溪山行旅图》、董源《江南山色巨幅》、巨然《赤壁》、郭忠恕《雪霁江行图》、顾闳中《六逸图》、高克明《溪山雪意图》卷、黄公望《富春山居图》卷、吴镇《古松图》等。[①]沈周书风吸收黄庭坚较多，绘画则较少，藏画类型很多，不单是收藏山水，和沈周本身绘画风格的多样也不无关系。沈周同时代的吴门鉴藏家有吴宽、史鉴、李应祯、朱存理等。吴宽在这些藏家中职位最高，为成化壬辰（1472年）科状元，曾任礼部尚书，太子太保。吴宽虽然身在京畿，但对苏州书画收藏圈的事情非常熟悉。不仅通过书信联系。苏州在京做官的人很多，各种好事者也乐于将藏品拿到京城，请吴宽题写跋语，以提高书画价格，如《溪山雪意图》（图 2–6）。吴宽家有《家藏集》近三百篇的题跋。吴宽的书画鉴藏活动范围波及京城和苏州，李东阳、陈明之、陆完、王鏊、陆釴等均是他的好友，藏品上都有吴宽墨迹。吴宽家藏精品也有很多，如米芾的《苕溪

① 参见黄朋，《吴门巨眼：明代苏州书画鉴藏》，上海书画出版社，2015 年版。

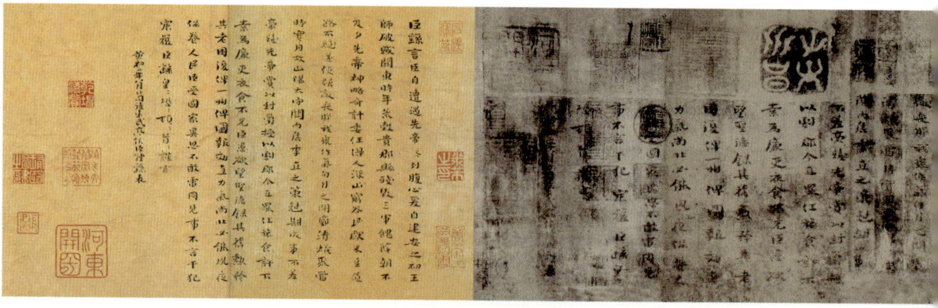

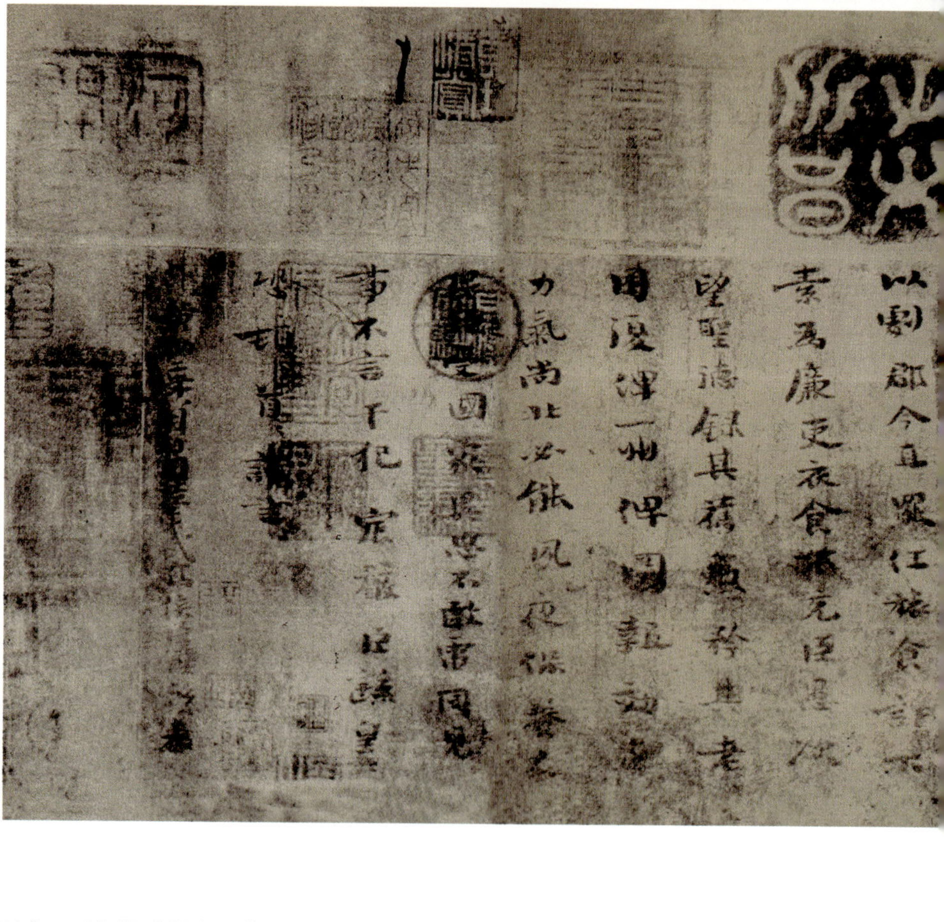

诗》、王齐翰《勘书图》、李公麟《藩王礼佛图》等。史鉴（1433—1496）和沈周是儿女亲家，藏品规模和沈周不相上下，两人结识是吴宽介绍，史家次子史永龄娶沈周三女儿。根据都穆《寓意编》和吴宽《家藏集》等著录，可知史鉴藏精品不少，包括赵孟𫖯、苏轼、颜真卿、赵孟坚等诸家名迹。李应

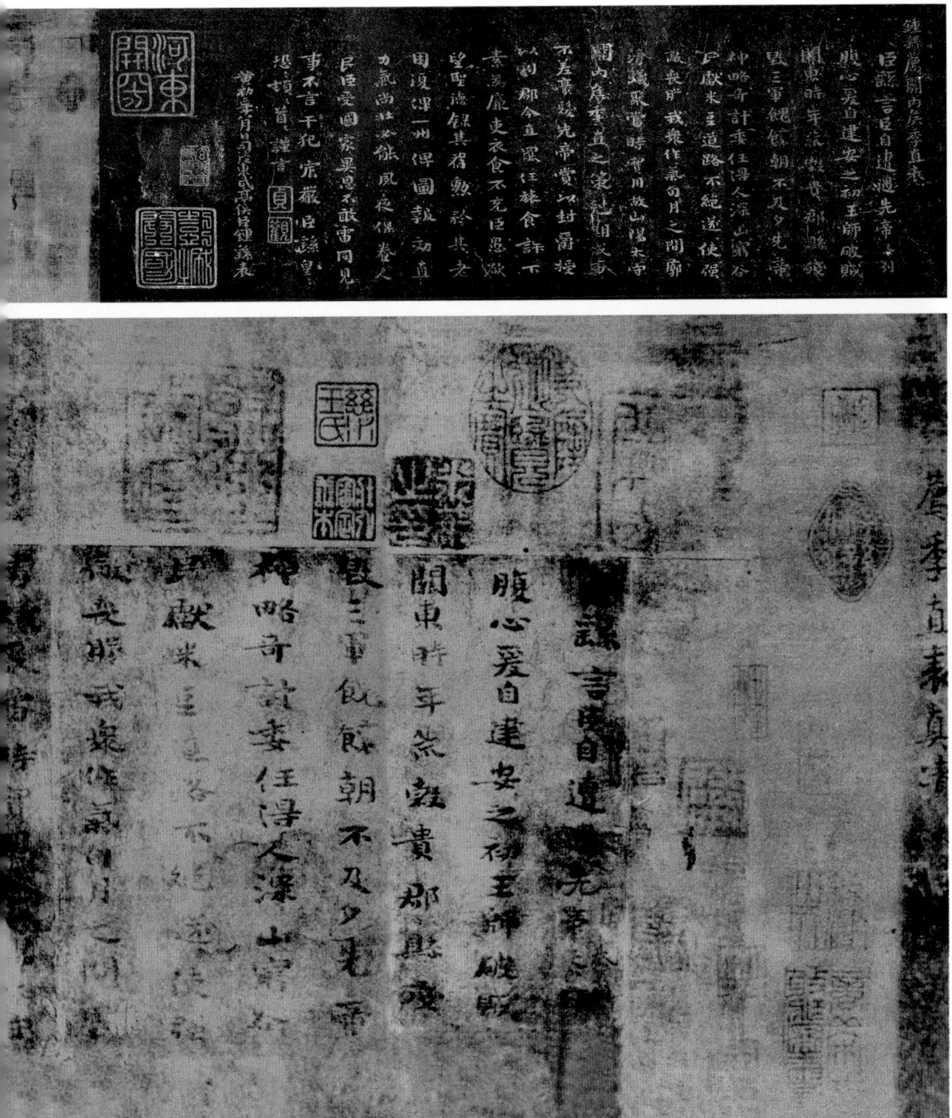

图 2-5 《荐季直表》及局部

祯在朝堂任南兵部郎中、中书舍人，以馆阁体为皇帝抄写圣旨、文件等，是明代书家里最早要突破馆阁体束缚的。他家藏颇丰，藏有苏轼、黄庭坚、赵孟頫、倪瓒、李煜等诸家名迹（图 2–7）。

吴门画派的领军人物沈周在正德四年（1509 年）去世，当时他的学生

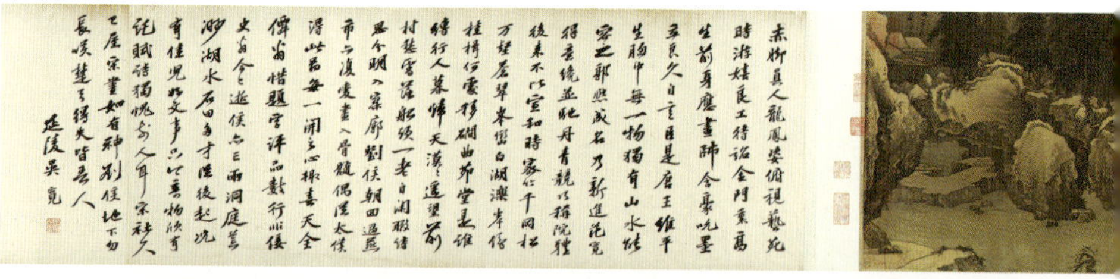

图 2-7　李应祯印

文徵明（1470—1559）时年四十。文徵明的高寿令他在吴门书、画、诗文、收藏领域独领风骚三十多年。和他同辈的才俊，同为“吴中四才子”的吴祯卿最先于1511年去世，唐寅在1524年去世，祝允明在1527年去世。祝允明去世后，文徵明又活了三十二年。而对文徵明影响最大的是吴宽、李应祯和沈周。三人分别传授文徵明诗文、书法、绘画，当然经常带他鉴赏书画精品。文徵明是吴门书派、画派中的阶段性领军人物，又是“吴中四大才子”之一，这说明他自身所具备的诗文、印章、历史、书画等多方面的素养都很深厚。文徵明有一套接近今天鉴定学的完整的知识结构。再加上他在吴门文化圈中的优质人脉和师承

图 2-6 《溪山雪意图》及局部

关系，顺理成章地确立了他在吴门鉴藏体系中的无与伦比的地位。文徵明的书法兼善多种书体，最擅长小楷和行草书，隶书和篆书也有传世作品。绘画风格也是兼习诸家，且诸科兼通，有青绿山水、水墨山水，人物画等。因此他在书画鉴定方面对各个时期的作品、不同风格的作品都能精确判断。《仿米氏云山》（图 2–8）便是其晚年的著名作品。

沈周靠祖上经营基业维持生计，不必出仕。而文徵明出生于儒学世家，父亲文林早卒于温州太守任上，素有清廉之名。家中无太多田产，不是大富之家。家传收藏并不多。科举路上非常坎坷，通过友人举荐，在嘉靖二年（1523 年）就职翰林院待诏，他在五十八岁（1527 年）便从京城辞官回到苏州，便再不涉足政途而致力书画。文家的收藏经济来源主要是文徵明靠鬻画、鬻字获得的报酬。文徵明长子文彭、次子文嘉均继承父业。文嘉著有《钤山堂书画记》，其中对籍没严嵩藏品做了著录。根据该书的记载，可以大概知道文徵明收藏的概况。还有《文徵明集》中所录大量文徵明的题画跋

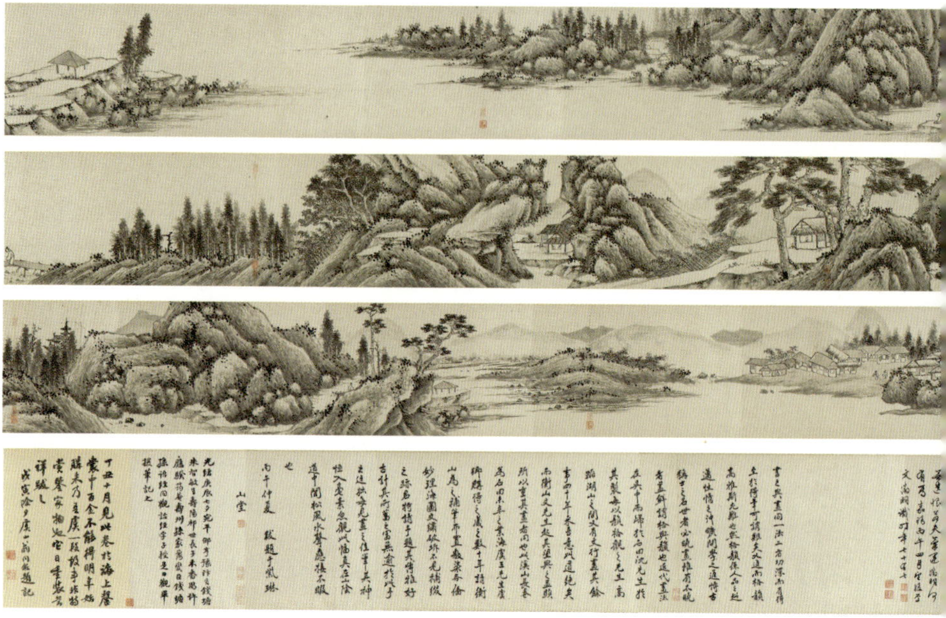

语，也是重要材料。文徵明的藏品里，法书推崇二王正脉，文家至少有三件王羲之、王献之的书作。沈周和吴宽影响之下，文家对宋四家的墨迹也极其珍视。文徵明又很崇拜元代书画趣味的引领者赵孟𫖯，因此他也收藏大量的赵孟𫖯书画。文徵明在鞍马、山水、人物画方面非常擅长，也跟他对元代大师作品的收藏、追摹密不可分。他的收藏趣味基本上可以代表吴门趣味。周围市镇活跃的藏家、画家、文人和商人，都追捧这一趣味。文徵明的家藏涵盖了文彭、文嘉的藏品，甚至孙辈文元肇等购入书画，文徵明在后题跋都写“吾家所藏”。文徵明活到九十岁，晚年五世同堂，儿孙都从事书画鉴藏。文徵明的印章往往出现在很多他们家藏品的题跋处、隔水处等。有“徵明”“衡山”“文徵明印”“东吴文献衡山世家”等诸款印记。作为大家庭的家长在世，整个家庭的家产是都在一起的，没有分解。今天藏于辽宁省博物馆的赵孟𫖯《行书秋声赋》卷上同时钤印文徵明父子三人的印鉴（图 2-9）。而文徵明财力有限，要想收购心仪的古人名迹，也会进行藏品交易，而且经常通过替人

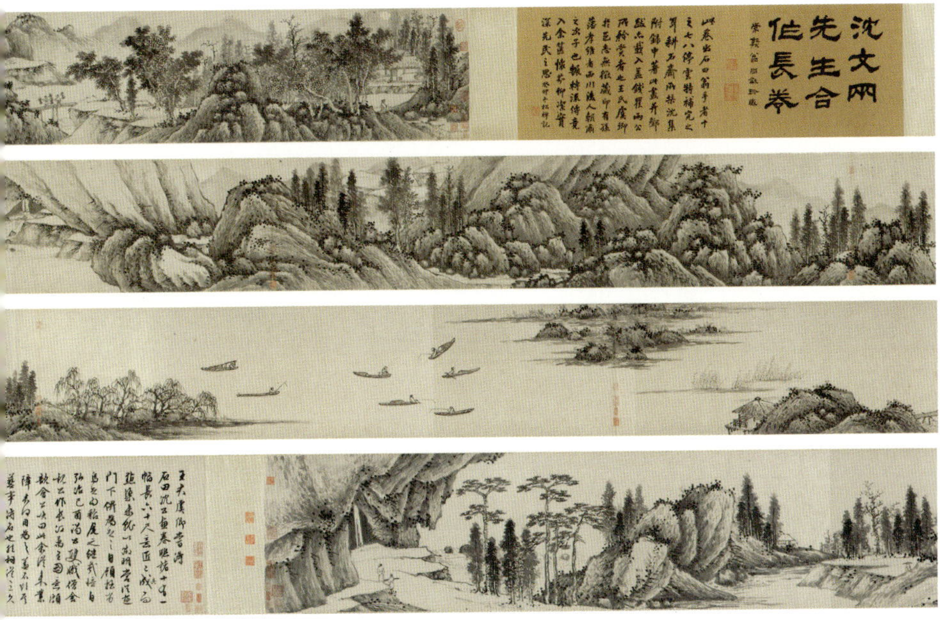

图 2-8 《仿米氏云山》

鉴别在书画后面题写跋文。根据黄朋的统计，文徵明经眼的书画名迹是他家藏的数倍。有限的经济条件，不妨碍他以善于鉴真之名经眼大量名迹。这样文徵明有充分的时间细细观摩送上门来求鉴的作品。文徵明以画坛崇高的名望，在全国收藏圈内地位也是无人能及。他题跋和盖印后的名品，一般价格都会上涨。

图 2-9 《行书秋声赋》卷上文徵明印

文徵明父子帮助无锡人华夏刻了明代首部私刻丛帖《真赏斋帖》（图 2–10）（1522 年）后，在嘉靖十六年（1537 年），刊刻了自家的《停云馆帖》（图 2–11），分上、中、下三卷。这是明代苏州第一部私刻丛帖。《停云馆帖》比《真赏斋帖》的规模扩大很多，共有十二卷之多。丛帖的刊刻相比单帖难度更大。私人刻帖不像官家刻帖，第一要有代表性、数量和质量都很高的法帖，再就是要有好的勾摹者、

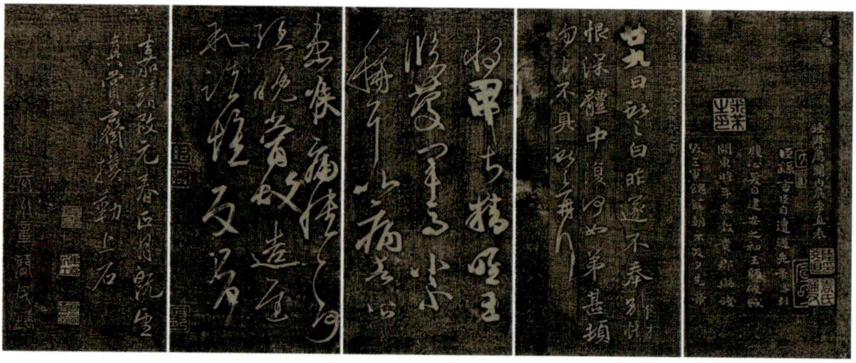

图 2-10 《真赏斋帖》

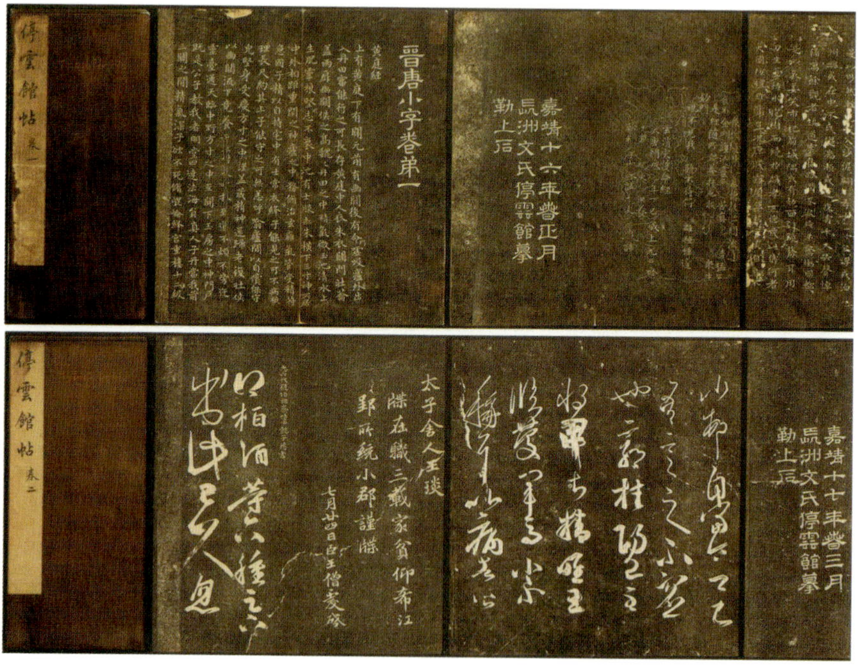

图 2-11 《停云馆帖》

刻工，当然财力的要求也很高。《停云馆帖》摹勒者是文彭、文嘉兄弟，他们在《真赏斋帖》刊印过程中就负责摹勒，积累了经验。《停云馆帖》首刻四卷于木板之上，后来随着材料的丰富增刻成十卷，刻石、刻木的能手是温恕、吴鼐、张简甫。所摹刻的法帖并非都是文家所藏，也有文徵明去周边藏家手中借来的珍品。后来木板被焚毁便用石刻取代。文氏父子倾注大量心血于其中，刊刻过程前后大概经历了漫长的二十三年。

2. 吴门其他藏家

王世贞（1526—1590），字元美，号凤洲，又号弇州山人。明代南直隶苏州府太仓州（今太仓）人。他在步入天命之年的时候，具备了相当规模的藏品，自己的收藏事业也逐步登峰。王世贞是隆庆和万历年间的文坛盟主，官至南京刑部尚书。以“复古”之号倡导当世文风，极为痴迷于书画收藏。大力购藏古代书画和“当代作品”，对当时吴门画派名家作品也大力搜求。王世贞是官宦名家，进士出身，和沈周、文徵明相比财力雄厚很多，因此收藏的质量在当时非常高。

王世贞收藏书画有很多与众不同的地方。比如他会为他所藏的古代法书名迹补图，还会将名迹双钩填墨，制成向拓本。也会勒石、刻木制成法帖。对于绘画作品会配文，也曾把许多书画藏品归类，并且装裱成册、成卷。这些工作需要极强的专业性，他召集了一批吴门画派的能工巧匠帮助他完成。比如尤求、钱穀、文嘉、陆治、周天球、莫是龙、王穉登等，还有胞弟王世懋。王世贞就曾将文徵明的《小楷赵飞燕外传》补画赵飞燕、赵合德的故事图，是尤求完成的。然后又请周天球书《赵飞燕遗事》、俞允文书《赵飞燕、合德别传》小楷，最后再由王世贞自己书写跋尾。在跋文中交代了整个“创作过程”。该图藏于上海博物馆，现名为尤求的《汉宫春晓图》(图 2-12)。文彭隶书“汉宫双燕”引首，在文徵明的小楷基础上，多人出力补绘、补书，最终成了王世贞的特殊收藏品。

王世贞还“创作”了《六家十二帖》。他把北宋四家苏、黄、米、蔡的书法和薛绍彭、赵孟頫汇成一册，在他的《弇州四部稿》中，这一册被称为《蔡苏黄米赵帖》。后来他又编写《弇州四部稿续稿》，其中这一册就又被改为《六大家十二帖》，这时候把薛绍彭的作品加进去了。当然就把之前几家的作品删去了几件，仍然保留了十二件。像这样的重新编辑的例子，王世贞在他的藏品中经常采取。对自己的藏品不断重新编排组合。

复制藏品对于当时的藏家来说，是非常普遍的做法。王世贞就把很多过眼借观的书迹，通过向拓的方式复制了，留在身边把玩、摹写。沈周收藏的黄山谷《经伏波神祠诗》卷经过王世贞手上，由于各种因素没法购买，王世贞便将此作留观了一段时间。其间请人双钩、廓填，做成了向拓本。对于王世贞所爱的画作，买不下来的就请人“传移模写”，复制下来。比如阎立本的《萧翼赚兰亭》、顾恺之《女史箴图》等。

王世贞的制作小团队基本上离不开尤求、周天球、俞允文、莫是龙、文嘉这几个人。很多画师、书家，都靠王世贞供给，王世贞是他们的赞助人。钱榖、俞允文、周天球没有功名，只能鬻书、鬻文。没有功名的文人，和画家没有什么区别，都靠出卖劳动力为生，没有办法在官僚体制里享受官俸，更没有额外的收入。因此，王世贞这样的人物，在当时的吴门收藏圈里是相当具有凝聚力的，是一个产业链的顶端人物。

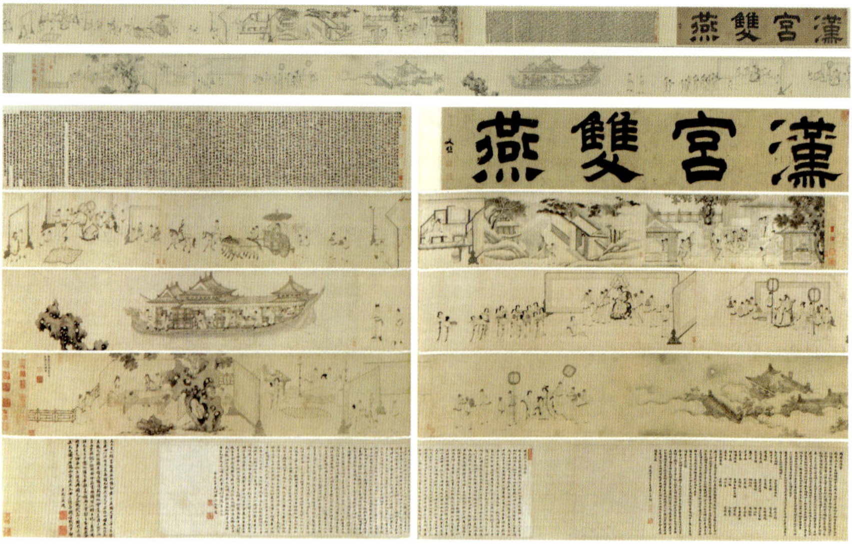

图 2-12 《汉宫春晓图》

王世贞著述极丰，主要论著集中收集在《弇州四部稿》及《弇州四部稿续稿》之中。《弇州四部稿》中相关章节记述了他的书画跋文和墨刻跋文，还有他的书画评论。由于他是文坛领袖，又是史学学者，以这样的身份从事鉴藏，自然有着与众不同的角度，其实主要是从史家角度建立起来的鉴藏史观。他在“四部稿”中的《艺苑卮言》中提道:“天地间无非史而已。三皇之世，若衣若没；五帝之世，若存若亡。噫！史其可以已耶？六经，史之言理者也。”在《艺苑卮言》中王世贞还对绘画史的风格变化给出了自己的论断:“人物自顾、陆、展、郑以至僧繇、道玄一变也。山水大小李一变也，荆关董巨又一变也，李成范宽又一变也，刘李马夏又一变也，大痴黄鹤又一变也。”

王世贞的知识结构中，他擅长经史、书法，但并不擅长绘画，也不精于鉴别画作，但是对绘画史的研究却又有自己的独到看法，在艺术史上还是有不小的影响力。他的收藏趣味独特，在吴门地区推崇宋画。在万历七年（1579 年），他结识昙阳法师，从而皈依道教，从此摒除人事，闭关修行，收藏之事也交给儿子们打理。王世懋（1536—1588），字敬美，是王世贞胞弟，比王世贞小十岁。 在南京任职太常少卿，名气逊色于兄长，世称“王氏二美”，均痴迷于书画。兄弟感情甚笃，藏品也互相交叉。看他们的藏品，往往题跋和印鉴都挨着，难以分别。“二美”在当时吴门地区的书画收藏还是很有影响的，藏品比文氏父子强很多。但由于他们不善于鉴别，自沈周、文徵明建立起来的苏州鉴藏圈的“巨眼”优势，逐渐散去。

张丑（1577—1643）家族六世在吴门书画圈中积累了深厚的人脉。六世祖真关处士，五世祖张思明，高祖张绘，曾祖张桢（兄弟张祥），祖父张情，父亲张应文。张丑和兄长张德程一辈，张德程子张维芑都从事收藏。张氏世代相交好的吴中名家有刘珏、马愈、沈周、文林、文徵明、文嘉、王世贞、王穉登等。高祖张绘和沈度、沈粲兄弟有故交；曾祖张桢、张祥兄弟和马愈、刘珏、沈周、文林等为好友。而祖父张情、张意兄弟则和文徵明常有往来，文徵明还给他们作画。张应文与文彭、文嘉兄弟情如手足，常和韩世能分享藏品。张丑长兄张德程和王世贞之弟王世懋是连襟关系。

张丑父亲张应文开始真正大规模的收藏活动。张应文涉猎甚广，古籍、彝器、金石、瓷器、玉器、书画等均不放过。生前著《清秘藏》两卷二十门，憾未完成。张丑在父去世后整理收尾，序言是王穉登所写。到了张丑这一代，年少时曾游于王世贞门，之后又在韩世能家的藏品中汲取养分，和韩逢禧均癖好书画。张丑和张应文不同，他在《清河书画舫》的序言中谈到，书画为先贤名流的心画，像琴、砚台、铜器、玉器等都只是工匠的技艺，两者不在一个层次。因此，他只钟情书画，陆机《平复帖》（图 2–13）上钤有张丑的收藏印。《清河书画舫》《南阳法书表》《南阳名画表》都是他的书画著

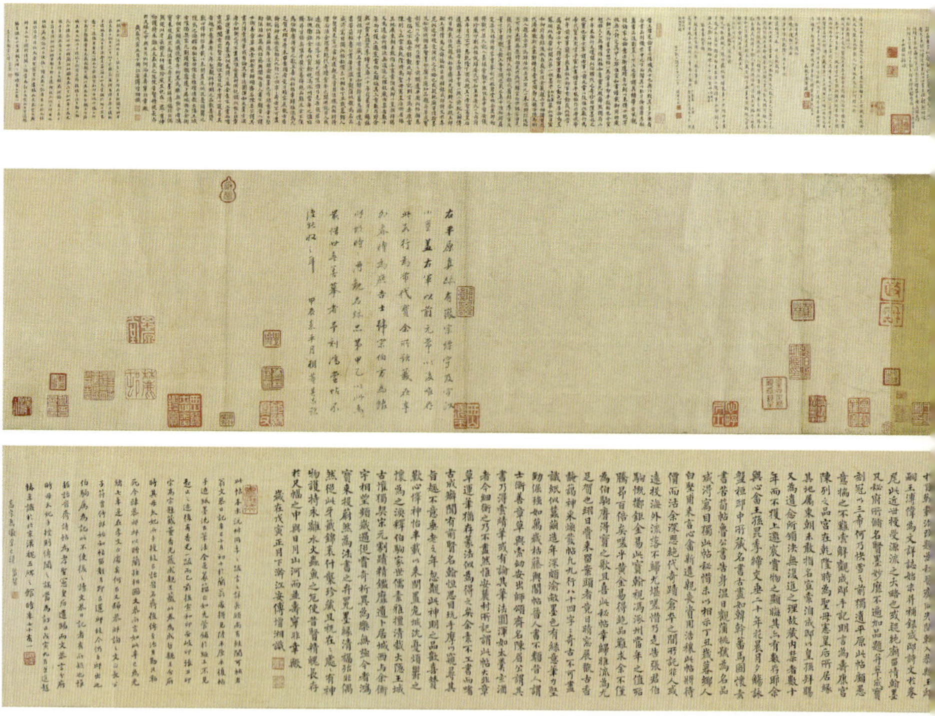

录。这些著述工作对收藏史的研究贡献极大。《清河书画舫》主要是记述自己家六世以来的收藏。《南阳法书表》《南阳名画表》都是他给韩世能、韩逢禧父子两代收藏所作著录。韩家的收藏著录中，这是最完整的。除此之外，张丑还作了《法书名画见闻表》，著录了所看到和听说的各种书画藏品。《清河书画舫》是张丑书画著录的集大成之作，成书时间大概在崇祯九年（1636年）后。之后，张丑又作了《真迹日录》，和《清河书画舫》并为个人书画著录成就之双峰。张氏生活的年代已经在晚明，他对吴地书画名迹流传的过程记录，连贯起来，便形成了作品的完整传递轨迹。他本人和交游，也是很重要的历史材料。不仅记录了当时圈内重要人物的行为和言语，还将自己和当时的收藏品位、艺术观以及鉴藏方法一一记录，颇为难得。

图 2-13 《平复帖》及局部

3. 苏州作伪集团

明代中期的苏州地区书画市场中，作伪形成规模，并且和商人盈利结合，形成了中国历史上第二次大规模的作伪高潮。吴门地区这一时期出现了规模化、产业化、影响力大等特点的书画作伪现象，生产出来的仿造品在鉴定界被称为“苏州片”。苏州人擅长学习古法临摹书画，复制鼎彝，真伪难辨。技术虽然精到，但用到作伪上就造成更大危害。而且此地商业繁荣，很多商人逐利，便请能工巧匠制成赝品，拿去给如顾阿瑛这样的好古巨富过目，牟取暴利。商业发达便逐渐形成一个行业内的圈子。如沈周和文徵明这两位鉴定大师，都有纵容、助长作伪的行为，沈周、文徵明都有在别人拿过伪作上题跋的做法。可以说，在当时的吴门书画鉴藏圈内，已经形成了一个“生态圈”。通过掌握不同资源的阶层相互协作，形成了彼此遗存，各种资源交融在一起的一种链条结构。

“苏州片”（苏州骗）的作伪已然形成了极大的规模。明中后期，吴门地区书画作伪不是地下的行为，也不是个别出现的现象，不是偶然的欺骗行为。书画作伪已经形成了很大规模，并成为一种产业。在这一产业之内，“苏州片”的生产分为各个流程，每一个工作流程由不同的人进行流水作业。大批量生产的赝品根源在于分工合作，配合完成，这也是规模化生产的产物。由于明代吴门地区在全国书画坛具有的“宗主”级地位，以及吴门画派、书派的广泛影响，盛行在吴门地区的“苏州片”鱼目混珠，有不少高质量的仿制品流传至今，甚至进入了今天的艺术史写作，成了书画鉴定的参照系统，有“伪好物”的“美称”。实际上形成了对书画鉴定、美术史的影响。

“黄彪作伪案”是明嘉靖年间的苏州作伪集团制造的影响力极大的书画作伪、贩伪案。参与作伪的主犯是“苏州片”画师黄彪。黄彪仿制的北宋张择端的《清明上河图》几经转手献给了严嵩。此案涉及人物广泛，并位高权重，最高级别官员涉及严嵩。严嵩时任内阁大学士，掌管明朝实际政权。此案还涉及严嵩之子严世蕃，明廷高官王忬，王忬之子王世贞等。严嵩、严世蕃父子二人为当时朝中权奸。他们对书画雅玩非常热爱，也热衷于收藏，藏品也极为可观。严嵩书法名扬天下，经常为沉溺于修道的嘉靖皇帝朱厚熜书写青词，有“青词宰相”之誉。严嵩的书画修为肯定是不低的。当时的世风之下，书画“雅贿”已经成为官员中极其常见的事情。严嵩权倾朝野，行贿之人自然络绎不绝。王忬不属于严氏父子派系，但为求自保，不得不用心经营。严嵩家臣汤裱褙透露出严嵩垂青《清明上河图》已久。王忬便以个人关系多方求购《清明上河图》。在北宋灭亡后，《清明上河图》由内府收藏流入北国金人手中，后又从金人手中流入民间。蒙古人灭金伐宋一统海内后，此画辗转进入元宫廷。朱明北上驱赶元立国，《清明上河图》二度流入民间。此画在明代经过了著名文人官员徐溥、李东阳、王鏊等人的递藏。嘉靖年间正当王忬四处搜求此画时，《清明上河图》在王鏊手中。王忬由于无法从王鏊手里购得真品，在百般无奈下，便出此下策，请到当时“苏州片”高手黄彪，复制了一幅《清明上河图》赠予严嵩。蒙混一时，然终被严嵩察觉，怀恨在心并借机处死了王忬。[①] 案发后，作伪高手黄彪便藏匿而不知所终。

第四节 江南地区其他鉴藏家

1. 项元汴的收藏

项元汴（1525—1590），字子京，号墨林，世居浙江嘉兴。其父为项忠，自幼博雅多才，好古而不仕进。明万历年间，神宗朱翊钧闻其名，特赐玺书征他出来做官，项氏拒不赴任。项元汴是文徵明鉴藏趣味的延续者，是中国古代最大的私人收藏家。项元汴的收藏，在文徵明故去后引领当时的收藏趣味。明四家之一的仇英，吴门鉴藏衰弱后的华亭巨擘董其昌等画家、鉴定家，都从项元汴的藏品获益良多，且关系密切。可以说项氏的收藏影

① 参见：谷应泰，《明史纪事本末》，卷五十四，江西书局，2018 年版。

响了一个时代的书画收藏、书画创作。

项元汴在收藏中获一上刻“天籁”两字之古琴，遂将其储藏之所取名“天籁阁”。收藏印章不下百余枚，如天籁阁、项墨林等。凡经手的藏品都钤有印记，往往满纸满幅。项氏以天籁阁名传后世，阁早已毁。今嘉兴城区建设街道天籁里，便是追念“天籁阁”而命名。项元汴名号颇多，如子京、墨林、墨林山人、墨林居士、香严居士、退密庵主人、退密斋主人、惠泉山樵、墨林嬾叟、鸳鸯湖长、漆园傲吏等。因此除了“天籁阁”之外，很多今天可见的绘画名迹上钤印如“神品”“墨林”“子京”“香严居士”“蘧庐”“槜李”……都是项元汴诸多印鉴中的一鳞半爪。

项元汴擅长绘画、书法，多从文徵明处取法。项氏的山水画取法元代黄公望、倪瓒。可以看出他尤其醉心于倪瓒，笔致疏秀，神合处辄臻胜境，亦擅长梅兰竹石。华亭董其昌曾称赞项氏的画“遐思闲情，独饶宋意”。在收藏上，今天世界各大博物院所藏中国古代书画，大概五成以上都经过项氏收藏。比如东晋顾恺之《女史箴图》、唐代韩滉《五牛图》、唐代韩幹《照夜白图》、元代赵孟頫《鹊华秋色图》、东晋王羲之《兰亭序》(冯承素本)、唐代李白《上阳台帖》、唐代欧阳询《梦奠帖》、唐代怀素《自叙帖》、五代杨凝式《神仙起居法》、北宋米芾《蜀素帖》等。

由于他的藏品数量巨大，为了便于编目管理，就以“千字文”进行编目。在一些经项元汴收藏的作品中，就会看到与作品内容毫不相关的字。比如韩滉的《五牛图》，画面的右下角就有一个“此”字编号；在王蒙《葛稚川移居图》中则有“圣”字编号；米友仁的《云山图》是“龙”字编号；倪瓒的《虞山林壑图》是“岂”字编号；赵孟頫的《鹊华秋色图》(图 2-14)是“其”字编号；仇英的《汉宫春晓图》是“虑”字编号。早在民国故宫博物院建立后，翁同文整理库房时发现了很多书画都有千字文编号。他通过千字文的序号进行推算，结果是曾是项元汴的书画藏品大致有 2190 件。这个数量接近当时故宫书画收藏的一半。

项元汴拥有不少于一百枚的鉴藏印，当然在不同时段鉴赏书画的时候使用。经过他家藏的褚遂良摹本《兰亭序》上，就被项元汴盖了98枚印章（图2-15）。褚遂良摹本为“兰亭八柱”之二。除了项元汴的印鉴，上还加盖有宋、元、明诸家鉴藏印记215方及半印4方。项元汴印章98枚之外，还有北宋印两方、南宋印七方、米芾印七方、乾隆印十几方等。曾为项元汴家藏，传为怀素作《自叙帖》上，遍布了项氏70多方钤印。神龙本《兰亭序》也曾为项氏旧藏，上也被盖了他50多枚印章。据考证，项氏所藏2000余幅宋元书画上，都盖上了他的印章，而且有很多是重复的印章，是反复加盖的。据说项元汴自己画完一幅画后定会先欣赏一番，再题首诗，但他作诗的文采似乎不太受人待见，词句十分累赘，和钤印繁多的习惯一样。因此有些来找他求画的人便会多出一些银两来贿赂他身边的书童，让书童等项先生画完以后马上拿走，以防止他写诗。

仇英（约1501—约1551），曾在项家住了十余年，遍临“天籁阁”收藏的古画。古代画家获取信息方式有限，像仇英这般出身低的画家，不具备沈周、文徵明等人的摹写渠道，通过给项元汴复制古画，可以细致把玩、揣摩鉴赏，从而将自身画技逐步提高，最终跻身吴门四大家。通过王穉登在北京故宫博物院藏文徵明《湘君湘夫人图》轴上的信息得知：“少尝侍文太史，谈及此图，云使仇实父设色，两易纸皆不满意，乃自设之以赠王履吉先生。”仇英不断在吴门诸家中求学，后还从周臣处学习宋代院体画风。仇英擅长摹古，在项元汴家曾经作过《临宋人画册》《临萧照中兴瑞应图》《临李唐山水卷》等。而项元汴如果认为摹本不错，也会买下来收藏。现藏在台北故宫博物院的宋黄庭坚行书《松风阁诗帖》上有仇英两方朱文印，一枚“仇英”，一枚“十洲”，在卷尾处（图2-16）。印章很小，但可以说明仇英也曾收藏过该手卷。

而距离吴门不远的华亭，在明代初年曾有沈度兄弟，以书法名世。后被吴门书家光芒压过。董其昌年轻时也曾受沈度兄弟的照顾，饱览天籁阁收

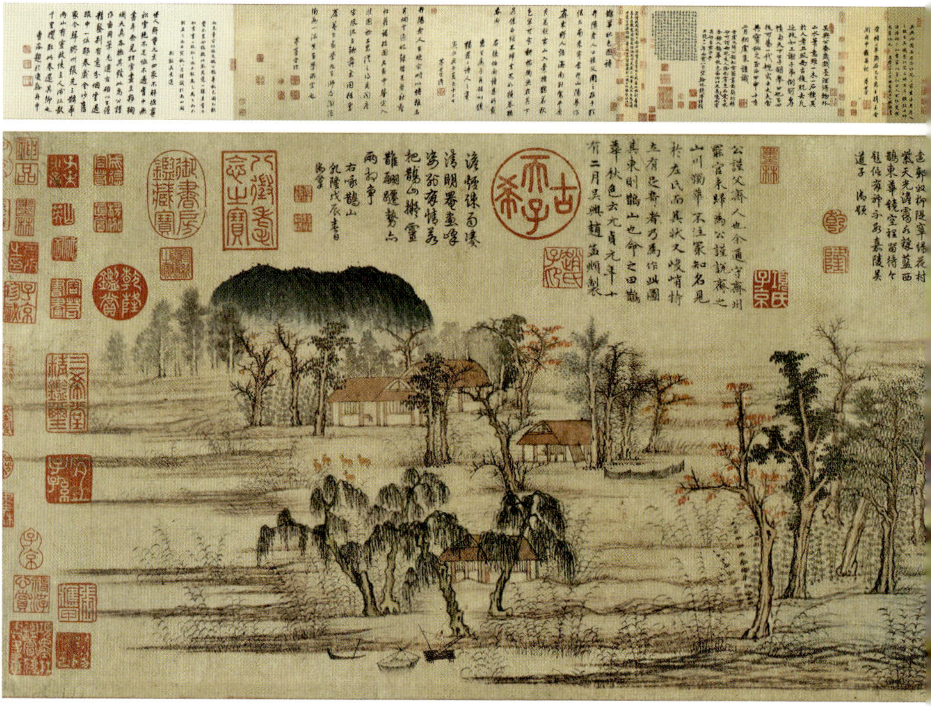

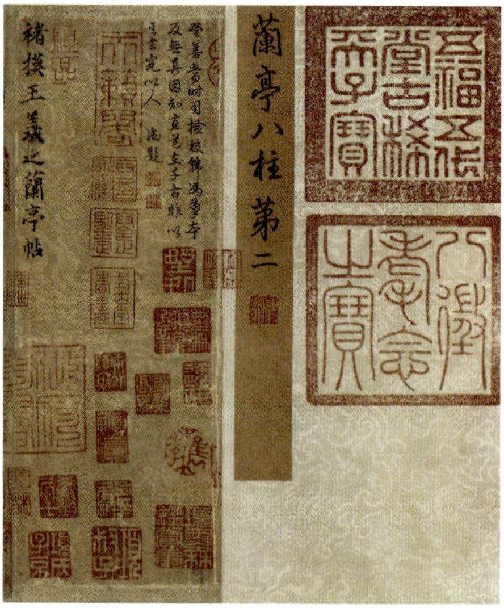

图 2-15 《兰亭序》上的项元汴印章

藏，大获古人启发，曾放言自此眼中再无祝、文。

华亭籍的藏书家、戏曲理论家何良俊在《四友斋丛说》中描述曾去项元汴家中做客的一段经历。在文中他记述在嘉兴项元汴家，当天招待了客人大概二十余人。每一位客人都配一副金台盘，盘子里是双螭虎大金杯，每件大概有十五六两。留宿在项家，早上起来便用梅花银沙锣洗漱，项

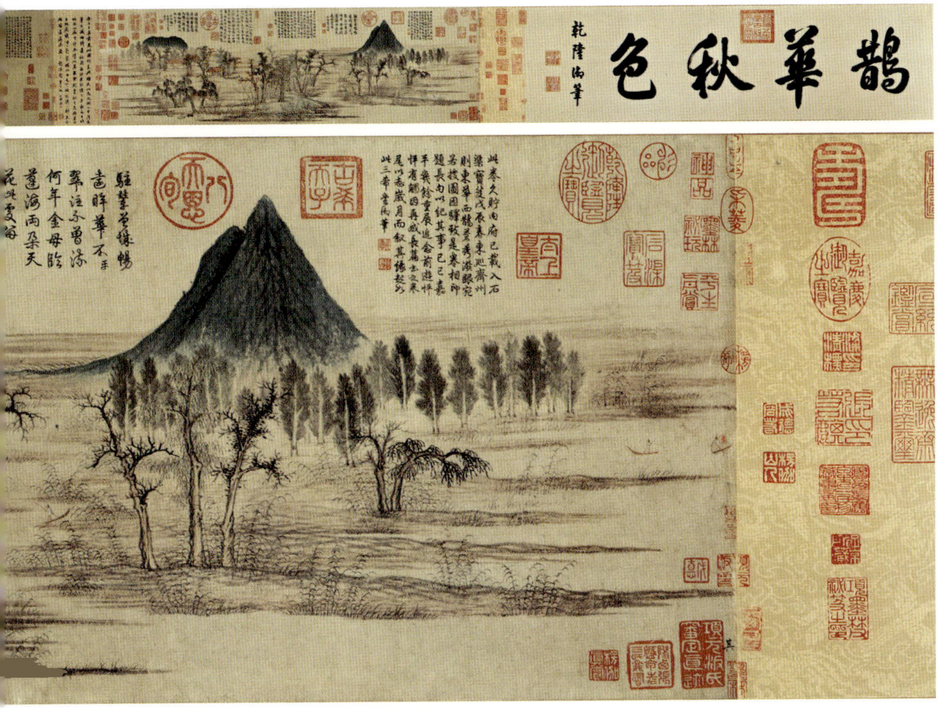

图 2-14 《鹊华秋色图》及局部

家的帷帐衾裯都是锦绮质地。何良俊在休息的时候在这样的环境中总感觉睡不踏实。这只是看到的，还听说项家还有金质的香炉，可惜没有看得到。据此可以知道项元汴家是富可甲江南，这样过度的奢侈，怕堪比皇室用度了。

在这样的经济条件下，更有项元汴自幼浸染在家学中，在十六岁左右开始收藏活动。在而立之年他的收藏已初具规模，市面上大部分元代佳作尽收囊中。天命之年开始收集大量高古名画，入手晋唐及两宋精品。天籁阁的珍藏随着清兵南下，或被兵匪劫掠，或被战火销毁，或辗转无踪。经过几世所累积的家族财富，以及项元汴在此基础上耗费一生经营的收藏帝国也灰飞烟灭了。项元汴之孙项圣谟在《三招隐图》（图 2-17）中曾描

图 2-16 “仇英”“十洲”印

图 2-17 《三招隐图》

述过家道败落、饱受战火摧残的生活："禾城既陷，劫灰熏天，余仅孑身负母并妻子远窜，而家破矣。凡余兄弟所藏祖君之遗法书名画，与散落人间者，半为践踏，半为灰烬。"1645 年的闰六月，嘉兴遭到清兵屠城。项圣谟的堂兄项嘉谟是年作为蓟辽守备不愿意降清，携带两子一妾跳天心湖自杀，项圣谟和李肇亨出逃，这便是当时的时代背景。清代姜绍书在《韵石斋笔谈》里也有类似的感慨："百余年来，嘉禾被燹，项氏累世之藏尽为千夫长王六水所掠，荡然无遗。讵非枉作千年计乎？物之尤者，应如烟云过眼观可也。"

2. 徽商的经营活动

明清时期的徽商，和古代多个地方性商帮比较，是"一支有文化的商帮"[①]。徽州商人经营种类非常多样，有盐商、茶商、木商、典商、棉布加工商人等。其中，出身于歙县书画收藏之家的吴其贞（1607—1678），便是一个突出的代表。吴其贞父亲字豹韦，极为爱好古玩书画，因爱收藏扇头，有"千扇主人"的雅号。吴其贞一家，前后三代都是书画古董商人。根据吴其贞《书画记》的记载，吴其贞的族人很多都经营书画生意。

吴其贞本人收藏书画的家学相当渊博，他结交友人，与许多收藏名家关系亲密。吴其贞利用各种优势，如家学、血缘、地缘等，几十年活跃在藏

① 张海鹏，《徽商——一支有文化的商帮》，《东方讯报》，1995 年 3 月 22 日，第 6 版。

品极为丰富和集中的徽州、淮扬等地区。他的收藏品种非常丰富，搜集的途径也很广泛。吴其贞的鉴赏水平很高，但还不如早他几代的文徵明、王世贞、李日华、董其昌、张丑等。和后面的高士奇等人也不能同日而语，不能归入鉴赏家。他的主要宗旨就是谋利。对于他来说，书画在他手中的流动性才是最重要的。吴其贞在不停收藏的同时，适时收进，把握时机抛售，获利不菲。《书画记》记载他曾为扬州通判王廷宾从陈维仁的手中购买到了胡廷辉的《金碧山水图》一大幅。[①] 这只是开始，吴其贞在大概十年内，都在为王廷宾代理书画交易。王氏为陕西生员，官至山东按察司，后降为扬州通判。据载他当时看到收藏古玩是一种时尚，便也想在古董界有所作为，可惜水平不行。为这样一位乐于出资、热情极高但缺乏专业知识的官员代理书画买卖，吴其贞当然乐在其中，从中获利自然是不必说的。吴其贞还为姚友眉代理书画交易。曾经在康熙年间，为姚有眉购置了赵孟頫《李苏泣别图》、马和之的《毛诗图》、黄公望的《访友图》、释巨然的《山庄鼓琴图》、苏轼的《村店夜归诗帖》等。

西晋陆机《平复帖》（现存北京故宫博物院），就是吴其贞在顺治十七年（1660 年）五月二十日在葛君常那儿看到后，收购到手的。葛君常等人并不认可《平复帖》的价值，弃之一旁不顾。可见吴其贞独到老辣的眼光。[②]

明末清初活跃在江南地区的徽州书画商人，自然是以谋利为目的进行经营活动。其中不乏像吴其贞这样有一定水平的经营者。不然断然不可能在江南地区的书画收藏活动中扮演如此重要的角色。吴其贞、王越石、方樵逸、胡亚竹等商人的经营都是成功的案例。在短有十几年，长则几十年的书画、古玩经营活动中，他们积累起来雄厚的资金实力，网罗收藏了大量水平极高的书画珍品。更重要的是逐渐培养起来一个家族、地域为纽带的书画经营群

① 参见吴其贞，《书画记》，辽宁教育出版社，2000 年版。

② 参见吴其贞，《书画记》，辽宁教育出版社，2000 年版。

体，这里面人才辈出。经过这样历代的传递、培养、影响熏陶，形成了非常专业的经营队伍，当时顶尖的书画盟主董其昌，包括一流鉴藏家李日华、张丑等人，和他们的关系都很密切，也持肯定的态度。他们的收藏活动，和这些顶级书画家、鉴定家密不可分，形成了一个相互依赖的艺术生态圈子。

明清时期的江南，苏州、南京、常熟、无锡、湖州等地是全国驰名的刻书和印书中心。刻印的书籍数量巨大，类别齐全，校勘也很精良。当时全国书籍集中的地方有北京、南京、苏州、杭州。除了京师的特殊地位，其余皆为江南城市。五色套印的《十竹斋画谱》(图 2-18)、《十竹斋笺谱》就是明末徽州的商人、休宁人胡正言，在弃官之后寓居南京，在他大量收藏的基础上刻制而成的。这两部版印书籍，成为当时大江南北学画人的楷模，热销一时。汪姓的刻工仅就为胡正言的十竹斋包揽生意，便已然成为巨富。当然除了文化类书籍，江南的书坊也刻印大量商业等用书。①

作为文献之邦的江南地区，文化艺术品市场相当繁荣，这离不开地域商人的活动。徽商在其中起到了巨大作用。徽商有雄厚的财力收藏囤积书画、书籍、金石等，是当时收藏之风的主要推动和引领者。商人购买书画古玩，假充风雅为少数，而保值投资者居多。根据嘉兴秀水李日华的日记可知，徽州等地的商人经常向他兜售书画。万历三十七年（1609 年），李日华便从上门的徽商手中购得元画《久雨图》以及陈淳的《云山》长卷、倪瓒的《小景》等。② 如江南名士王世贞是太仓人，本身极其喜爱书画，像他这样的江南缙绅会引领时风。官僚士大夫赏玩成风，便引领了江南地区艺术品制造和生产。因为当时以小技著名者，都是吴人。而徽商为代表的江南商人，便成为艺术市场主要的经营者、投资者和推动者。明清江南城市是当时中国重要的文化中心，更是江南文士活动的重要场所，文士是舆论制造者，也是传

① 参见范金民，《明清地域商人与江南文化》，收录自《科第冠海内，人文甲天下：明清江南文化研究》，江苏人民出版社，2018 年版。

② 参见李日华，《味水轩日记》，上海远东出版社，1996 年版。

图 2-18 《十竹斋画谱》

播媒介。明文坛“后七子”之一的王世贞就曾为徽商——歙县潘君南夫妻撰写墓志铭。① 文士和徽商交往，依靠他们经营能力和财力，商人是文士的衣食父母。徽商则附庸风雅，得到贵人名士的只字片语，来塑造自身文化、道德商人的良好形象，再就是依靠士人引领时风的文化话语权来获得更大的利益，这就形成文人、商贾互利共生的关系。

3. 华亭收藏

文徵明去世后，吴门地区的鉴藏就开始走下坡路。万历年到明末这段

① 参见汤显祖，《汤显祖诗文集·有明处士潘仲公暨吴孺人合葬墓志铭》，上海古籍出版社笺校本，1982 年版。

时间里，华亭的鉴藏家逐渐崛起，完成了评价权的交接。华亭著名鉴藏家有詹景凤、何良俊、李日华等。当然主要是以董其昌（1555—1636）为核心，他是华亭地区收藏、鉴赏乃至大明全国书画圈中的翘楚。董其昌的崛起，其实和吴门收藏圈的滋养分不开。吴门的趣味和华亭的鉴藏趣味没有太大区别。藏品的递藏、知识的传承，可以说都是一脉相传。只不过出于文化策略，董其昌动辄贬低吴门鉴藏，实际为抬高自我而已。因此研究董其昌的收藏、创作等书画活动仍然是一个动态的场景。

根据颜晓军的研究，董其昌的收藏方式大致分为借观他人藏品、自己出资购藏、替人过目把关三种类型。[①] 董其昌生于上海县的小地主家庭，因此在他万历十七年（1589 年）中进士之前，家里不阔绰。据载仅有“瘠田二十亩”，为逃避劳役还做出过弃家远遁的事情。清代李延罡所撰地方志《南吴旧话录》记载了董其昌早年家贫，典衣质产以售名迹的故事。入仕之前的董其昌由于经济能力有限，很少购买书画藏品，借观他人藏品是其鉴赏书画的主要手段。中年后经济上改善使其能够购买藏品。但是总的说来，借观在其一生鉴赏的书画帖中占很大比例。

董其昌为官十八年，归隐二十七年。他万历十七年（1589 年）三十五岁走上仕途。因文章、书法优秀被选为庶吉士，供职于翰林院。翰林院学士田一儁去世，董氏便告假护柩南下数千里，送老师回福建大田县。之后董其昌担任过皇长子朱常洛的讲官，不久告病回到松江。此次京官、太子讲官的履历，改变了他的命运。在六十六岁时，泰昌元年（1620 年），朱常洛即位为明光宗，董其昌再度出仕。董其昌以帝师身份回到朝廷，授太常少卿，掌国子司业，修《神宗实录》。然而光宗短命，一月便驾崩。天启皇帝明熹宗朱由校即位后魏忠贤专权，董其昌在天启五年（1625 年）就任南京礼部尚

① 参见颜晓军，《从借观藏品到收藏巨擘：董其昌的艺术鉴藏生涯（上、下）》，《美术报》，2017 年 6 月 10 日，第 15、16 版。

书，一年后再度辞官归隐。居家八年后，崇祯五年（1632 年）七十八岁的董其昌三度出仕。根据《明史·卷二八八·董其昌传》记载:“起故官，掌詹事府事。居三年，屡疏乞休，诏加太子太保致仕。”在八十岁的年纪最终告老还乡。纵观董其昌的仕进之路，他以科举入仕，进入精英阶层，明哲保身，左右逢源。结交东林派、公安派，和后来反东林党派亦交好，谥号“文敏”就来自阮大铖。

董其昌中进士后，经济条件大有好转。董其昌购藏书画不是随心所欲，感性为之，而是按照书画史观念，有脉络和体系地访求。可惜董其昌自己的藏品无著录，对他收藏的概况以及藏品在收藏圈内的传递都无从得知。传为董源的《龙宿郊民图》（图 2-19）后有董其昌书题跋，从中可知，董其昌在万历五年（1577 年）丁丑三月晦日，开始习画。那时候是去顾正谊家观摩元代四大家的作品。科举高中后，他借京官之便在北京的收藏家那里借画临摹学习。这一段接触作品主要是宋人真迹，如马、夏、李唐最多。

董其昌的老师韩世能（1528—1598）及其子韩逢禧（1576—1655）的收藏给他带来极大帮助。韩世能在隆庆皇帝穆宗朝“书画折俸事件”中，抓住了历史机遇，大批吃下了很多宫廷流出的珍品。此次折俸事件中，成国公朱希忠的弟弟，朱希孝太尉，是关键人物。朱希孝当时任左都督掌管着锦衣卫。有人说隆庆皇帝的这次书画折俸事件是朱希忠兄弟撺掇的。韩世能是隆庆二年（1568 年）的进士，由庶吉士授编修，官至礼部左侍郎兼翰林院侍读学士。根据张丑在《清河书画舫》中所述，朱希孝太保家累世巨富，依靠财富和权势大量搜求古书画。适逢宫廷书画折俸事件，他便趁机大捞一笔。韩世能和朱希孝关系极好，折俸事件后，朱希孝便去世，韩世能是把朱家的藏品收购，从而形成了自己的典藏。而项元汴也同样在这一时机中获利很大，堪比韩世能。隆庆朝的这一次书画折俸事件大概发生在隆庆初年，宗室朱希忠、朱希孝兄弟二人在折俸事件中获益最大。尔后的藏品流出，在当时是收藏界的一件大事。由于韩世能得势，项元汴有钱，他二人在当时受益最大。

图 2-19 《龙宿郊民图》

项元汴家藏品早期以收购吴门藏家流出藏品和吴门画家作品方面为主，而另一收藏顶峰便是这一历史时机。董其昌在《临怀素帖书尾》题跋中说到怀素的《自叙帖》原本是吴门陆完家藏品，严嵩从江南搜刮到手，之后严嵩倒台被籍没入内府，折俸发出后朱希孝获得，最终项元汴花了六百两白银购入。[1]

韩世能所藏书画名品，根据詹景凤《詹东图玄览编》、张丑《南阳法书表》《南阳名画表》、董其昌《别容台集》《戏鸿堂法帖》等著录所载，上古的煊赫名帖很多。钟、王在内的魏晋书迹十几件，晋唐人画作，顾恺之的作品两件，韩幹七件，大小李将军四件，王维两件，周昉八件，李公麟十五件，等等。比如在万历十七年（1589 年），董其昌从韩世能那里借了《兰亭序》，褚遂良摹本，董将其缩临为蝇头体。万历十九年（1591 年）春，董其昌在京为官，去韩世能处赏玩珍藏书画名迹。这次看到的有陆机的《平复帖》《曹娥碑》等拓本。又从老师那里借临《洛神赋十三行》。同在万历十九年（1591 年），十月十五日，董其昌在翰林院又观韩世能家藏的《文姬归汉图》册，传为李唐画，并有宋高宗书跋。

万历十九年（1591 年），董其昌四处搜寻元四家作品。他从冯梦祯那里见到冯氏收藏的王维《江山雪霁图》，便在十月十五日在《江山雪霁图》上题跋，这便是著名的借禅宗为喻，梳理了王维而下的中国山水画谱系，就是“南北宗说”的基本框架。董其昌看画眼界的提高主要是从韩世能、项元汴和徽州古董商吴廷那儿借观前代名迹练就的。

万历二十年（1592 年）和二十一年（1593 年），董其昌辞官归隐，在家空闲，就“与顾中舍、宋太学借画”临仿。董其昌所书《墨林项公墓志铭》谈到自己和项元汴长子项穆（德纯）相交甚好，便可去项家赏玩藏品。又与项元汴相谈甚欢，得到主人认可，有相见恨晚之情。万历三十二年（1604 年）董其昌在项家题画，称黄公望《浮峦暖翠图》为“元画第一”，他曾经向项元汴借观此画长达半年。董其昌一直与项家人都保持着很好的关系，在项圣谟那一辈主事的时期，仍然常去项家看藏品。汪爱荆、汪珂玉父子同为嘉兴地区的收藏家，他们祖籍徽州。汪家的“墨花阁”与“韵石斋”，董其

① 参见董其昌，《容台文集九卷诗集四卷别集四卷》，齐鲁书社，1997 年版。

昌都曾去雅集。相关记载可以在汪珂玉的《珊瑚网》中找到。比如在万历四十五年（1617 年）丁巳二月，董其昌就携《宋元宝绘册》至嘉兴，汪珂玉同项德新、项圣谟一起聚会，于舟中观看。

万历二十五年（1597 年）在董其昌的鉴藏活动上来说意义不凡。董其昌陆续得到两幅董源的作品。董其昌六月从松江返回北京的路上从彭孔目家得到了一幅有文彭题款的董源画作，董源自题的名款是残损的。董其昌根据《宣和画谱》著录的宋代画作遵循“选诗为境”的原则创作，就把这幅画依照“洞庭张乐地，潇湘帝子游”的诗意定名《潇湘图》。当年冬天，董其昌又从莫是龙女婿潘光禄手中得到董源《龙宿郊民图》（绢本设色，山水画，高四尺九寸，横五尺四分）。董其昌大为赞赏该画，认为“奇古”。根据内容推测可能是以“箪壶迎师之意”创作的。董氏过了很多年后，于天启四年（1624 年）甲子九月三十日给这幅画题跋。

董其昌收到历代名迹，便邀约圈内好友雅集、品评、题跋。宝物藏于“四源堂”“宝鼎斋”“戏鸿堂”等私斋之内。“四源堂”得名是因为其中所藏是他最得意的四件董源作品，为此专辟了“四源堂”。在杭州寻觅到一个宝鼎，之后命名了“宝鼎斋”。“戏鸿堂”是他设置后为存放刻帖所用。为了专门供给好友陈继儒（字仲醇）雅会建造了“来仲楼”。

董其昌在收藏书法作品时同样是在建构体系。他推崇行草书，将董源和巨然的山水，和“张颠素狂”类比。意图将“董巨”和张旭、怀素放入到前后相承的同一个谱系之内。在个人收藏的基础上，董其昌刻有《戏鸿堂帖》（图 2-20）。早在文徵明时，文就在无锡人华夏的帮助之下，刻了《真赏斋帖》，刻成于嘉靖元年（1522 年）。文徵明的做法实际上开辟了明代中后期私家集帖的风气。董其昌的《戏鸿堂帖》前面卷以小楷为主，按时间早晚顺序排列，前十卷皆为晋、唐古法帖。后四卷主要是宋代各家书法、元代赵孟頫的书法。第十六卷翻刻了前代拓本《澄清堂帖》。从对法帖的遴选，可知董氏对书法的评判标准。把小楷排在前面说明他重视小楷，而且对古帖都很重视。董其昌私藏的历代法帖，如唐摹本《乐毅论》、天历本《兰亭序》、开皇本《兰亭序》、宋拓智永《真草千字文》、柳公权跋本《十三行》、李公麟书《孝经》、米芾的《蜀素帖》《淳化阁帖》《宝晋斋帖》《集王圣教序》《大观帖》等，这些可以确定为真品。除古帖之外，董其昌收藏的宋、元、明三代名家书迹也有很多。

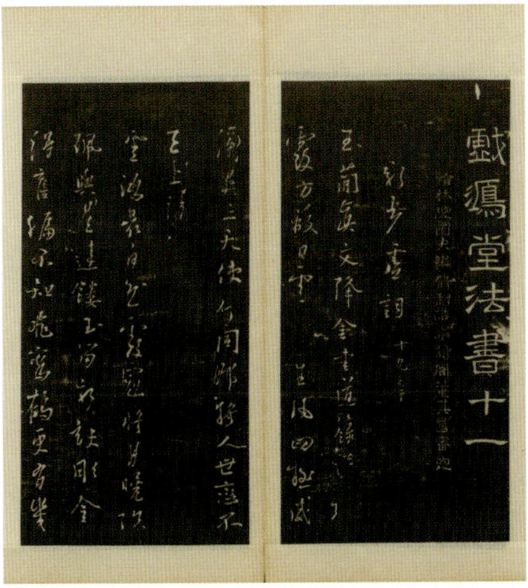

图 2-20 《戏鸿堂帖》

董其昌对清代收藏趣味的影响深远，如清代江苏太仓地区王时敏，以及梁清标等私人收藏家。这些大家族的收藏，接续了董其昌以来的收藏和艺术创作品位，王时敏绘画便师从董其昌，以“元四家”尤其是黄公望的画法为宗。太仓王氏三代的主要收藏家是王锡爵（1534—1611）、王衡（1562—1609）、王时敏（1592—1680），加上王时敏的八子王掞，四代人在明清两代都是“一品大员”。王氏这样的传统下，还培养出王原祁，和祖父王时敏共列“清初四王”之中。王氏地位显赫，又是书香门第，书画文物收藏颇丰。清代宫廷收藏便是由这一脉传承下来的审美趣味所左右的。

第一节　封闭的“盛世”

清朝兴起于东北，1644年入主北京。入关之前便与蒙古诸部达成战略合作，皇族通婚，“满蒙一家”的关系使得明朝时期的“北患”削弱很多。而康熙皇帝曾在1661、1662、1664年三次宣布“片板不许下水，粒货不许越疆”的迁界禁海令。从山东到广东，沿海的居民都要内迁三十海里，形成一道无人带。1685年，即康熙二十四年，清廷开海，在广东、福建、浙江、江苏设立了四大海关。1757年，即乾隆二十二年，东印度公司北上的势力不断冲击沿海贸易，乾隆皇帝诏令仅留下了广东为唯一通商口岸，封闭了其余三处海关。因此今天广东的外向型产业结构以及地方个性由当时便开始形成。

清廷一开始主张的海关政策相对明代的朝贡制度，是一大改进。明代及以前各朝有市舶司制度，进贡的使臣把货物献给皇帝，外商把货物交给市舶司，只能在特定场馆临时占用地方来出售货物。海关制度保证了外商能够在中国境内自己建设“夷馆”，外商称之为“商馆”。清代外国人是绝不允许擅自进城居住的，只能在自己的商馆内买卖、活动。外商甚至不能在广东过冬、乘船、乘轿、雇佣汉人当仆役等，总之就是不能和普通中国老百姓接触，是被圈起来和中国人做生意。清朝将外邦看作蛮夷，低我天朝一等，在继续隔绝着对外的文化交流，打造着一个铁桶一般的壁垒。

清朝入主北京共268年，“康雍乾盛世”从1662年起，到1795年结束，共计133年。康熙皇帝去世的时候，国库仅剩800万两白银。经过雍正的改革，留给乾隆皇帝2400万两白银。乾隆皇帝又留下了7000万两白银。人口也由开国的1亿增长到3亿。百余年的太平，人民安逸，工商业相对繁荣，社会生活逐渐奢侈起来。然而17世纪的欧洲是一个智力大爆炸的时期，哲学、天文、物理、社会学、经济学等多领域都有开创，现代社会的思想、制度、科学基础建立起来。嘉道年间，中国的经济总量是全球第一，但总量的增加都是人口倍增的结果。而同期美国人均国内生产总值增长率为72%，欧洲为14%，全球平均增长率为6%，中国是零增长。①时代的大背景是思想和科技、制度的进步，而中国仅依靠人口增速来维持总量。欧美的各项进步带来了工业化，先后进入了现代社会，各领域的革新和中国对比后都显得格格不入。而在1840年鸦片战争后的新秩序下，中国对资本主义、工业化、现代思想等新东西无法迅速适应，小农经济体系崩塌，对当时的国人来说是灾难性的。

第二节　清廷的收藏活动

1. 宫廷虹吸

最初的清宫书画藏品应是明代宫廷收藏的接手。清军进驻北京并未进行激战，明所遗之物一并继承。顺治帝时，对宫廷藏品尚未重视，顺治帝曾将大内藏品赐予臣下以示恩宠。除此之外，清宫藏品的相当部分都来自清初本朝的私人收藏，最明显的标记即藏家所钤私人印章，如梁清标的“蕉林”“棠村”“苍岩”“秋碧堂”等印，高士奇的“竹窗”印，宋荦的“商丘宋荦审定真迹”等。这部分私人收藏的精品则充实了乾隆朝的宫廷收藏。其中如陆机《平复帖》等，很多是流传至今的精品。除此之外，宫廷一部分书画是收购得来的，例如《富春山居图》“无用师卷”被乾隆目为赝品，但也花费了重金购入。

① 参见安格斯·麦迪森，《中国经济的长期表现》，上海人民出版社，2008年版。

清宫内府书画收藏繁荣，相对的是民间书画收藏的衰弱。自明代中后期内府书画大量流向民间，民间书画收藏风气大盛，形成了一种民间收藏胜于内府的局面。从明代后期至清代前期的书画收藏史主要是以收藏群体、个人收藏家的方式书写的，书画藏品在不同收藏家之间较为频繁地流动。清朝立国之初的几位皇帝都喜好古玩，大力搜求之下，皇家的收藏不仅远较私人收藏品丰富，而且明显超过明朝。不少前代流散的画作名迹逐渐汇集清宫。康熙皇帝特别钟爱董其昌作品，乾隆则花几十年时间搜觅宋代马和之《豳风图》，到手后庋藏于学诗堂，收到唐韩滉《五牛图》(图 3-1)，又专门筑“春藕堂”收藏之。内府各类绘画藏品到乾嘉时已至为可观，因此才有《石渠宝笈》及《秘殿珠林》编撰的大规模工程。

沈荃是康熙的书法老师，在朝为官的书家还有陈奕禧、陈邦彦、姜宸英，他们多少都受董氏书风的影响，推崇帖学。绘画上对笔墨、气韵非常重视，审美倾向仿古和继承多，开创性少。后世影响巨大的清初四僧，仅见石涛作品，所收录墨画册页共十幅，都是花卉题材，被列于国朝画册次等。[①]

① 参见《石渠宝笈》上册，上海古籍出版社，1991 年版。

图 3-1 《五牛图》及局部

仅一记其题款，并无评述。属于“扬州八怪”的李鱓曾入宫廷，《国朝院画录》中有记载。宫廷里淑芳斋所藏王翚山水，被列为上等，共七幅，详记款识、题跋、印章，更重要在于乾隆帝为每幅画御笔题诗一首，乃梁诗正、汪由敦、励宗万、裘曰修四人的和诗。上下等级的区别，记录繁简的异同，还有御笔亲题的重点，帝王的好尚一目了然。

在乾隆一朝，最终扭转了局面。乾隆帝通过诸种途径，虹吸式地搜罗天下书画名品，欲使之全部归入内府。《秘殿珠林》《石渠宝笈》初、续、三编共著录清以前书画作品近五千件，其中多有稀世珍宝。这一书画资源的大集中所形成的规模是空前的，是民间收藏家所不可能实现的。这一次集中的意义在于结束了书画珍品在民间频繁流动的局面，珍藏于内府，减少流通中的损害，书画作品得到了更加完善的保护，有利于书画的有序传承。而这一流动可以被称为“南画北渡”。时间大约是在项元汴去世的 1590 年到梁清标去世的 1691 年，大致有一百多年的时间。

清王朝取代明王朝，并没有以武力实现对古代书画藏品的占有，而是通过私人收藏的形式，将“南方鉴藏中心”的书画逐步向“北方鉴藏中心”转移，即实现了“南画北渡”这一历史过程。实现的主要人物是“贰臣”群体，梁氏则是“贰臣”群体中最具代表性的私人鉴藏家，也是清初书画鉴藏史上的核心人物。受梁清标书画鉴赏影响的人在清代有宋荦、曹溶、卞永誉、刘体仁、吴升、安岐等，在宋荦的心中，梁清标的鉴定水平首推第一，其次才是高士奇。近现代像吴湖帆、张珩、谢稚柳、启功、徐邦达等老一辈书画鉴藏家都以梁清标收藏过的书画为高质量藏品。传统鉴藏家对梁氏鉴定水平之高的认定，也继承了梁清标的一种鉴藏观念。这批老鉴定家，建立起了我们今天对中国古代书画鉴藏的标准。

宫廷收藏其实就是帝王的私人收藏。依《石渠宝笈》所录，清代宫廷的书画著录是以藏地为线索进行的。《石渠宝笈》是乾隆皇帝从起初推动、遴选编写人员、建立评判标准都一手抓的。皇帝对该书的干预性极强，许多学者也认为这是一种“文化专制”。“华夷之辨”在清一代知识界一直存在，力争文化上的认同使帝王对该书的编纂极为关注，皇帝对书画的偏好也成了臣下的判断标准，这种偏好以及对于书画作品的认定脱离不了书画发展史长期形成的观点，例如书法上，尊“二王”的地位；山水方面，对笔墨、意境的看重。诸如此类，经典作品的认定也都源自此前书画大家或理论家的观点。因此《石渠宝笈》的审美趋向就有“正统性”。在书法方面，康熙皇帝对董其昌书法深爱，乾隆书法则偏重赵孟頫，端雅平稳就自然成了宫廷书法甚至京城审美的主流。

清朝诸帝重视记录自己参与文化活动的业绩，由此来突出最高统治者对汉文化的监控。对于经典的书法和绘画的价值都有确认，绘画按主题大概可分为山水、人物、花鸟静物写生三类，其中山水居多，人物较少。就山水画的发展而言，五代至北宋的全景山水是第一个高峰期，但《石渠宝笈》中对山水经典的认定却是遵循明末“南北宗”论，清宫认定的经典，就是对南宗的推崇，即“云峰石迹，迥出天机，笔意纵横，参乎造化者”[1]。御笔题

① 董其昌《画禅室随笔》，《历代论画名著汇编》，文物出版社，1982 年版。

跋、臣下唱和，这已经成为乾隆对经典作品确认的惯常手段。皇帝通过御笔题跋、诗作对经典之作定基调，身边大臣则揣摩其心思来做评语。观张照等奉命所做评语，对米芾父子作品极为欣赏，赞誉有加，与之对比，则视李成、关仝作品“俗气”，可见张照深知乾隆帝对米氏父子山水的偏好。

官私收藏的势头此消彼长，自乾隆朝开始，内府收藏兴盛使私人书画收藏无力与之抗衡。此后随着《石渠宝笈》二编、三编的进行，中国书画史上的精品基本被宫廷搜罗殆尽。一方面造成了私人书画收藏之衰，另一方面也促使私人收藏侧重金石碑版等领域。乾嘉朝金石之学渐盛，此后私人收藏的种类不断增加，封泥、古印章，带动了古文字学的研究，对书法的取法对象进行了重新审视，提出了“碑学”的思想，审美突破独尊法帖的传统。

乾隆帝对书画的喜爱不仅是停留在占有、欣赏的层面，更是亲自参与书画的鉴定、整理，并命令大臣编纂《石渠宝笈》将清内府所藏书画一一收录。此外乾隆帝对所藏书画也进行辨伪工作，这一切都使得乾隆内府书画收藏更为井然有序，同时使入藏书画无一不留下乾隆内府的收藏印记。乾隆帝的工作构成了这些书画在收藏史中一个重要的段落，也为后世的收藏鉴赏提供了重要的参考依据。

2. 藏品编目

清代的皇家收藏，“康雍乾”三朝为高峰，乾隆朝最盛。乾隆年间，各种官修书籍达 100 余种，完成了顺治朝开始编撰的《明史》和康熙下令开始编写的《大清一统志》。乾隆又令臣下编成《续文献通考》《皇朝文献通考》《大清会典》。除了这些历史、制度方面的著作外，其他类别的著作，著名的有文字音韵《清文鉴》、文学《唐宋诗醇》、乾隆大阅图地理《大清一统志》、农家《授时通考》、医学《医宗金鉴》、天文历法《历象考成后编》等重要文献。乾隆帝在图书编撰方面的最大成就是亲自倡导并编成了大型文献丛书《四库全书》。

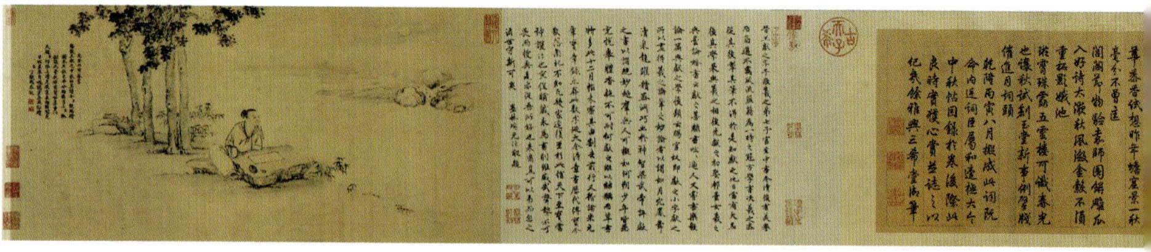

康熙时，把明肃府本《淳化阁帖》重刻于西安，乾隆时又据宋拓本重辑刻于内府。乾隆十二年（1747 年）梁诗正等奉命铨次清宫所藏历代法书，集众工摹勒上石，得三十二册巨制，其中有《快雪时晴帖》、《中秋帖》（图 3–2）、《伯远帖》（图 3–3），因名之为“三希堂石渠宝笈法帖”。法书名画是清宫最大宗藏品。

宫廷收藏的标准是皇帝好尚，雍正之后，国库大大充盈，乾隆对所爱之物不惜花费重金购买。如乾隆手中的《富春山居图》“子明卷”（图 3–4），就是重金购得的伪作。王公大臣、没落子弟、牟利投机者都为之费尽心思，王公欲讨皇上喜欢，牟利者造假获利，而宫廷则只是为了拥有作品。宫廷藏品数量增加伴随的就是假画频频出现，《石渠宝笈》初编所录《清明上河图》有两幅，真品是在嘉庆朝才进入皇宫的。

乾隆帝在政事之余，勤于鉴赏，他具有相当的鉴赏水平，这从经他鉴赏之书画上所留下题签、题字、题诗、题跋以及玺印中可以看出。乾隆皇帝的书画鉴赏活动具有频繁性和持续性的特征。这在中国古代帝王中无人可比，堪称帝王鉴赏家之最。吟诗、书法、绘画共同构成了乾隆皇帝的文人习气。如其自己曾言：“朕自幼读书宫中，讲诵二十年来，未尝少辍，实一书生也。”即乾隆帝在认定自己是一个帝王的同时，也承认了自己书生、士人的身份。而这一身份、习气与修养又影响着乾隆帝艺术化生活倾向和审美活动的展开。[①]

① 参见《清高宗实录》，《清实录》，中华书局，2008 年版。

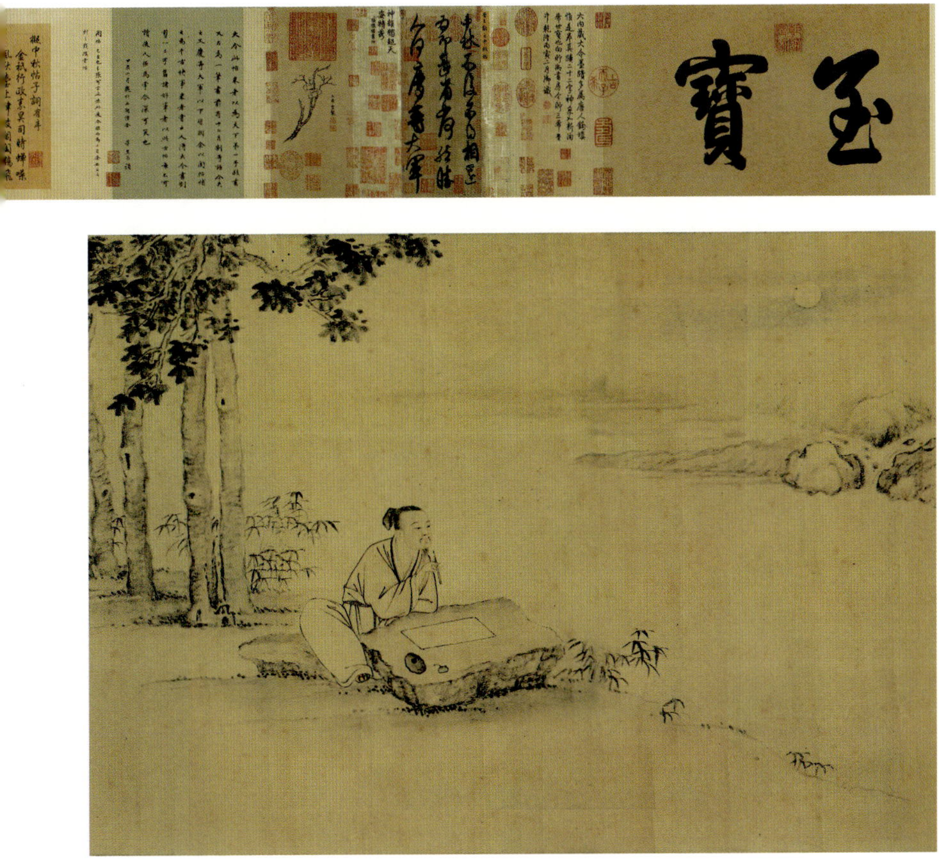

图 3-2 《中秋帖》及局部

而另一方面，乾隆所书题字、题跋以及用印等对书画本身的艺术布局和整体美感造成了一定负面影响。皇家收藏具有相对的封闭性，而所谓鉴赏也便形成了以皇帝一人为中心的活动。但词臣之参与又是形式上必不可少的陪衬。乾隆朝参与书画鉴赏之臣工众多，包括皇室成员和一般臣工。其中满汉词臣占主体部分，其文学才能自不待言，仅就与书画鉴赏相关的才能而言，他们也是基本具备的。词臣参与书画鉴赏活动主要是通过书画辨伪考证、诗歌唱和、题跋等方式完成的。但在实质上，乾隆帝与词臣之间是地位身份悬殊的君臣关系，因而缺少民间书画鉴赏活动中的平等性。

上既以王氏三帖貯三希堂
詔臣達繪為圖又以此伯遠一
札卷尾餘紙
命補其空臣謹按札中有志在
優遊及遠隔嶺嶠語輒彷
彿情景臣林下蕭散之致
竊忝希世奇珍庫得附名
其後簪筆之榮實深蹈抃
臣董邦達拜書敬記

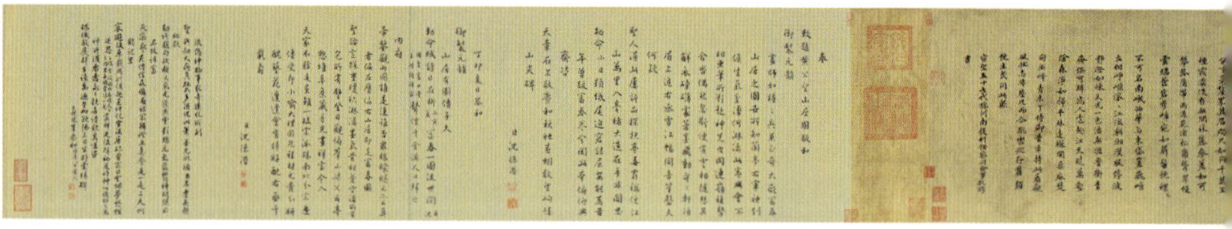

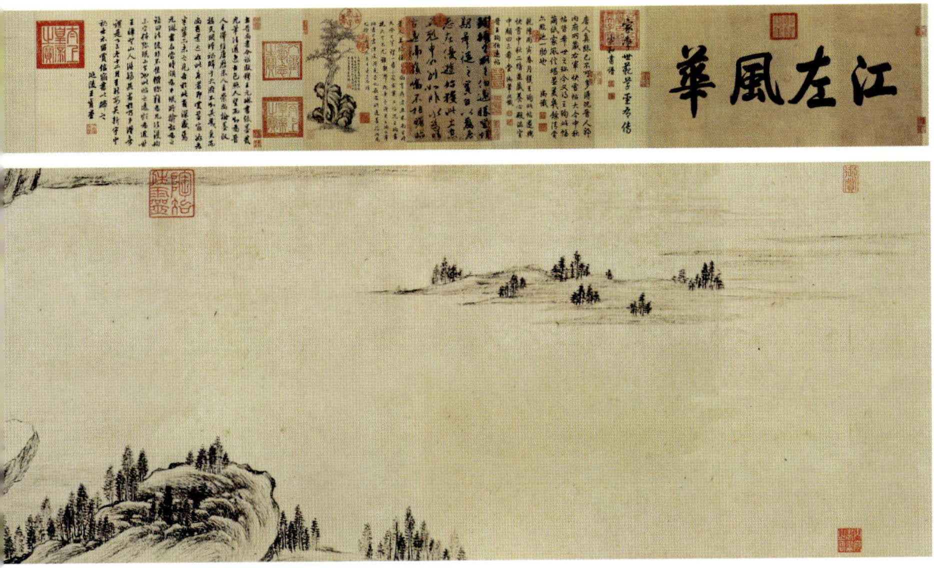

图 3-3 《伯远帖》及局部

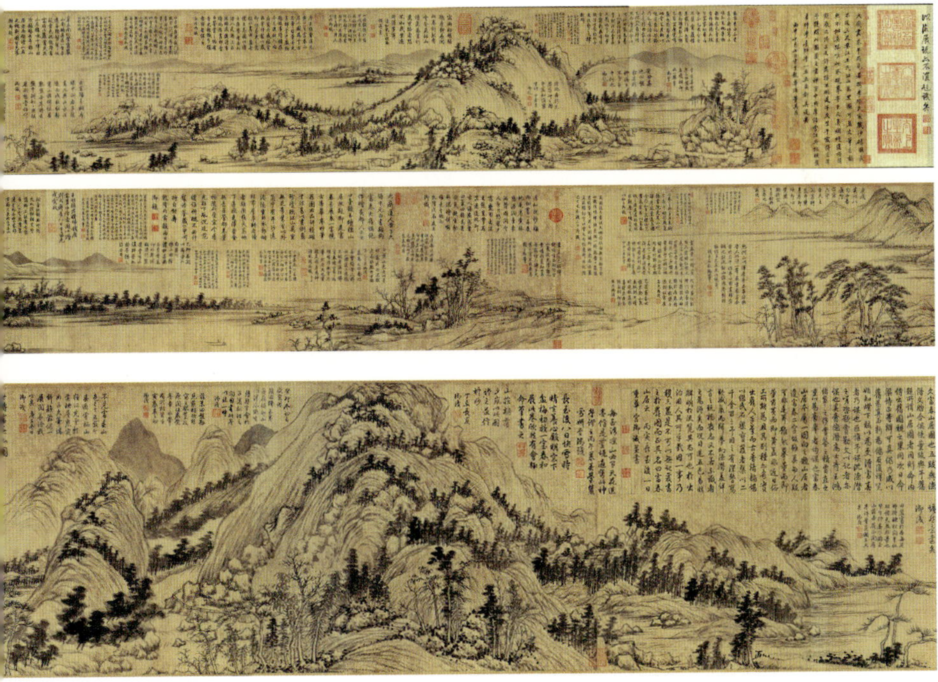

图 3-4 《富春山居图》“子明卷”及局部

词臣唯乾隆帝的鉴定意见是瞻，随声附和，不具有独立的见解，评价时而有失公允，时而又极尽赞美，因而在书画鉴赏及辨伪中出现附和并佐证乾隆帝论断的书画考证行为。

乾隆朝内府书画收藏在某种意义上是一种以国家政权形式对艺术遗产的集中保护与整理，是中国古代艺术史和收藏史上一件盛事。再就是清乾隆朝内府书画的集中奠定了现今北京故宫博物院和台北故宫博物院书画藏品的基础，对后世影响深远。

清代的主要宫廷书画著录有：

（1）康熙四十四年（1705 年）十月九日，康熙帝命孙岳颁、宋骏业、王原祁等人编纂《佩文斋书画谱》，至康熙四十七年（1708 年）编成。余绍宋《书画书录解题》一书评该书："为历代鉴藏分门列目，凡所征引皆注出处，极便考稽，实自有书画谱以来最完备之作。"因此，可以称为当时的书画百科全书。

（2）康熙四十六年（1707 年）四月十六日，康熙帝为《御定历代题画诗类》一书排序。翰林陈邦彦搜检诸书，汇抄历代题画诗八千九百余首，"分为三十类，编一百二十卷，缮本呈览"，并命刻板成书，是迄今以来辑录历代题画诗最为丰富的艺术典籍。

（3）康熙帝编刻《懋勤殿法帖》为二十四册，每册为一卷，凡二十四卷。

（4）《南薰殿奉藏图像记》，著录清内务府库房所藏历代帝王图像七十九轴，十五册，三卷，乾隆十二年（1747 年）重加装潢后移藏于南薰殿。

（5）《茶库贮藏图像目》，著录内务府茶库所藏历代功臣像，共二十一轴，三册，乾隆十四年（1749 年）亦重加装潢，仍贮藏于茶库。

（6）胡敬《南薰殿图像考》，所记为南薰殿及茶库所藏之帝王像及功臣像，凡 121 种，大小画像 583 帧。除记录绢纸尺寸、冠服制度，又加按语述所画之人。此原为胡敬奉命编纂《石渠宝笈三编》时所记。

（7）《秘殿珠林》二十四卷，由张照、梁诗正、励宗万、张若霭奉命编录内府分藏于乾清宫、慈宁宫、万寿殿、中正殿等处，内容多属释典道经之类的书画、石刻、木刻及织绣等藏品，乾隆九年（1744 年）成书。其后，又出二编、三编。

（8）《石渠宝笈》四十四卷，成书于乾隆十年（1745 年），是继《秘殿珠林》而作，著录内府庋藏历代书画。其后，又命王杰、董浩、阮元等人续纂正编未收及臣工新录之作，续编为四十册。嘉庆二十年（1516 年），英和、黄钱、胡敬等人奉命编纂的三编（共二十八函，一百一十二册）完工，收书画 3000 余件。至此，内府所藏书画可谓大备于此。各编分书册、画册、书画合册，书卷、画卷、书画合卷，书轴、画轴、书画合轴九类。每类分上、次两等。唯三编未梓印，仅有抄本。1969 年，台北故宫博物院曾出版三编著录影印本并附索引，至此，三编方算出齐（图 3-5）。

（9）官修《西清砚谱》二十五卷，乾隆四十三年（1778 年）编著，上自汉瓦，下逮明制，收砚 241 种。

（10）乾隆十五年（1750 年），内府编纂《钦定钱录》十六卷，以编年

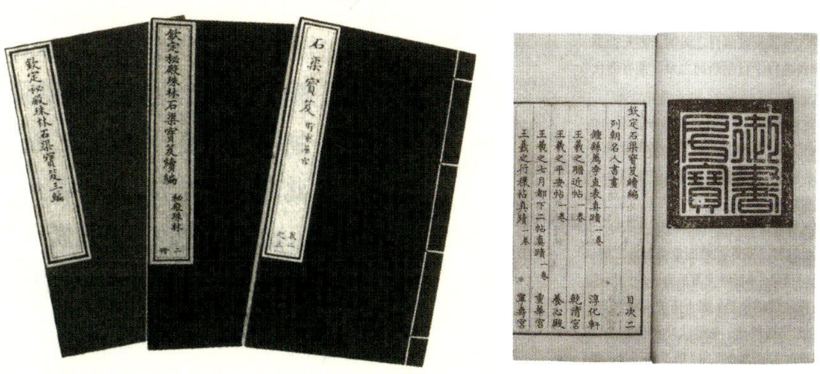

图 3-5 《石渠宝笈》和《石渠宝笈》续编

为次，也收入外域诸品。《四库全书总目提要》记载《钦定钱录》"是编年录皆以内府储藏，得于目睹者为据"。

（11）清末金梁（1878—？）编纂的《盛京故宫书画录》，为作者官奉天省政务厅长，典守沈阳故宫文物时所著录。所收虽仅为宫内凤翔阁所藏，已有449件。

从以上几种主要的清宫内府著录资料看，所收达数万件之多。数量既为中国历代鉴藏史之最，管理、维护及著录体制之细密完备也得未曾有，是中国古代美术鉴藏的巅峰。清代宫廷收藏是中国宫廷收藏之最，我们今天美术史中提到的传世唐宋元明法书名画，几乎悉数收入宫中。乾隆帝在内府书画大规模聚集的基础上先后修成《秘殿珠林》《石渠宝笈》初编和续编，是对当时内府书画的清点和整理，并将内府所藏书画的基本面貌呈现出来。

《秘殿珠林》《石渠宝笈》实质上是内府书画的一个账目，是此前收藏的登记与总结，也是对内府书画鉴定整理的过程。乾隆十年（1745年）之前的收藏种类包括清初宸翰、乾隆御笔、历代名家、本朝臣工作品，涉及各种书体和画科。书画主要为乾隆帝登基前内府旧藏。此阶段乾隆帝鉴赏活动的形式包括钤加鉴赏印、题签、题字、题诗与题跋等，但留于书画之上的鉴赏痕迹不多。此阶段经其题签的书画数量较多，而经其钤加鉴赏印、题字与题诗较少，题跋较为罕见。臣工在书画上题跋鉴赏等活动最早出现在乾隆八年（1743年），此前无载。乾隆八年（1743年）至乾隆十年（1745年）两书处于编修阶段，参与编修之词臣逐步开始参与到乾隆鉴赏活动中，渐成风气。至两书编修，乾隆帝对内府书画的重视上升了一个高度。

乾隆朝中后期，乾隆十一年至乾隆六十年的近五十年间是乾隆书画收藏与鉴赏的高潮阶段。此阶段有大量书画流入内府，主要来源有臣工进献和抄没所得，并有少量通过购买得来。乾隆五十六年（1791年）正月开始编纂《石渠宝笈》续编，书成于乾隆五十八年（1793年）。

初编完成，内府书画的收藏活动非常活跃，新增了不少书画贮藏地点，从乾隆十一年（1746 年）至乾隆十三年（1748 年），新增九处，分别为三希堂、画禅室、长春书屋、随安室、攸芋斋、翠云馆、漱芳斋、静怡轩、三友轩，画禅室因初藏董其昌画禅室中旧物而得名，三友轩因藏曹知白《十八公图》、元人《君子林图》、元人《梅花合卷》而得名，这些处所都是为书画贮藏而专门开辟。乾隆御笔题跋、题诗也明显增多。此段活跃期后，乾隆帝的书画收藏和鉴赏活动为平稳发展时期，宫外书画源源不断流入内府，乾隆御笔作品也稳步增加，书画贮藏范围逐渐扩大，鉴赏活动也日渐频繁与深入，臣工参与更加广泛。

嘉庆朝内府书画收集活动仍在继续，收藏质量和乾隆朝无法同日而语。编成《石渠宝笈》三编，多部系统著录可以构成书画流传的谱系。从乾隆朝内府书画藏量和精品数量来看，这些著录就构成了较为完整而权威的书画谱系。它为后世书画研究与鉴定提供了出处与参照，并对当今的书画拍卖市场有极大影响，经《秘殿珠林》《石渠宝笈》（初编、续编、三编）著录之作品均以不菲价格成交。

3. 收藏印鉴

历代书画被皇家或者私家收藏、装潢，钤加收藏印，虽然不能增加作品本身的艺术价值，但提供了历史递藏信息，使收藏价值增加，因而往往为人们所珍重。其特殊的装潢、钤加的皇帝御玺，不仅是一段书画流传经历，也是鉴定书画的重要佐证。宫廷有常用的钤印方式，也有特殊现象。像通常入选《石渠宝笈》或《秘殿珠林》正编的，一般会有“三希堂精鉴玺”“宜子孙”“乾隆御览之宝”“乾隆鉴赏”“石渠宝笈”或“秘殿珠林”五玺。选入重编的精品就多钤两玺，一般都会加钤“秘殿新编”“珠林重定”或“石渠定鉴”“宝笈重编”，也统称为“七玺”。除此外还有加钤收藏处印的，如“乾清宫鉴藏宝”“养心殿鉴藏宝”“重华宫鉴藏宝”“御书房鉴藏宝”等。如果以上要素都有钤印，就称为“八玺”。还有的加钤“寿”“古希（稀）天子”“五福五伥堂古稀天子宝”“八征耄念之宝”等。嘉庆之后，所钤印记则明显减少（图 3-6）。

北京故宫博物院藏有清初王原祁的《仿宋元山水图册》，册页十二开，是设色画，为王原祁代表作之一。此作为清宫旧藏《石渠宝笈》续编著录，原贮藏静宜园。按惯例该册应钤加七玺，其中入选《石渠宝笈》续编就该钤用五玺，也就是上述“乾隆五玺”，即“乾隆御览之宝”“乾隆鉴赏”“三希堂精鉴玺”“宜子孙”“石渠宝笈”五玺；又“择其优精入书者，各加钤玺二”，为“石渠定鉴”“宝笈重编”二玺。该册钤七玺全。此外，又存贮乾清宫等清宫的五处殿堂者，均另钤“乾清宫鉴藏宝”等五处殿座玺。如存静宜园等宫外行园处，则不必钤贮存处印。

图 3-6　清乾隆、嘉庆皇帝收藏印

王原祁此《仿宋元山水图册》在每开的山水画与对开梁诗正诗的骑缝处，均钤加“乾隆御览之宝”“养心殿鉴藏宝”两玺印。总计二十四方藏印，显然超过《凡例》的规定。经检《石渠宝笈》续编一书，该图册原为《绘事罗珍》八册中的一册，该合册包括恽寿平、蒋廷锡、陈枚等人作品，是乾隆帝为宝亲王时所藏书画。曾有乾隆帝当时的许多诗题，并命梁诗正录书其中一些画册之上。可见乾隆帝在为宝亲王时，已经对书画有浓厚兴趣。这些画册乾隆帝异常珍视，故破例在每开画页上钤下上述两玺，也就是合理的解释。这是一例钤印违例，但书画却为真迹的特例。[①]

乾隆六十年（1795 年），乾隆帝禅位于十五皇子颙琰，乾隆作为太上皇帝又训政三年。此时乾隆对书画的兴趣依然如故，偶尔题诗，如乾隆于嘉庆年丁巳季春在明董其昌《婉娈草堂图》仍有题诗，此时书画钤玺有“太上皇帝”“太上皇帝之宝”“归政仍训政”，时间特征很明显。《石渠宝笈》三编于嘉庆二十一年（1816 年）六月完成，其中著录有乾隆五十八年（1793 年）之后所藏书画，通过玺印、题跋、题诗落款可辨别出。

清内府藏书画被广为珍视，被人们因商业价值争相收藏，内府收藏著录书画的规矩被许多内行人所知，作伪之风盛行。至今还有许多钤伪内府藏印的赝品，仍然鱼目混珠地存在于今天各大博物馆的藏品之中。

北京故宫博物院藏一幅元四家之倪瓒的《树石幽篁图》，该图用墨笔绘枯木竹石，本幅上有明代谢常、王璲、卞荣三人的诗题（图 3-7）。画家在画上题有“云林子画树石幽篁，岁戊申东林馆”。画幅上还有清张孝思、近代张珩的收藏印。本幅钤有“乾隆御览之宝”“几暇鉴赏之玺”“乾清宫鉴藏宝”三玺。“几暇鉴赏之玺”内府藏印中是有的，但不属于规定中一定要钤的印，凡钤“乾清宫鉴藏宝”印的，应当属于《石渠

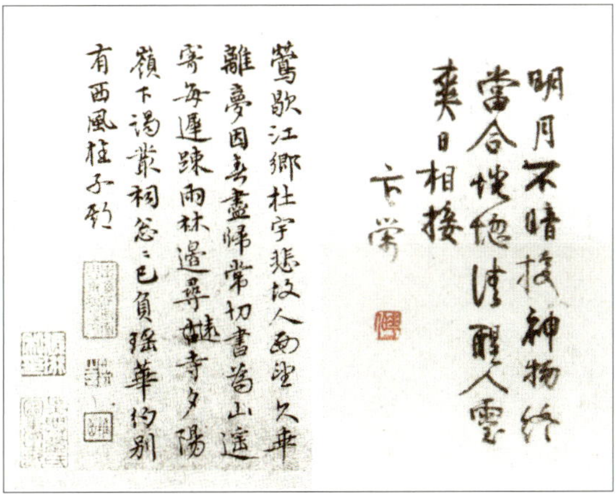

图 3-7 王璲、卞荣诗题

① 参见肖燕翼，《时空变幻话“石渠”》，《古书画名家名作辨伪三十例》，浙江大学出版社，2019 年版。

宝笈》初编和《石渠宝笈》续编著录的作品，而标识收藏处所的玺印，一定会有“石渠宝笈”印或者其他玺印，不会用“乾隆御览之宝”单独钤用。该图不符合清内府藏书画钤印的各种例证，《石渠宝笈》一书不会著录。再用北京故宫博物院藏王璲《手毕帖并诗》《东郭草堂记》二书，与上海博物馆藏赵孟頫《兰竹石图》卷后的卞荣行书一题作对比，就很容易看出此本二人题诗的书法，应为仿书，功力和气息均达不到原作水平。与《中国书画家印鉴款识》一书中收张孝巢的“张则之”朱文方印来比较，本幅右中下钤的张孝巢印也有细微差别，应该是仿刻。该图为倪瓒绘画中通常表现的题材，但其所画树石，笔墨过实，缺乏其松秀的艺术特点。同收藏北京故宫博物院的倪瓒《梧竹秀石图》来比较，《梧竹秀石图》富有丰富的变化，不难看出两图间的艺术水平差距。即此图应为仿伪之作，并以伪题、伪印来迷人眼目。

图 3-8 《仿梅道人山水图》

上海博物馆藏一幅清初王原祁的《仿梅道人山水图》（图3-8），是水墨画，有画家款署：“癸未春日仿梅道人笔，王原祁。”在吴湖帆《吴氏书画记》所载，画本上有“乾隆御览”四字，下角有“赐本”及“臣英和藏”二小印，盖赐英相国者。还有记录：“越司农（王原祁）画后二百四十年癸未春，我扬儿生，而是画右下角原有‘扬儿宝玩’小印，亦奇缘分也。”[①] 因此喜而购此图，并在右裱边书以长题。癸未是 1943 年，那年吴湖帆 50 岁。

该画从山水画作本身看，笔墨浓滞，题款也软弱，尤其是“王原祁”三字，显得更为轻羸。图上钤四枚内府藏印：“乾隆御览之宝”“石渠宝笈”“宝笈定鉴”“宝笈重编”，如上文所述，钤四玺中后二印，应为录入《石渠宝笈》续编一书中。但录入前应先钤盖“乾隆七玺”，并加钤收藏处所的殿座玺，应该呈现出来“八玺”的定例。但是图上只钤有四枚玺印，肖燕翼先生据此推断应为加钤的伪印，并非内府所藏。“赐本”等二印，也是一起钤加的伪印。

《石渠宝笈》《秘殿珠林》诸编从编纂成书至今日经历二百余年。康熙、乾隆为主的几位皇帝以对书画的炽热情怀推出的著录体例完备，录入海量书画，种类丰富，迄今仍有七八成的书画传世，又有完整记录和收藏玺印，实为无价之宝。但乾隆帝告诫后世子孙，不能玩物丧志，妨碍勤政。嘉庆帝秉承遗训，将内府藏书画、珍玩封存于乾隆帝所建、用于怡情书画之处的建福宫不再打开，故嘉庆后期，书画著录收藏的高潮便逐渐过去。

4. 国库外流

在乾隆御宇时期，天下书画藏品绝大部分精品纳入皇家收藏之列，是清代皇家书画收藏的高峰时期，而梁清标（图 3-9）的书画藏品后来多数经由安岐而入藏清内府，也构成了清内府的传世晋唐、宋元书画的主体部分，即可以说他收藏过的晋唐、宋元书画为清内府的主要藏品来源，不仅是今天各大博物馆中国书画藏品中的上等藏品，而且也是我们今天研究晋唐、宋元传世书画的主要内容。如梁清标收藏过的书画在《石渠宝笈》初编著录时，全部列为“上等”，足见梁清标的书画鉴藏地位之重要。梁清标等清初鉴藏家让中国晋唐、宋元时期书画的主要鉴藏标准，上承明代晚期董其昌为中心

① 参见吴湖帆，《吴湖帆文稿》，中国美术学院出版社，2004 年版。

图 3-9　梁清标收藏印

的“南北宗”画论的书画鉴藏评价标准，下启清代至今的鉴藏理念。清代宫廷收藏绝大部分都是经由这一批作品而进入我们今天的博物馆的。这对于明清书画鉴藏史的研究是个重要的阶段。

明代民间收藏的趣味直接影响了清代内府收藏。清代内府收藏作为供帝王个人鉴赏把玩的艺术品，而且这些藏品也在清代帝王构建意识形态中发挥着政治象征意味。它们的集聚在古代被视为天命所归，意义类同传国玉玺。在王朝更迭之际，新王朝接管前朝内府旧藏，并接收象征汉人文化传统的江南艺术珍品，暗示着对中国正统皇权和文脉的承袭，历代王朝的合法性也在某种意义上因此得以延续，内府中国家宝藏的逐步富集，能够预示着国运的昌盛。清一代少数民族为了取得统治合法性的民族认同一直在做不懈努力，需要对皇权合法化和正统性论证与维护。而乾隆帝大兴书画收藏，将前朝庙堂、民间的珍宝尽收内府，也暗含着更加强烈的以此维护政权正统的政治用意。因而清代宫廷书画收藏在艺术史的传承之外，又有特殊的政治意义。

历代王朝在衰落、更迭之际，皇都都会遭受战火，而宫内收藏都会遇到极大威胁，能够像元明易代那样的小规模的都城损毁毕竟是少数。清朝宫廷收藏散失规模最大的是 1860 年的第二次鸦片战争。英法联军攻入北京，皇帝出逃，入侵者烧毁圆明园，不仅导致了这座旷世园林和一百五十万件艺术品直接遭到损毁和劫掠，更是开启了近世中国文物不断流散的噩运。在清王朝命数将尽的时候，震惊全球的殷墟书契和敦煌宝藏先后被发现，正处于动乱的中国无力维持这些文物的重大发现，同宫内文物一起，被外国军队、探险队、商人巧取豪夺，劫掠、买卖到海外的珍贵文物更是不计其数。作为中国艺术品最重要的遗脉，即皇家收藏，经历千万劫难，在世界各地博物馆和私人手中收藏。幸运的是，我们今天还能在各国博物馆看到大部分。民国政局动乱，大批文物流散不绝，仍然无法控制。直至 1949 年中华人民共和国成立，这段大批量文物流散史才真正画上句号。

19 世纪末到 20 世纪初这段时间，除了第二次鸦片战争，1900 年的庚子国变，又是列强军队大规模入侵清宫，劫走大批量珍贵作品的一大浩劫。大英博物馆的宋摹本《女史箴图》，便是因此事件被英国军人抢走的。而另一条国宝散失的途径，竟然是清末帝溥仪。还包括许多太监、近臣、王公等，盗宝出宫之事络绎不绝。

1912 年 2 月 12 日（宣统三年十二月二十五日），清廷颁布了宣统皇帝退位诏书。同日袁世凯政府颁布《关于大清皇帝辞位之后优待条件》，优待条件具体内容为：

（1）皇帝辞位之后，尊号仍存不废，中华民国以待外国君主之礼相待。

（2）皇帝辞位之后，岁用四百万两，俟改铸新币后，改为四百万元。此款由中华民国拨用。

（3）皇帝辞位之后，暂居宫禁，日后移居颐和园。侍卫人等，照常留用。

（4）皇帝辞位之后，其宗庙、陵寝，永远奉祀，由中华民国酌设卫兵，妥慎保护。

（5）德宗崇陵未完工程，如制妥修，其奉安典礼，仍如旧制，所有实用经费，均由中华民国支出。

（6）以前宫内所用各项执事人员，可照常留用，惟以后不得再招阉人。

（7）皇帝辞位之后，其原有之私产，由中华民国特别保护。

（8）原有之禁卫军，归中华民国陆军部编制，额数俸饷，仍如其旧。

也就是说，虽然清帝逊位，仍然可以居住在紫禁城内。虽然政府承诺拨款养着他们，但实际上根本做不到按时拨款。逊帝虽已不是九五之尊，由奢入俭又不可能，“小朝廷”经常入不敷出。尤其是溥仪在民国十一年（1922 年）的大婚，仍然讲求排场，可这些用度，只能靠等各种途径变卖、典当宫内所藏文物字画等珍品来贴补，这使得清宫本就遭受重大损失的书画一再外流。

如上所述，溥仪在十六岁时发现建福宫内被嘉庆帝封存的千余件藏品、珍玩，在其后数次的清点过程中以赏赐溥杰的名义被盗出宫。溥仪在自传中陈述：“溥杰每天下学回家，必带走一个个大包袱，这样的盗运活动，几乎一天不断地干了半年多的时间。运出的字画，我就从他们选出的最上品中挑最好的拿。”

杨仁恺《国宝沉浮录》对这些被盗运的书画进行了系统的调查、研究、编目。这些宝贝又再次从内府流入民间藏家手中，经过多次转手，流入海外或进入当时政府的博物馆系统。这次溥仪的宝物发现，带来的另一个效应便是建福宫大量移运的活动和清查宝物的活动，这样大规模的清点与偷盗活动必然对内府书画的放置地点、存储方式有所改变。这些激发了太监们的恐惧，最后导致一场火把建福宫烧了个干净。但如果火灾发生在溥仪清点之前，那溥仪就不会盗运书画出宫，我们今天就看不到大部分清宫旧藏的书画作品了，这真是不幸中之万幸。

而在 1924 年随着冯玉祥派遣鹿钟麟驱逐溥仪，紫禁城内的“小朝廷”在当年的 11 月 5 日宣告结束。在持枪军士的护卫下，由鹿钟麟唱主角，张璧和李石曾全程配合清查、接收宫室、文物。下午 4 时，溥仪和婉容、文绣等人乘车离开紫禁城，前往溥仪父亲载沣居住的什刹海甘石桥醇王府。李石曾（图 3–10）预先准备的接收人员随即进入故宫，开始执行接收工作。对于此事，社会各界有不同意见，教育总长易培基（图 3–11）在 11 月 15 日

图 3-10 李石曾

图 3-11 易培基

从文物保护的角度向外界表达了对“武力逼宫”的质疑。大意是说请清室速行离开紫禁城的行为看似突然急促，但如果不这样做，那清室中人得到风声，不知宫廷内藏的宝贵古物又将损失多少。社会各界认为这一办法不甚和平，但其实也不见得多么激烈。担忧宫内宝藏流落于外，采取速行的手段实非得已。接收工作全部结束后，宫禁准备一律开放，查封的文物备充国立图书馆、博物馆等项，借彰文化而垂久远。这已经初步描绘出李石曾后来主持创建的故宫博物院蓝图。

1931 年，九一八事变后，日本在东北建立了“满洲国”伪政权，拥护溥仪当皇帝。溥仪成为伪满洲国皇帝后，便以“文治”为幌子，将大量书画珍宝运到长春，所以传为隋代展子虔的《游春图》也被带到了长春。1945 年，日本宣布无条件投降，长春伪满皇宫一片混乱。为了维持生计，溥仪迫不得已出售大量书画，使得书画珍宝流落到东北民间。1946 年初，故宫散失的珍贵书画开始在东北市场出现，这就是大家俗称的“东北货”。被启功先生誉为“前无古人，后无来者。天下民间收藏第一人”的张伯驹先生，捐献给北京故宫博物院大批的珍贵文物，如晋陆机《平复帖》，传为隋代展子虔的《游春图》，唐代李白《上阳台帖》（图 3–12）等多件精品。而这批文物，都是从伪皇宫流出来的“东北货”。新中国成立初期，张伯驹创办北京古琴研究会、京剧基本艺术研究社、中国书法研究社、诗词研究社，直至临终前，还对中国韵文学会筹备事宜念念不忘。张伯驹的养父张镇芳是中国第一家商业银行盐业银行的创始人，张伯驹在父亲去世后担任总经理，以其财力大力收集古代字画等珍品，为防止清宫藏品外流做出极大贡献。

这批“东北货”中，有著名的唐代钩填本王羲之一门书翰，纸本墨迹卷。《石渠宝笈》载：卷高八寸三分，横七尺八寸八分。共十帖：一、《姨母帖》王羲之书，行书；二、《初月帖》王羲之书，草书；三、《疖肿帖》王荟书，草书；四、《翁尊帖》王荟书，草书；五、《新月帖》王徽之书，行书；六、《廿九日帖》王献之书，行书；七、《王琰帖》王僧虔书，行书；八、《卿栢酒帖》王慈书，草书；九、《汝比帖》草书；十、《喉痛帖》王志书，草书。还有《阆苑女仙图》，传为五代画家阮郜仅存的一件作品，而五代人物画传世的总共也超不过十件。闻名于世的《步辇图》传为唐朝大画家阎立本的真迹，反映了唐王朝与吐蕃和亲的重要史实。所幸这两件作品在新中国成立后

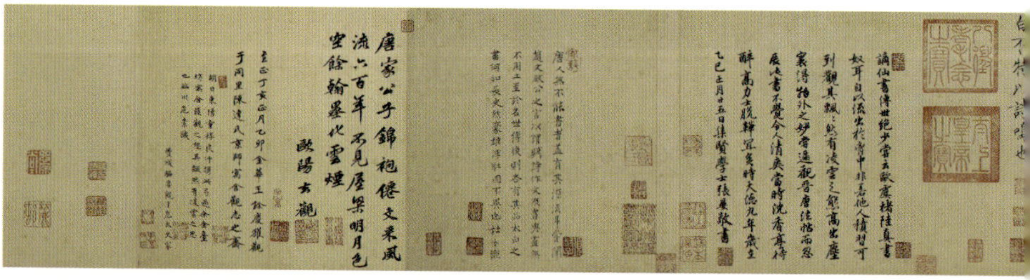

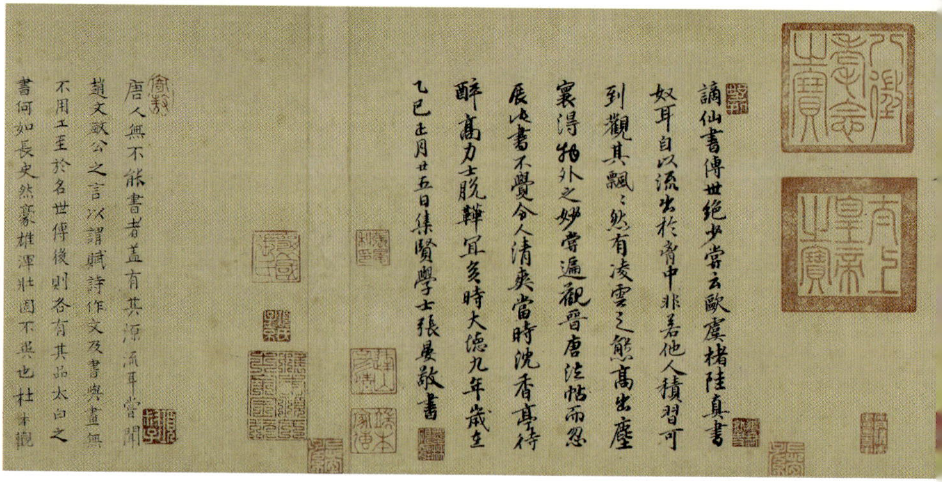

被北京故宫博物院收回。而与《女史箴图》同等珍贵的《历代帝王像》则比较可惜，从天津流出后被日本人买走，第二次世界大战后被美国波士顿美术博物馆收藏。

回顾清初内府的书画收藏，是以国家政权形式对艺术遗产的集中保护与整理，可谓中国古代艺术史和收藏史上一件盛事。而乾、嘉之后，宫廷所集精品已不如以前。国家承平之际盛收藏，遇到丧乱之时文物典籍则必遭到浩劫。从 1840 年鸦片战争始，清王朝的独立主权被打破，被动和现代世界“接轨”。兹后英法联军、八国联军两度攻陷北京，清宫藏文物两次被劫掠。1860 年，英法联军入京，圆明园各宫所藏书画被洗劫一空。顾恺之《女史箴图》（图 3-13）即由此时运至伦敦。1900 年八国联军进入北京，宫廷书画损毁更甚。至 1912 年中华民国建立，末代皇帝溥仪仍居住紫禁城十三年之久，

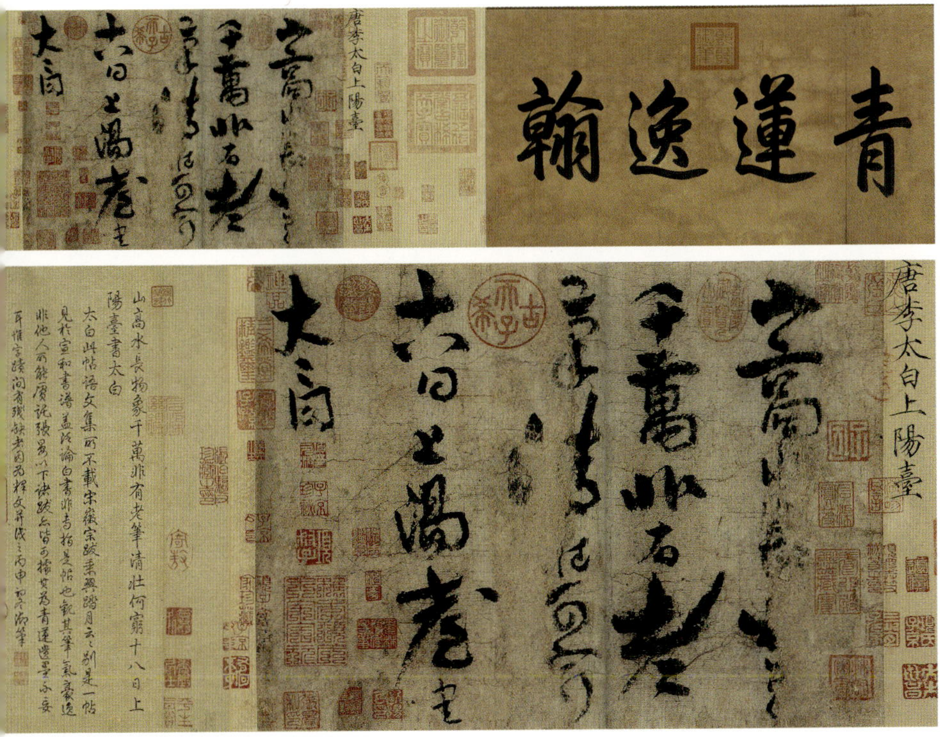

图 3-12 《上阳台帖》及局部

其间，清内府藏书画、典籍被盗运出宫，所以出现的怪现象中，隐含着溥仪清点、偷盗书画的种种线索。1912 年，清帝逊位，宫中精品 1200 余件为溥仪运出宫禁，散佚严重。从《故宫已佚书籍书画目录四种》中，略可推测清末宫内收藏品散失的点滴情况。

但即使如此，乾隆朝内府书画的大集中，仍对后世有着深远影响，最直接的便是构成北京故宫博物院和台北故宫博物院书画藏品的基础。北京故宫共藏中国古代书画 15 万件左右，台北故宫博物院藏有书画总计万余件。这些书画的主体部分都是乾隆帝所留下的宝贵艺术遗产，这些遗产是培养一代代鉴定家、艺术家、艺术史家不可或缺的材料。现今以博物馆藏品的形式向世人展示，为更广泛的社会人群所分享、鉴赏。

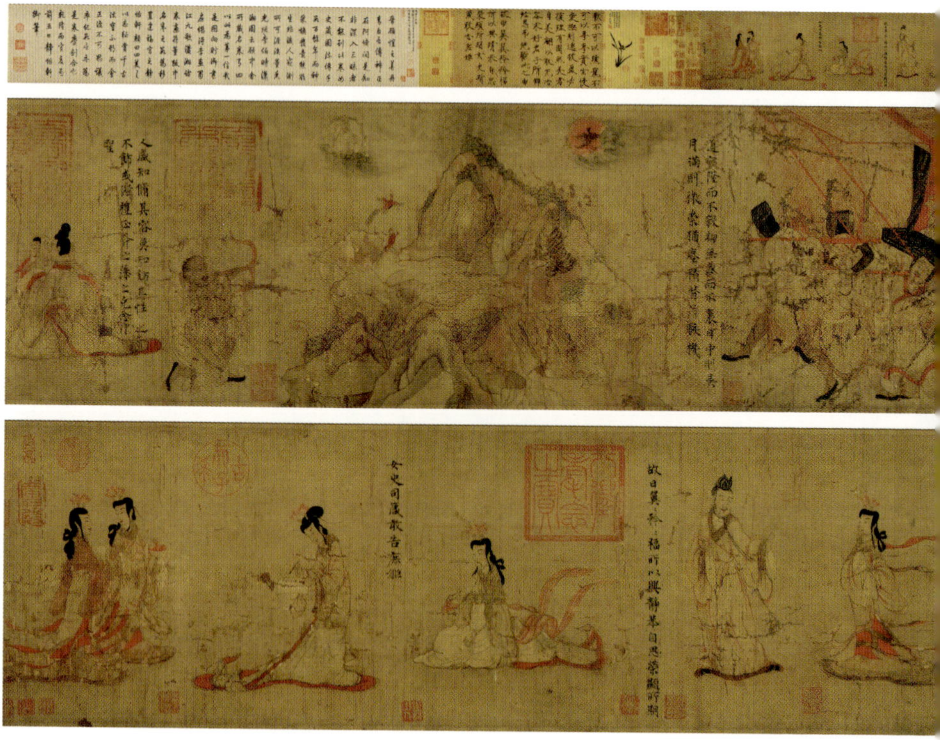

第三节 清代私人收藏

1. 金石收藏

清代顺治、康熙、雍正朝（1644—1735）期间，并没有太多新文物出土，因此承袭明代之绪，仍然侧重于石刻的拓印研究。而在乾隆（1736 年）之后，古器学才再次复兴。陶瓷、铜器备受宫廷及私人藏家青睐。其时更因为金石考据之学炽盛，对青铜器赏玩庋藏的要求更高。在清代著名藏家陈介棋、吴大澂、孙诒让、罗振玉等人的著述中，也收录了大量文字图例，记述了青铜器流传的情况。至乾隆、嘉庆年间，清宫秘藏的各类珍品数量已很惊人，分了好几处贮藏。相应的，皇家也组织编撰了著录来登记这些物品。仅《西清古鉴》（图 3-14）记载清宫所藏青铜器就达 1529 件。《西清古鉴》

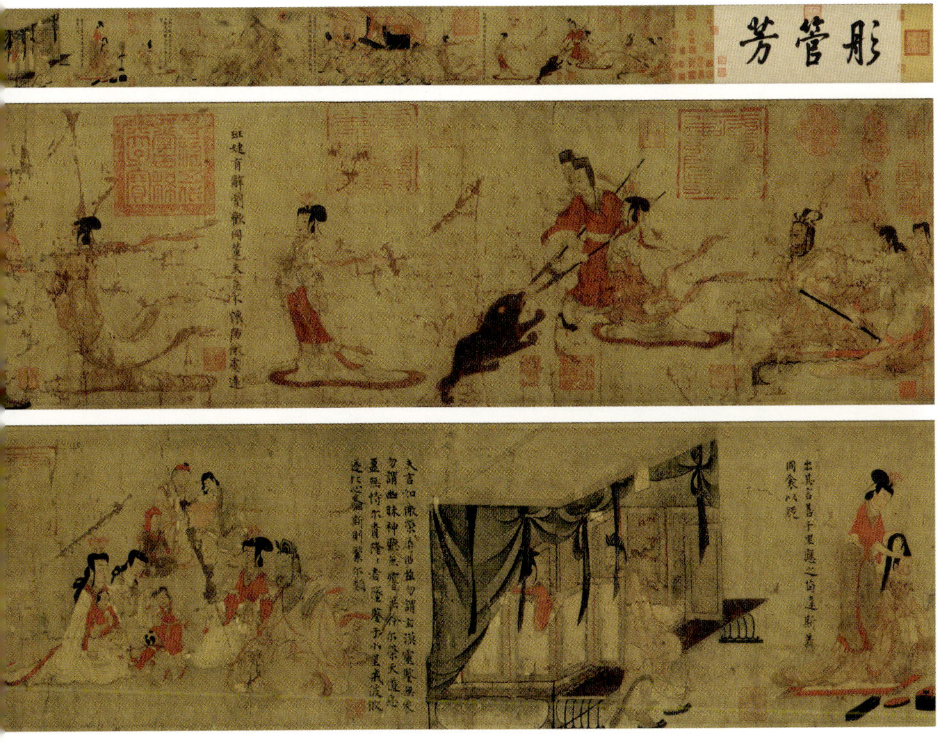

图 3-13 《女史箴图》及局部

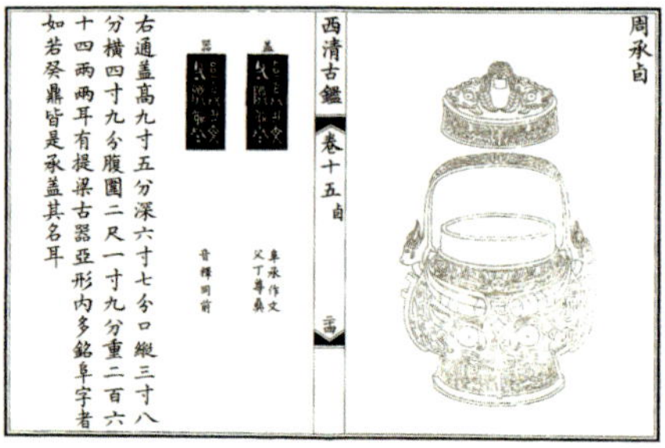

图 3-14 《西清古鉴》

图 3-15 《阮元小像》

四十卷，是仿宋《宣和博古图》而编纂。

而清代私人的金石收藏远胜于宫廷，这是一个时代特点。清初，有朱彝尊、顾炎武、钱大昕等考据金石学者。朱彝尊有《曝书亭金石文字跋尾》六卷。顾炎武有《金石文字记》六卷，《求古录》一卷。钱大昕著有《潜研堂金石文跋尾》二十八卷。乾嘉时期更胜，有钱坫、黄易、阮元、张廷济等金石学家。

阮元（图 3–15）有《积古斋钟鼎彝器款识》十卷，《清史稿》称阮元为“深历乾嘉文物鼎盛之时，主持风会数十年，海内学者奉为山斗”。他在地方和中央都有任职：在山东、浙江任学政，在浙江、河南和江西任巡抚，还曾任湖广、两广、云贵总督；在中央任兵部、礼部、户部、工部侍郎，曾任官至体仁阁大学士。该书是阮元集自己所藏彝器，并和江德量、朱为弼、孙星衍、钱坫、江藩、张廷济等人所藏钟鼎彝器的拓本款识汇集所成的一部著录。书中著录五百六十件古器物，最后由朱为弼编定成书，书前有阮元《商周铜器说》上、下篇和《商周兵器说》，文中表达了阮氏对商周青铜器的认识；朱为弼还著有《后叙》一篇。

《山左金石志》是清代乾嘉时期阮元和毕沅合作纂成的。清代乾嘉时期在金石盛行的风气下，翁方纲、毕沅、阮元等贵为一方大员，以个人的地位优势组织幕府，请金石学家出山，对辖地内的金石情况进行整理、著录。这样一来，清代金石学就在各个地区得到全面的发展。形成了按地区来编纂金石著作的大势。《山左金石志》是当时山东金石学著述里最出色的。

张廷济有《清仪阁所藏古器物文》（图 3–16）十卷。张廷济为浙江嘉兴新篁人。嘉庆三年（1798 年）考中解元，在后几次会试中未果，便居家从事学术研究及艺术创作。喜爱收藏各类古器文物，收藏鼎彝、碑版及书画甚多。《清仪阁所藏古器物文》以拓本加题跋的形式，集拓古器物四百二十九件。题跋共跨越二十二年，从 1822 年到 1844 年。这些器物，基本为张廷济本人所藏，同时又多为其本人所拓。

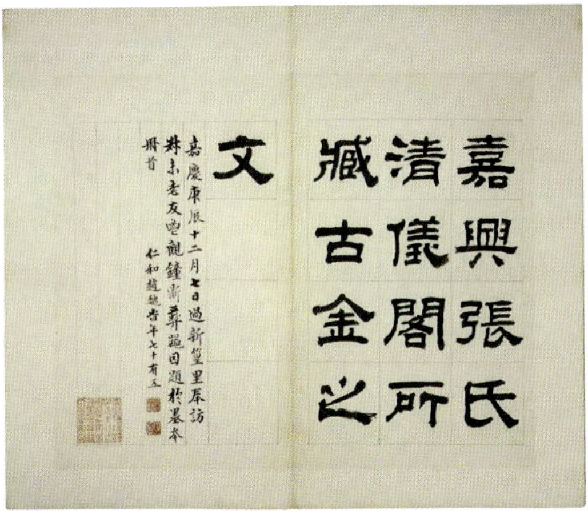

图 3-16 《清仪阁所藏古器物文》

黄易是清代金石收藏界非常重要的人物。《小蓬莱阁金石文字》实为黄易收藏金石碑版的目录底本，记录品目数千种。他收藏的拓本种类极多，凭借着家世背景和游幕、仕宦经历，黄易所营造、建立起来的收藏网络，与当时的学术精英保持着良好的关系。本身他对金石的研究、成果都极有代表性，当时他和翁方纲、王昶、钱大昕、毕沅、阮元、罗聘等高官，金石学家、画家有多方交流。黄易的大范围访碑与收藏活动时刻为当时文人、金石圈所瞩目，推动了当时的艺术创作和学术研究。

王昶的《金石萃编》一百六十卷。该书收录了他穷半生精力收集的三代铜器，包括辽金诸朝代，大概一千五百种器物，甄别著录，按照时代顺序及历代碑刻拓本撰成，是一部极有价值的资料性、学术性著作。叶昌炽评价该书“譬之唐人义疏，经与传合，注与疏合，虽异古本，实便学者，在金石著录家可谓集其大成矣”。自从宋代金石学兴起，到清代乾嘉年间的鼎盛时期，金石学的著作从体例到内容，没有过篇幅容量如此巨大的。这确是古代金石学有里程碑意义的著作。

冯云鹏、冯云鹓兄弟，编纂有十二卷《金石索》（图 3-17）。《金石索》是一部综合性古器物图谱。该书著录了商、周、汉、宋、元的钟鼎、兵器等青铜器物，还著录了他们收藏的钱币、玺印、铜镜等。冯氏家藏珍宝中，他们认为金石能够传世久远。但宋以来，藏家的主要关注点在铜器，有意无意地就对“石”的收藏不太重视。冯氏兄弟收藏了历代石刻、碣碑、砖铭、瓦当诸多古物。冯云鹏在嘉庆二十年（1815 年）以前游历各处，将所见到的带铭文的金石器进行“绘”和“录”的工作。嘉庆二十年（1815 年）后，其弟冯云鹓加入兄长的工作中，兄弟两个人遍访所能及的古迹与所见或所藏古物，还逐一对所见者

图 3-17 《金石索》

进行考证。冯氏兄弟在五年时间里完成了几十万字的考证。《金石索》中可以看到，大多数的器物配有器形图，还配有铭文以及拓本。在图之后有释文以及学术考订。嘉庆二十五年（1820 年），冯氏兄弟开始请画工绘图，道光元年（1821 年）开始印刷，两人在印刷开始后没有停下，而是继续收集和撰写，该书最后在道光三年（1823 年）完成并刊行。

2. 书画收藏

清初的书画收藏界，最有名望的是“三家村”。“三家村”就是指字号中都有一个“村”字的三位收藏家梁清标、高士奇、安岐三人。梁清标号棠村，安岐号麓村，高士奇号江村。

梁清标是清初著名藏书家、文学家，名列《贰臣传》。本为直隶真定（今河北省正定县）人，明崇祯十六年（1643 年）进士，清顺治元年（1644 年）降清。梁清标字玉立，号棠村，一号蕉林。梁清标精于鉴赏和书法，收藏图书、法书、名画。家刻有《秋碧堂法帖》。他和孙承泽并称两大藏书家。孙承泽为明末人，他经历了仕明、投李（大顺政权）、降清，也是“贰臣”。孙承泽收藏的经、史类书籍非常经典，而梁清标藏品中子、集类图书为佳。孙承泽仕途后期不顺，他便隐居西山，勤于著述。庚子年（1660 年）六月，著名的书画著录《庚子销夏记》写成。该书从四月开始撰写，六月便成书，取名《庚子销夏记》，共八卷。《庚子销夏记》中著录了孙氏所藏书画和过眼的书画精品。

梁清标在真定城内筑有“蕉林书屋”，用来安放他收藏的书画、古籍。藏书达到数十万卷，多收藏典籍字画。收藏的历代法书名画质量极高。收藏史称“项（元汴）家‘蕉窗’梁‘蕉林’，图书之富甲古今”。“蕉林书屋”为当时文人雅士聚集之所。梁清标的印章有“梁清标印”“棠村”“河北棠村”“蕉林”等。

高士奇主要活动在康熙朝，曾任詹事府詹事、礼部侍郎等。他能诗擅

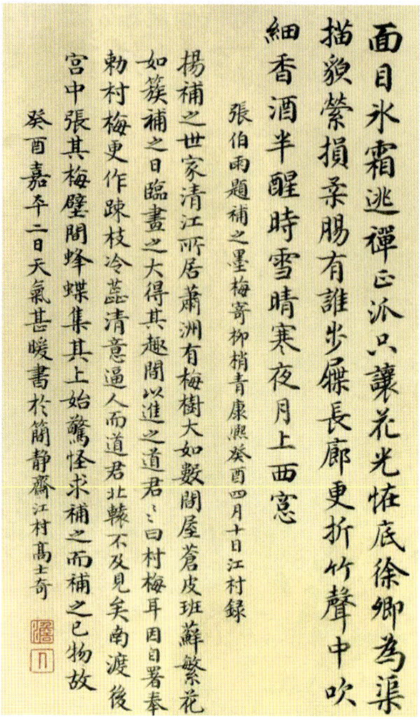

图 3-18 高士奇书法

文，精于书法考证，鉴赏收藏书画。死后加封谥号“文恪”。他的《江村销夏录》，是当时体例完备的书画著录典范。《江村销夏录》的鉴藏书目开辟了完整的古代书画著录体系。著录书中包括的要素有：作品名称、作者、尺幅、内含、技法类别、作者印章、他人题跋、收藏印章等。在此基础上，高士奇又有推进，他将书画上的印章依原型描摹，附上楷书释文。这样非常接近今天所用的参考文献，书画著录与藏品管理也能够依此更加规范。后来的著录者们都依照他树立的标准来做。宋荦、朱彝尊都为《江村销夏录》作序言。高氏的收藏印记在他的藏品上常见的有“士奇”“红雨轩”“萧香斋”“澹人”“蔬香园”“香斋”“竹窗”“高氏江村草堂珍藏书画之印”等，是今天可见古书画品质的重要“认证”。高士奇是著名学者，除了《江村销夏录》外，还有《春秋地名考略》《左传纪事本末》等史学著作，涉及面很广（图 3-18、图 3-19）。

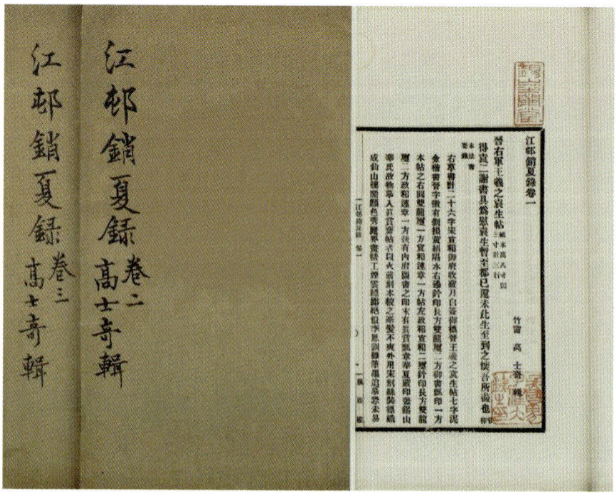

图 3-19 高士奇书影

安岐，字仪周，号麓村，别号松泉老人。主要鉴藏印有“仪周鉴赏”“安岐之印”“朝鲜人”等。他的《墨缘汇观》是他著录书，该书成于乾隆七年（1742 年），共有六卷，记录了大多数他的藏品。如传为隋代展子虔《游春图》便曾是他的藏品。所藏名画还有范宽《雪景寒林图》及董源《潇湘图》等。安岐所征集的书画，上至三国魏晋，下至明代末期，时代很连贯，收藏范围很广泛。他的藏品数目巨大，许多历代精品都有他钤盖的鉴赏印，也是今天书画鉴定的重要依据。经过安岐收藏或著录的作品，大都是流传有绪的名作（图 3-20）。

图 3-20　安岐章

第一节　清廷覆亡与初步现代化

1. 天朝逐步失控

在贸易多重限制的条件下，西方国家和清朝的外贸活动中一直是贸易逆差。自给自足的经济形态让百姓对外来商品的需求量微乎其微，而中国出口到国外的商品却络绎不绝。直到鸦片非法输入，清帝国在 1826 年贸易出现逆差，大量白银外流。清帝国决定禁烟来改变外贸和货币上的损失，最终导致了第一次鸦片战争。那时的中国在科技、制度、文化等诸多层面都无法和欧美日等抗衡。在 1840 年第一次鸦片战争中军事上的差距便尽显无遗。西方学者一般认为这意味着中国闭关锁国状态的打破，持积极态度。中国学者大多将其看作侵略战争，认为这导致了中国近百年的衰落。当代学者如彭慕兰从经济角度来谈，也认为这场战争不可避免。[①]

“内忧外患”是这一时期中央政府面临的局势。19 世纪初中国北方爆发了白莲教运动，用以镇压的军费等开支有 1 亿两白银，国库耗资过半。而 1851 年更为猛烈的起义从广西爆发。太平天国运动以及捻军起义前后持续 14 年，半个中国燃遍战火，清政府耗资 7 亿两白银，这是 10 年财政总和。而朝廷放开汉族官员组织地方武装力量抵抗的权限事出无奈，因为中央派出的八旗军和绿营军不堪一击。但这等于把自宋代赵匡胤以来基本灭绝的“藩镇割据”复活。潘多拉盒子打开后，中央政府对地方势力的把控进一步失

① 参见彭慕兰，《大分流：欧洲、中国及现代世界经济的发展》，江苏人民出版社，2004 年版。

控。

在这一百余年内，中国各行业的有识之士努力奋斗，甚至不惜生命就是为了重振雄风，通过各种变法、革命寻求改变、图强，民族复兴的诉求成为时代主流。然而在战事频繁的19、20世纪，中华民族在外强压迫之下逐渐形成了独立的民族意识，伴随着血与火的抵抗外侮、寻求独立发展的复兴之路多舛而艰辛。近代欧美日列强均以武力入侵中国，几度攻克京师，掠走皇宫大内藏品。面对这种情况，士绅阶层与海外求学的志士均做出不懈努力。但毕竟时代大势非个人之力所能阻挡。这一时期的文物外流基本上可以说是完全被动后知的。国家领土主权沦丧，文物流失在所难免。

中国在1861年“祺祥政变”（辛酉政变）后，慈安、慈禧两宫皇太后“垂帘听政”，以道光皇帝六子恭亲王奕䜣为议政王，一方面镇压太平天国运动，一方面开始洋务运动。从经济角度看，这是中国从数千年农耕文明跃向工业文明的转型。李鸿章在变法初期，于1880年便在《妥议铁路事宜折》中发出“我朝处数千年未有之奇局”的惊呼，强调面临危局要力求突破，建立奇业而不能固守成法。

环顾全球，19世纪60年代中期，美国、德国、日本也刚刚完成了国家统一，后来成为世界最强三大经济体。美国在1865年结束了南北战争，避免国家分裂，废除奴隶制，但种族隔阂存留至今。欧洲称当时美国只是排在英法身后的“小兄弟”，人口占全球3%，钢产量不足100万吨。1870年普鲁士挑起并赢得了普法战争，普鲁士完成了德意志帝国的统一，这一仪式在巴黎的凡尔赛宫举行。而日本在这个时期刚刚开始变法维新，1868年1月3日西乡隆盛率领两千余人从鹿儿岛北上发动“王政复古”政变，一举推翻德川幕府迎回明治天皇。而旨在进行现代化改革的“洋务运动”实际上在中国发生得并不算晚。

然而洋务派对于一些根本性问题上的争议，彰显了当时中国决策层对于洋务运动的根本定位。曾国藩就是基于典型的儒家观点，认为变法发展工商业，还是以维护当局稳定统治为根本，应当保持自然经济的封闭性，而不应该以铁路贯通九州，这样人民流动性极大增加，社会中产生不稳定因素会动摇国家的统治根基。而另一派洋务运动的开明派，以李鸿章为首，则主张以官僚管理企业为主导。因为洋务运动的宗旨便是“富国强兵”，从事商业必须官方来督办才可以最大获利，不能放手给民间资本。但由于清政府的财政拮据，又必须吸纳民间资本以及人才进来。而民间资本在流转过程中，人才一定会主张更多的政策及管理规则的倾向，这就造成了“官民争利”，这一对矛盾一直贯穿在洋务运动始终。1883 年轮船招商局事件便极为典型。上海爆发了金融危机，房价剧跌，招商局的徐润和郑观应等人掌握财务管理权，借机挪用款项来投注房市。东窗事发后李鸿章借机将这些买办人员驱逐出局，而代之掌权的就是 1884 年走马上任的盛宣怀。徐润等人是中国第一批“国营企业经理人”，他们个人确实违规，但他们这个群体却因为体制的冲突而退场。而这样一来，官僚便和民间资本一起逐利，官僚借助垄断地位挤压着民间资本，变成了“既当裁判又参赛”的特殊身份，民间资本的热情和空间被压榨得所剩无几。

反观一衣带水的日本，在明治维新之初，改革者亦抱有中国洋务派相同的希望，希冀“西学日用”。也就是保留封建时代日本的道德和精神，学习西方的知识和技术。但在 1870 年日本组织去欧美考察之后，便毅然抛弃了原有的想法。回国之后，改革者们便在政府设立了文部省，先从教育改革动手。通过颁布《帝国大学令》等系列法令，建立起来日本的近代教育体系。尔后便着手宪政的改革，这不能不说极具魄力。首要的便是废除先前的封建制度，改藩为县，成立议院和国会，建立起君主立宪制政体。1889 年日本第一部宪法颁布。上层建筑改造完成后，着手将矿山全部收归国有，开始全国范围内通铁路、搭设电报线、修建钢厂等。随后军工厂、造船厂便逐渐建立起来。和洋务派所做的不同，日本认识到官僚管理企业的弊端，便在现代化基础设施建立起来，第一批技术人员培养出来之后将各种企业出售给私人。这一时期日本的国有经济私有化过程虽然经历风波，但仍然快速地增长起来。诞生了三菱、三井、关西铁路等财阀集团，这些都是私人企业。

日本在甲午战争后获得了赔款 2 亿两白银，加上战利品合计 3.4 亿两白银。日本全国年财政收入才是战争获利的六分之一。战争带来的巨大利润使得日本国力和中国越拉越大。日本将赔款用于国内修建铁路、发展航运、造船、机械制造等用途，交通和工业水平有了飞跃。更重要的是，日本借机进行币制改革，建立起了金本位制，和国际金融体系接轨。前面提到的同期完成统一的美国在 1879 年，德国早在 1873 年便分别宣布接受金本位制。

2. 国民经济变革

中华民国统治仅有不到四十年的时间，从经济角度来区别其实分为两段。1912 年到 1928 年属于北洋军阀政府，1928 年“东北易帜”后蒋介石的南京国民政府统一全国，直到 1949 年。第一阶段在经济上是完全自由，在混乱局势下的各种试验。第二阶段则是权力重归中央集中管制的试验，也就是国民党称为“统制经济”的宏观经济治理模式，是国家资本主义计划管理下的商品经济。经济乱象实质上是上层建筑领域混乱的投射。北洋政府统治阶段，不仅是经济领域，意识形态层面也爆发了各种极端的主张。

1905 年，在中国存在了 1300 多年的科举制终于走完了它生命的全部历程，退出了历史舞台。这意味着中国的精英层彻底从“四书五经”的捆绑中脱离了出来。中央政府也无力对社会进行思想控制，知识青年们也没有了上升参与国家权力的阶梯。自此中国便诞生了一股巨大的思想力量，这股力量不断积蓄着，在今后国家的变革中将发挥重要作用。由于科举制废除后没有形成另外一套稳定的官员选拔制度和选举制度，人才在民间活动，不再被官僚体制捆绑。可以说这是春秋之后知识分子阶层首次独立于统治系统发声。中国知识精英思想极为活跃，各执己见，状态混乱且极端。他们反对两千年来形成的文明体制继续前行的领导力，主张与传统决裂，甚至有废除汉字这样前所未有的激进主张。自南北朝“五胡乱华”以来，大一统格局下的中央权力再次呈现真空状态。这一阶段同先秦诸子百家争鸣、魏晋南北朝思想解放并列，都是中国思想大解放。“新文化运动”便兴起于此时，改变中国命运的中国共产党亦在此时诞生。

北洋政府时期中国的金融业进行了民营化。进行这一改革的主体是一群银行家，大多有欧美、日本名校现代金融教育的背景，多是19世纪80年代出生，正值盛年。而1915年袁世凯称帝引发了全国范围的“护国运动”。北洋政府为敛财扩充军费便不顾金融市场印发巨额纸币，导致纸币大肆贬值。财政部则只能将两大发币银行中国银行和交通银行合并来应付危机。在时任财政总长梁启超的支持下，中国银行和交通银行纷纷脱离官办，实现了股份的民营化。中国银行民营股东群把中国银行总部由北京迁至上海，各地的工会联合组成全国银行总会，这一总会史无前例地可以和北京中央政府博弈。

民营企业家集团控制了重要的生产资料市场。1919年五四运动后，中国商人和日商决裂，从日商手中拿回了被控制的纺织业、面粉业两大产业的交易市场。1927年之前的中国，奠定了中华民族经济的基础。工业增长率在1912年到1920年间达到13.4%，1921年到1922年有一段时间的短暂萧条，1923年到1926年增长率为8.7%。而在北洋政府时期，1912年到1927年中国工业平均增长率高达15%，在全球都属于领先。中国在现代经济史上类似这样的高速增长时期出现了三次，另外两次分别是20世纪50年代的第一个五年计划时期和1978年之后的改革开放时期。①1894年甲午中日战争中国失败后，洋务运动进行了第二次高潮。这一段和前一段洋务运动的不同在于参与的主角，第一时期工业化的主导是洋务派大臣和他们的裙带或附庸官商，主要考虑军工领域的发展，矿山、轮船等重工业的改造发展。而第二时期的运动则以大批高级知识分子下海经商为特征，他们主要投资集中在民生领域。

① 参见吴晓波，《历代经济变革得失》，浙江大学出版社，2019年版。

比如棉纺业和面粉业的荣氏兄弟（荣宗敬、荣德生），纺织业还有穆藕初与著名的张謇，银行业有陈光甫和张公权，出版业有张元济，火柴业有刘鸿生，百货业有郭乐和马应彪，航运业有卢作孚，化工业有范旭东，等等。

政治上仍然处于分裂的北洋政府攻伐不断，人民对大一统充满渴望。蒋介石领导的国民党军队在1926年从广东出发宣誓北伐，在1927年便攻克上海，后定都南京，顺利攻占北京，东北三省在张学良的领导下“改旗易帜”，蒋介石的中华民国政府在一年内就在形式上统一了全国。

1913年中国产业工人人数达到60多万，1924年前后就超过了500万，这完全是由于民营资本的快速发展。而资本原始积累时段，对工人阶级的压榨往往是血腥残酷的。在1919年的五四运动之前，全国罢工大约100多次，中国早期工人生存状况可想而知。1921年中国共产党建立后立刻在沪成立了中国劳动组合书记部，以领导工人阶级的运动。书记部在1922年5月于广州召开了第一次全国劳动大会，1925年5月第二次全国劳动大会仍在广州召开，成立了中华全国总工会，中国共产党领导下的独立的中国工人阶级出现了。

虞洽卿领导的总商会和总工会势同水火，中国新出现的这两个阶级和世界进入工业化初期的国家一样，彼此激烈对抗，以暴力流血为呈现方式。而大多数工业国家通过独立工会的制度，并加强社会福利制度等方式，逐渐缓和并解决了两个阶级之间的对立问题。然当时的中国，面对这样的矛盾，解决的方式只能是血流成河。1925年、1927年，上海分别爆发了“五卅惨案”“四一二事件”，总商会和蒋介石达成一致，商人们出钱，蒋介石“出枪”来解决工人运动造成的乱局。对国民党左派、共产党员、工人运动者的大肆血腥屠杀后，中国革命和中国共产党、工人阶级遭受了重大挫折，党的工作重心便由城市转向农村，逐步形成了适合中国国情的革命道路。

在20世纪20年代后期，欧洲和北美等的发达国家都爆发了严重的经济危机，各国都先后推行国家管制、优先发展重工业的战略。像罗斯福新政，以及德国希特勒、苏联斯大林的国家主导的经济建设成绩巨大，崛起了军事、经济强国。因此中国在这一时期深受世界强国经济变革思潮影响。还由于国民党政府和北洋政府不同，有鲜明的政治纲领，在孙中山的思想指导下统一行动。南京政府成立后，便要以一个集权政权的面貌来统一管理中国的政治、经济事务。在政府的努力下，中国在 1928 年首先在海关拥有了自己的自主权，得到美、英、日、法等国家的承认，1931 年国民党政府废除了三大“恶税”之一的厘金制度。政府逐步在 1928 年拟定了“基本工业建设计划”，在 1931 年推出“国家建设初期方案”，1933 年推出“实业四年建设计划”，1935 年推出“重工业五年计划”，1937 年推出“中国经济建设方案”。1937 年之前的十年是中国经济发展史上经济增长较快的时期之一，经济增长率平均每年 9% 左右。①

1927 年 7 月，蒋介石颁布法令，上海的全部商业组织都要归上海市社会局来监督。政府来出面解决行业间的商业争端，这样上海市总商会逐步就被上海市国民党的救国会和商民协会取而代之。1929 年国民党中央执行委员会成立上海市商人团体整理委员会，上海总商会等所有民间商业团体的活动都被叫停，“商整会”管理全国各个商埠城市的商业活动。根据《剑桥中华民国史》所述，19 世纪以来形成的这些民间组织曾管理各个城市社区的发展方向，在此就被强大的国家力量扭转。②

20 世纪 30 年代，世界范围内爆发经济危机，中国的民营企业也不例外。孔祥熙、宋子文等借机操纵国营事业集团，通过控股、接收等多种手段占有了大量的民营资本控制的轻工业领域。如前所述，1935 年之前中国金融主动权是私人银行家掌控。89% 的总资产掌握在上海银行同业公会成员手中。中国银行、交通银行的资产是全国银行总资产的三分之一。孔祥熙在 1935 年 3 月通过要求同业公会购买定向国债，以及要求中国银行、交通银行增发股票

① 参见费正清主编，《剑桥中华民国史（上卷）》，杨品泉等翻译，中国社会科学出版社，1994 年版。

② 参见费正清主编，《剑桥中华民国史（上卷）》，杨品泉等翻译，中国社会科学出版社，1994 年版。

的方式，用国债购买股票。从而挤压了同业公会占有股份的比例。之后国营资本逐步在全国银行中增加控股比重，由原来的占股百分之十几，增加到占股七成多。通过证券市场、国债绑架等手段，国民政府逐渐在 20 世纪 30 年代将银行、证券市场逐步控制起来。

1935 年 11 月，在对银行业完成了国营化的改制后，孔祥熙宣布进行法币改革，次日起即实行金本位制，全国货币统一为法币。统一的现代货币制度自此形成。1937 年，全国有大约 4000 家现代工厂，铁路 1 万余公里，公路 11.6 万余公里，民航线路 12 条，电话线 8.9 万公里，邮政局 7.3 万个。[①]1840 年后将近一百年，曾经的中国已然“面目全非”。

第二节　清末民国的官方收藏

1. 清末公私收藏

1840 年鸦片战争被视为中国近代史的开端，之后清王朝治下的中国被动地卷入资本主义世界。然而 1860 年第二次鸦片战争的结果，使得皇家园林圆明园惨遭兵燹，这是中国海外收藏活动的一大转折。圆明园劫难，毁掉了这所融合中西建筑手法的旷世建筑佳作，也使得一百五十万件艺术品直接遭受损毁和劫掠。近代中国文物不断外流的趋势被启动了。

主要的流失文物应该是紫禁城内皇室收藏。第二次鸦片战争和八国联军侵华，皇帝逃离京师，联军攻破皇宫，大肆劫掠内府藏品。之后清末皇室衰微，管理疏散，连溥仪都寻求各种方式盗取宫内文物以求换取日用资金。

清王朝风雨飘摇，但中国社会的对外被动开放却在加剧。殷墟书契和敦煌藏经洞（图 4–1）的发现，震惊中外学界。但当时的纷乱局势下，中国没有能力保护自己国土内的出土文物。敦煌文物被斯坦因、伯希和等西方国

① 参见吴晓波，《历代经济变革得失》，浙江大学出版社，2019 年版。

图 4-1　敦煌藏经洞

家的探险队人员陆续掠走了两万六千余件。之后，不管是出土文物还是故宫流散出来皇家旧藏文物，不计其数地被国内外各种势力贩卖、偷窃、抢掠到海外，造成国宝遗存的极大流失。在 20 世纪 30—40 年代的抗日战争、解放战争两次全国范围的战争中，古代文物的最大最精一脉，即清王室的旧藏，历经千难万险，辗转国内各地，最后一大部分海峡相隔，万幸的是仍然留在炎黄子孙手中。这场历经百年的文物流失史，终于在 1949 年新中国成立后戛然而止。

北京的琉璃厂（图 4–2）和上海的五马路（广东路），是中国近代文物交易的集散地。琉璃厂是元世祖忽必烈至元年间（1264—1294）时期在海王村建起来的琉璃窑厂。明代永乐年间为迁都北京，修建紫禁城皇家宫殿，这里烧制了大量琉璃瓦和构件。清初的时候，这里仍然是琉璃窑厂。在康熙三十三年（1694 年），窑厂由官方撒手放给窑户自营，生意逐渐冷淡下来。海王村逐渐发展出来小街市，买卖古玩，“琉璃厂”一称便一直延续使用至今。

图 4-2　琉璃厂

金石学兴起于清代嘉道之际，琉璃厂古玩市场得到一次助推。官员收藏、把玩古物的风尚涌起，文士都爱好逛琉璃厂淘宝。如潘祖荫、翁同龢、李文田、吴大澂、王懿荣等高官名士，都是琉璃厂的贵客。八国联军侵华之际，将这里的古玩洗劫一空。后来来中国的外国淘宝者，如福开森、魏武达、周尔经、山中等，都是琉璃厂的大客户。20 世纪上半叶，如胡适、顾颉刚、罗振玉、王国维、缪荃孙、马衡、徐森玉、郑振铎等文化界的风云人物，都经常光顾这里。

2. 民国官方收藏

中国的美术制度建设起步基于民国初年各地知识精英的努力，包括张謇（图 4–3）、顾麟士、王一亭、曾龙髯、金城、高剑父、陈小蝶、吴湖帆、刘海粟等人。他们在本土策划推广各类美术展览和收藏，也按照西方和日本模式来建构中国现代美术的上层建筑。中国最早的博物馆南通博物苑（图 4–4），是张謇按照日本模式在 1905 年在故乡南通创建的。博物馆内融合了自然、历史、美术、教育等各个方面。可以体现现代科学，还结合了中国的具体国情。张謇作为实业家，有雄厚财力，当时清政府已经濒临灭亡，张謇多次上书朝廷，请求在京城设立帝室博览馆，把历代宫廷内府收藏的珍品对国人展出，建立起中国人的博物馆。此举今天看来彰显出时代精英人物的前瞻性，当然在那个历史时期是断然不可能实现的。

图 4-3　张謇

张謇的南通博物苑藏品大多是他私人购买，还设立了讲解员，并在藏品展览时用中、英、日三种文字对展品进行说明，在 1914 年，编成了《南

图 4-4 南通博物苑

通博物苑品目》，记载自然、历史、美术、教育四部文物标本共有 2973 件。也是在 1914 年，在民国北洋政府内政部长朱启钤的倡议下，在北平成立了“古物陈列所”，地点在故宫外廷三大殿，文华殿和武英殿作为陈列室。美国退还给中国的庚款二十万元在武英殿以西的咸安宫旧址建筑宝蕴楼，作为保存文物的库房。藏品主要来自承德避暑山庄和奉天（沈阳）故宫，有文物二十多万件。后来在 1925 年，驱赶溥仪等人搬出紫禁城后，中国人才有了第一个国家艺术博物馆——故宫博物院。

周树人在 1913 年便提出了建立“中央美术馆”的想法，然而在 23 年后，1936 年南京国民政府才真正实施建成了“中央美术馆”即国立美术陈列馆。这看似简单的举措，却改变了传统中国美术的赏析方式。中国传统美术，书、画、玉器、吉金等都是要在幽静之处和友人雅集时“把玩”的。如同赏析诗作，古书画的一手展开，一手卷起，展示着一种内在逻辑。古代文物的收藏多以皇家或官员文人士大夫为主体，说到底是“私藏”，不会面对公众。现代博物馆制度的引入，形成了一种观赏方式的革命性转化。

而整个20世纪前半叶中国美术界则争论不断，是传统制度转型时期。晚清政府为了自救，进行宪政改革，文化制度上自己废除了施用千年的选材制度科举制，开办新学。这一自救之法却促成了新思想进入中国并形成革命的启蒙思想，最终断送了自己的统治。帝制虽然崩塌，但思想和文化的建设却远远跟不上物质化的制度变化。在美术领域内，精英们有的主张在旧文化中发掘新元素，有的主张彻底废除旧文化，并以西方艺术改造传统文化艺术。这两种思潮的争论至今还在延续。在制度层面，民主共和国体的建立和一系列现代政府部门的建立没有停下。各大博物馆、美术馆的建立，推动着中国国家美术收藏向现代美术制度转变。

如前所述，清末帝溥仪在逊位后，仍然居住在紫禁城内，直到1924年11月被逐出。在长达15年的时间内，溥仪陆续盗运宫内所藏文物出宫，变卖以补贴各项开销，也为日后的生活做准备。"清室善后委员会"成立后，点查毓庆宫发现了"赏溥杰单"。就是溥仪以赏赐溥杰的名义，让溥杰将宫内的书画、古籍偷运出宫，藏到天津英租界给他买好的宅子中。

溥仪自己在自传中写道："我记得的有王羲之、王献之父子的墨迹《曹娥碑》、《二谢帖》，有钟繇、僧怀素、欧阳询、宋高宗、米芾、赵孟頫、董其昌等人的真迹，有司马光《资治通鉴》的原稿，有唐王维的人物、宋马远和夏圭以及马麟等人画的《长江万里图》、张择端的《清明上河图》，还有阎立本、宋徽宗等人的作品。古版书籍方面，乾清宫西昭仁殿的全部宋版、明版书的珍本，都被我们盗运走了。运出的总数大约有一千多件手卷字画，二百多种挂轴和册页，二百种上下的宋版书。"①

伪满洲国成立后，日本关东军参谋吉冈安直将这批珍品运往东北。"清室善后委员会"根据溥仪的"赏溥杰单"编写成《故宫已佚书籍书画目录》（图4–5）（《佚目》），这是研究故宫散佚书画的基本资料。

① 爱新觉罗·溥仪，《我的前半生》，中国言实出版社，2019年版，第140页。

1925年（民国十四年）9月29日，“清室善后委员会”决议成立博物院，在“双十节”开幕（图4–6）。之所以如此仓促地决定这样做，是因为越晚把临时机构变成永久机构，就越容易出现问题。委员会制定并通过了《故宫博物院临时组织大纲》。临时组织大纲，有四条基本规定。

图 4-5 《故宫已佚书籍书画目录》

图 4-6 紫禁城到故宫博物院

第一，每逢周日和周四开放中路。包括乾清宫、交泰殿、坤宁宫、钦安殿、御花园及两庑的古物陈列室，陈列室内藏品包括铜器、瓷器、玉器和书画等。

第二，每逢周二和周五开放内西路。这一路都曾经是皇族的住所，有重华宫、储秀宫、咸福宫、翊坤宫、长春宫、太极殿、养心殿等处，室内陈列基本保持原样，参观的人们可以透过玻璃窥见内部陈设。

第三，每逢周三和周六，开放外东路。包括皇极殿、宁寿宫、养性殿、乐寿堂、颐和轩、景祺阁等处所。这些大殿在腾空原有的存物后，便陈列帝后像、耕织图、大婚图、南巡图、奏折、图书、盔甲等。

第四，参观券的价钱是按照当时币制两角钱一张。每日上午九点开始参观，下午五点结束，四点半停止售票。[①]

十月八日，国民政府发表了故宫博物院第一届理事名单：

李煜瀛、易培基、黄郛、鹿钟麟、于右任、蔡元培、汪精卫、江瀚、薛笃弼、庄蕴宽、吴敬恒、谭延闿、李烈钧、张人杰、蒋中正、宋子文、冯玉祥、阎锡山、柯劭忞、何应钦、戴传贤、张继、马福祥、胡汉民、赵戴文、班禅额尔德尼·恩克巴图。

后来经过理事会继续推举十八人：

马衡、沈兼士、俞同奎、陈垣、李宗侗、张学良、胡若愚、熊希龄、张璧、王宠惠等。总计第一届理事共有三十七人。

在第一次理事会之中，推举李煜瀛、张继、易培基为常务理事，李煜瀛为理事长，易培基是院长。

经过筹备人员非常辛苦的准备后，十月九日，各个展览室都布置好了。大概有铜器、瓷器、书画、玉器、象牙、文献等各个不同分配。在十月十日一早，神武门外早已站满了观众。人流进入故宫博物院之后，展览室内更是拥挤不堪。人们都想趁着节日假期，来瞻仰数千年神秘的皇宫及藏品。

直到 1929 年（民国十八年）2 月，国民政府正式下文任命易培基为院长。三月五日决定各个馆内人事任命如下：秘书长为李宗侗，总务处处长为俞同奎，古物馆馆长为易培基（兼任）、副馆长为马衡，图书馆馆长为庄蕴宽、副馆长为袁同礼，文献馆馆长为张继、副馆长为沈兼士。

溥仪成为伪满洲国的傀儡皇帝后，之前盗运出宫的书画、古籍等珍宝运到长春。1945 年，日本宣布无条件投降，长春伪满皇宫一片混乱。为了维

① 参见那志良，《故宫五十年》，民主与建设出版社，2019 年版。

持生计，溥仪迫不得已出售大量书画，使得书画珍宝流落到东北民间。1946年初，故宫散失的珍贵书画开始在东北市场出现，这就是大家俗称的“东北货”。其中有我们所熟知的，北京故宫博物院藏《游春图》、辽宁省博物馆《万岁通天帖》(图4-7)(又称唐摹《王羲之一门书翰》)等名迹。根据杨仁恺著《国宝沉浮录》所载，溥仪带出故宫的法书名画1331件，比《故宫已佚书籍书画目录》还要多出113件。

3. 战时文物转移

1931年，正值民国二十年，九一八事变发生了，这个时候正是成立不久的故宫博物院想要同心协力办好事业的时候。有识之士都认为日本人的野心绝不仅限于占领中国东北，平津地区一定会有战事发生，文物的安全，成为故宫博物院全体工作人员最为担忧的事儿。将文物搬离危险地区成为首当其冲的任务。搬离的第一步便是装箱。故宫博物院的总务处购买了大量的木箱、棉花、稻草、纸张还有绳子和钉子等物品。工具筹备差不多后，为了防止文物在打包、搬运的过程中被损坏，博物院的人请来了古玩行里的人，曾经做过出口生意的人，帮助装箱。

国民政府对于九一八事变的看法是日本迟早会对平津用兵，故宫文物是传统文化数千年来的文化结晶，毁掉一件便绝无可能再生，政权被灭亡还可以复国，文化决不能被毁掉，那民族的精神所在就不能重生了。一旦平津地区遭受战火，就算日军不毁坏文物古建，那也可能将文物劫掠而去，总之这些情况都无法控制，这种损失是谁都无法弥补的，不能冒这个风险，因此决定要将古物转移，开始计划将博物院文物南运。

但是这些在当时都得不到社会公众的理解。很多声音公开反对，还对故宫工作人员进行恫吓。故宫博物院工作人员经常接到恐吓电话，威胁如果将文物迁走，那就会在沿途铁路上埋藏炸弹。被指派去押运的工作人员，还接到更为具体的点名电话，被点名问是否被指派押送文物，之后便是类似要

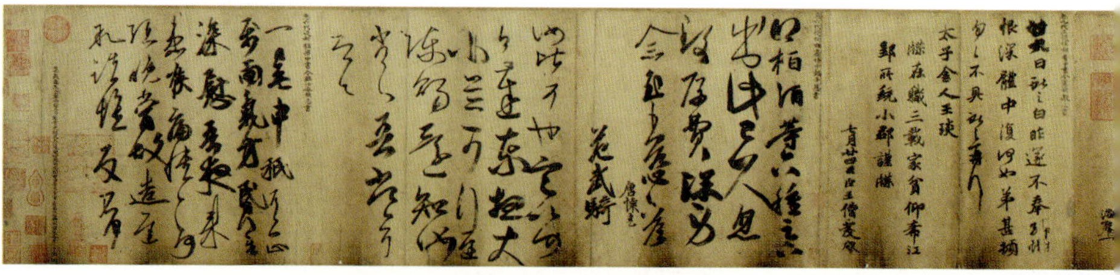

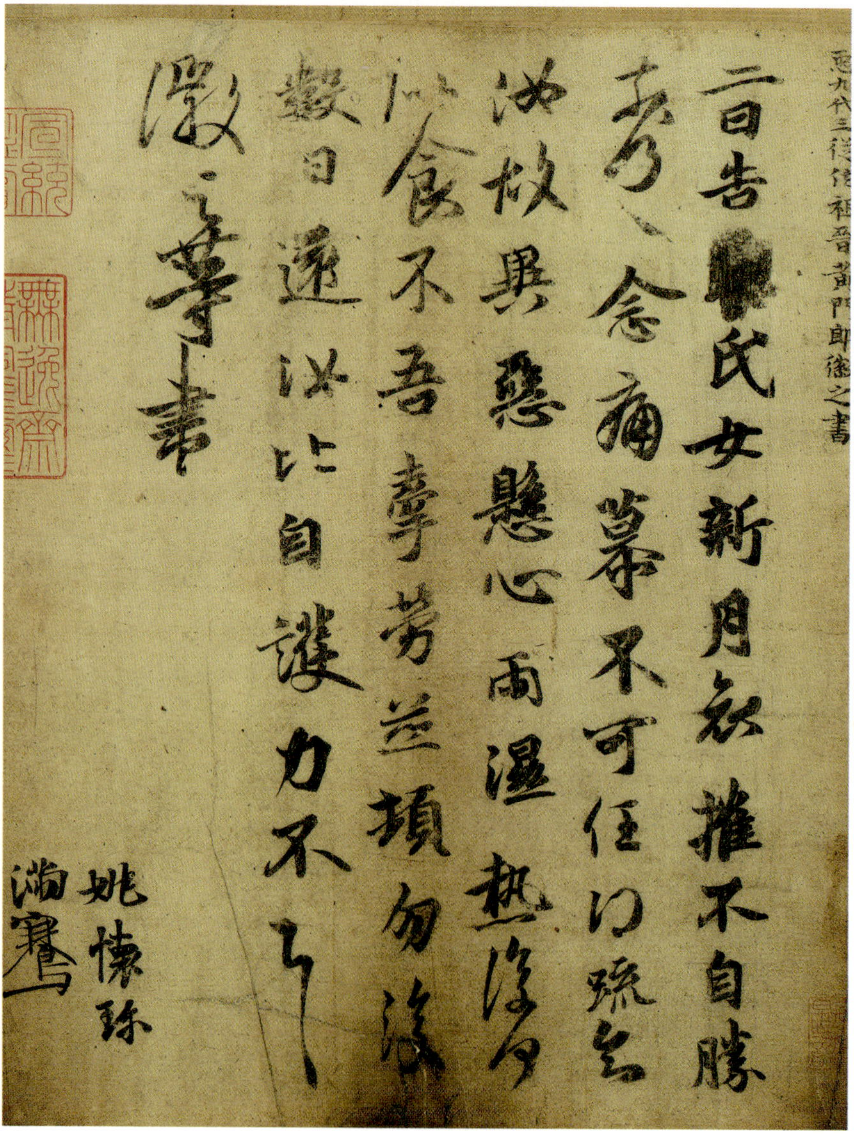

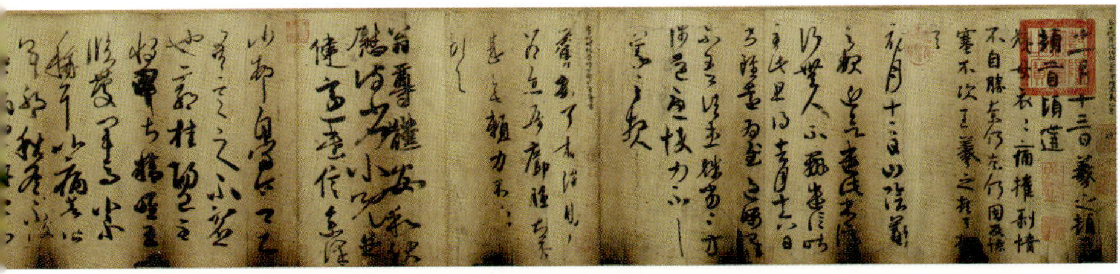

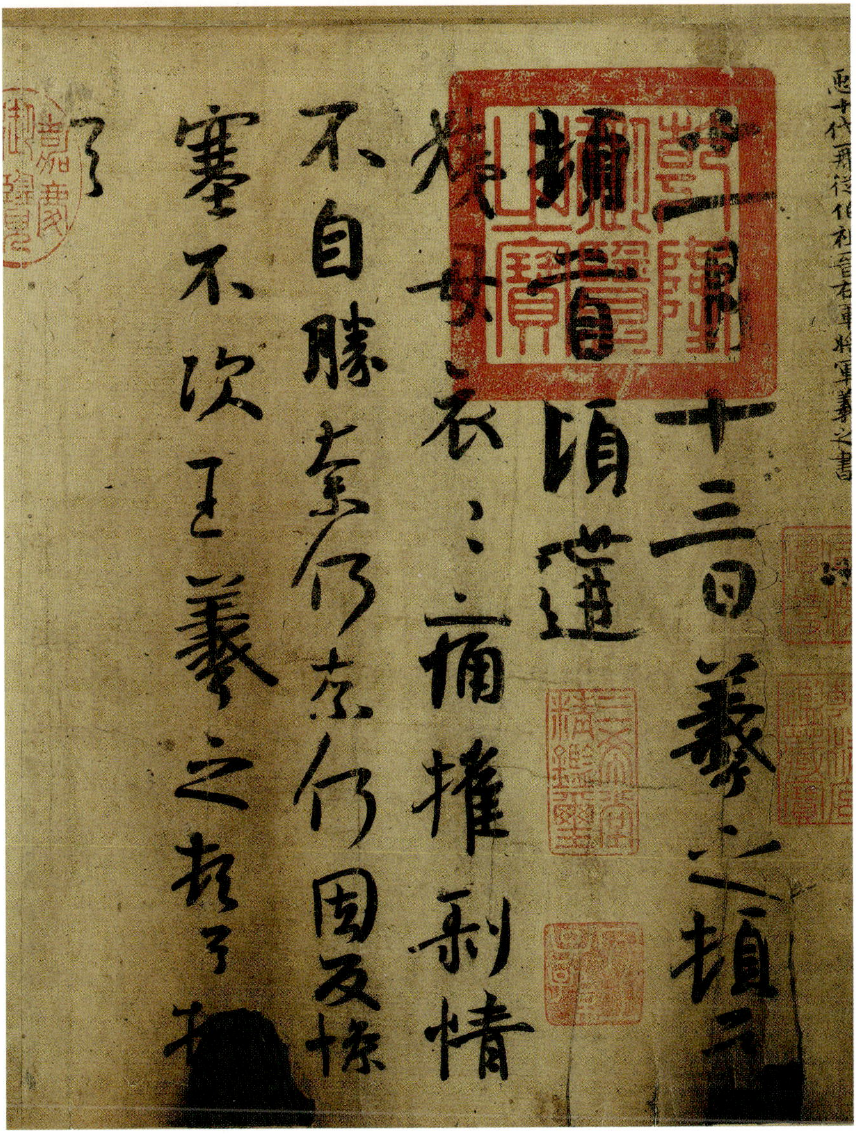

图 4-7 《万岁通天帖》及局部

你命的威胁语言。那志良便接到过这样的电话。他认为这就是吓唬人而已，但这对他家人造成了一定困扰。[①]

隔年，即1933年，日本关东军、伪满军十余万人，以锦州为基地分三路进犯热河，就是历史上著名的“热河事变”。日军攻占热河，势力范围的重心从东北前伸到华北，下一步便随时可以进逼北平。在这样的形势下，故宫理事会要求博物院选择院藏文物菁华装箱储置，开始南运。在民国二十二年（1933年）二月四日，得到了确实消息，二月五日夜间装车，六日起运。选择夜间装车的理由是前述社会舆论负面因素太多，如果动静太大，肯定会有人破坏。再就是夜间戒严后街道上没有那么多车马，便于快速通行。还有就是日间车站上的情况复杂，夜间客运基本没有，秩序好维持。民国二十二年（1933年）二月六日的清晨，第一批文物从戒严的北平运出，乘用的是火车。每一列车厢上各挂一节二等车厢和一节三等车厢，供押运的人员、守卫人员乘坐。总的押运负责人是吴瀛，他是秘书处秘书。古物馆负责押运的是那志良和吴子石等人。[②]

火车将第一批南迁文物经过北平西站出发，途经郑州，改沿陇海线东行。到达徐州之后，又沿着津浦线南行。二月六日出发，走在路上已经几天了，但还是没有接到中央的消息，确定文物安置的地点，因此只能沿途停车等候指示。直到三月中旬，才经中央决定，所有档案的部分，暂且放置在行政院，然后其余的在浦口上船，运送抵达上海。在第一批文物成功运送到上海后，工作人员返回北平，并开始继续下一批的搬运工作。1933年一共运出五批文物，第二批到第五批分别是三月十五日、三月二十八日、四月十九日和五月十五日运抵上海的。南迁的五批文物共有一万九千五百五十七箱，其中不只故宫博物院的文物，还包括古物陈列所、颐和园、国子监等单位的文

① 参见那志良，《故宫五十年》，民主与建设出版社，2019年版。

② 参见那志良，《故宫五十年》，民主与建设出版社，2019年版。

物六千零六十六箱。

在文物南迁计划还没有真正开始前，便有人检举故宫博物院院长易培基和秘书长李宗侗。理由是他们在处分故宫物品的时候，有舞弊的嫌疑。而检举者，根据当时知情人范围来推断，极有可能是本院理事家属，但也未有结果。后来居然事情恶化到致使院长辞职的程度。民国二十二年（1933 年）七月，理事会开会，讨论了易培基院长辞职的事，并宣布由古物馆副馆长马衡继任。故宫博物院中除了院长，还增加了一个副院长，由徐鸿宝担任。为了管理运到上海的文物，成立驻沪办事处，欧阳道达做主任。马衡在接任后，主张在院内文物交接的时候要逐件清点，在民国二十二年（1933 年）九月成立“故宫博物院监察委员会”，该委员会由中央研究院、上海市政府、上海地方法院以及故宫博物院四个机关选派人员组成，中央研究院派出的是周仁、何桂莘，上海市政府派出黄鹏豪，上海地方法院派出欧阳澍，故宫博物院派出的是庄尚严、周寰轩、欧阳道达和那志良。运抵上海的文物未经点收之前，如果必须开箱摄影、编目、晾晒，必须有监察委员会两人以上到场监视工作。①

运送到沪的文物，要逐箱开箱点验，和南迁的清册进行核对。这一次的收点，基本上等于把南迁文物做了一次编目工作，做成了一份报关文物的标准账单，装订成册。清理的时候，先将这万余木箱分为四大部门，编成了四个代表的简字“沪、上、寓、公”。古物馆箱以“沪”代表，图书馆箱以“上”代表，文献馆箱以“寓”字代表，秘书处箱以“公”字代表。② 古物馆的文物清点从 1934 年（民国二十四年）11 月 20 日开始，到 1936 年 8 月 29 日结束。图书馆的文物清点从 1936 年 4 月 6 日开始，到 6 月 9 日结束。文献馆的清点从 1935 年 4 月 23 日开始，到 1936 年 3 月 5 日结束。秘书处的

① 参见那志良，《故宫五十年》，民主与建设出版社，2019 年版。

② 参见庄严，《前生造定故宫缘》，紫禁城出版社，2006 年版。

清点从 1936 年 8 月 5 日开始，到 1937 年 6 月 14 日结束。

在沪的文物还引起了五名英国文物爱好者和藏家的关注。他们是大卫德爵士（Sir Percival David，精于瓷器鉴藏）、猷摩福波罗士（George Eumorfopoulos，精于铜器的鉴藏）、拉飞尔（Oscar Raphael，精于玉器鉴藏）、霍蒲森（R.L.Hobson）、叶慈（Prof. W. Perceval Yetts）等诸家。[①] 他们想把分散在世界各国博物院内的中国文物，都借展到英国来，举办一次大规模的全球中国文物展览，他们认为这将轰动世界。中国皇家与私人的藏品虽然在历次战乱中流出国境颇多，但故宫博物院仍然是收藏最富的单位，当时的驻英大使郭泰祺支持这一做法，他觉得这样可以改变中国人在欧洲强国心目中吸食大烟、缠足妇女的病羸形象。文物的展览，对中国文化的宣传起到一个极大的推动作用。当然文教人士也有持反对意见的，认为国宝远渡重洋，如果中途出现意外，无法面对国人。郭泰祺在得知英方藏家想法后，便将他们的诉求报告给政府，通过政府，将这件事情交给故宫博物院理事会讨论议定。

理事会在讨论后认定这件事情虽然存在风险，但这是国际宣传国家民族形象的重要机会，因此要排除万难，推动下去。既然是英方提出如是意见，那便与英方沟通，英国派出军舰保护文物的运送。在出国展览之前，要将全部展品，在上海展览一次，归国后，在南京再展览一次，这样可以取信国人。为了统筹，要成立筹备委员会，最后定教育部主持委员会的工作。中方组织代表和英方发起人确认后，双方决定了以“伦敦中国艺术国际展览会”（图 4-8、图 4-9）（International Exhibition of China Art. London）为该次活动的名称。会期定在 1935—1936 年，从冬天到第二年春天跨年。地点就是伦敦的皇家艺术学院（Royal Academy of Art）。从各国藏中国艺术品的博物馆和全球藏家的手中征集文物展品。

① 参见庄严，《前生造定故宫缘》，紫禁城出版社，2006 年版。

1935年6月6日英国萨福克军舰靠岸，开始装船，在6月7日开船出海。萨福克军舰是英国指派运送文物的。军舰由沪上出发，押送人员有的是跟着军舰，陪同文物，也有部分工作人员乘坐意大利邮轮前往英国。途经大多是英属殖民地，在香港等地靠岸，途经新加坡、孟买、锡兰（斯里兰卡）等地方，途经了威尼斯，在法国西海岸停靠，最后渡过英吉利海峡，再乘火车抵达伦敦。展览会是1935年11月28日开幕，到1936年3月7日结束。每一天开放时间是上午九点半到下午四点，周四例外，上午十点开放。在展

图4-8　伦敦中国艺术国际展览会

图4-9　伦敦中国艺术国际展览会

览期间共举办了二十五次公开演讲，演讲者都是外国人，但内容都是中国艺术。中国这么精美的艺术品，当时国内也不乏专家，只是没有参与到这一次活动之中，实在是历史条件的限制。这一次伦敦主办的艺术展览会，是文物南迁过程中的一个插曲。

当然展览获得了巨大的成功，售票数量很多，这是当时始料未及的。伦敦蜡像馆内存着的中国人蜡像，一是缠足妇女像，二是抽大烟拖着猪尾辫的男子。那个年代外国人心目中中国人的形象，大抵如此。这样的精华文物展览让伦敦的观众了解了中国人并不都是那样子，而是有极高的审美和文化，没有智慧和能力是做不出如此精美的物品的。这一次参展的文物共有一千零二十二件，其中铜器一百零八件，书画一百七十五件，瓷器三百五十二件，玉器六十二件，珍本古书五十件，以及珐琅、剔红、家具、折扇等物品，都是中英双方共同挑选出来的。[①]

最初政府决定文物南迁的时候，其实是想把它们存贮在南京的，1933年7月，故宫博物院理事会开会便提到了在南京成立分院和保存库的议题，这个原则在会上通过了，但是没有具体的决定。1934年4月理事会改选，讨论了存在上海的文物处理办法，在12月的第四次常务理事会议上，决定把南京朝天宫全部划归故宫博物院，以此为南京分院和修建仓库的地点。朝天宫共一百三十八亩有余，1936年修建完成。

在1936年陆陆续续又有四批南迁文物由上海转运到南京库房。加上之前的一批，这五批共包括一万九千六百五十箱。1937年1月，故宫博物院南京分院，即中央博物院正式成立。原有的驻沪、驻京的办事处撤销。从这个时期开始，北平和南京的故宫博物院文物管理走上正轨，对各自库存的文物进行清点，并开始收购私人收藏的文物补充馆藏。

1937年（民国二十六年）7月7日，日本人发动卢沟桥事变，日本人

① 参见那志良，《故宫五十年》，民主与建设出版社，2019年版。

要占领华北而发动战争。在 8 月 13 日，日本又在上海发动“八一三”事变，发动了对华的全面战争，意图灭亡中国。北平的文物在战争爆发之后无法外移，南京文物数量很多，精品也多。政府的意思和决定是把伦敦展览的一批文物，再加入一些重要的文物，先运到后方去，看看形势，再决定剩余文物的处置方式。这一批文物共有八十铁皮箱，在 1937 年 8 月 14 日，从南京运出，押运人员是庄尚严、曾湛瑶和那志良。爆发淞沪会战，南迁文物从南京再迁至长沙。坐船途经汉口，抵达长沙。但是长沙的情况也不好，因为已经有了空袭，火车站被炸了。政府认为长沙也不安全，还要继续向后方迁移。马衡院长下令立刻转移文物，庄尚严等人便立刻接洽运输工具，马上向贵阳搬运。文物在贵阳城内待了一年，理事会认为贵阳也有可能遭到袭击，这里也不是百分之百的安全，所以要寻找、开凿山洞，把文物存放进去，这样基本稳妥。1938 年冬天，在贵州安顺找到了一个华岩洞，在内建起了房屋作为存放的库房。成立了故宫博物院安顺办事处，是故宫博物院在疏散期间的三个办事处之一，庄尚严为主任。

这八十箱的文物，也就是故宫收藏之中极小的一部分，一万多箱文物还在南京的库房里。马衡院长从长沙赶回南京后，按照政府的命令，安排紧急疏散。接洽船只，抢救运输两千余箱文物按照水陆两条线，先把文物运到汉口，再分两路疏散。一批是从汉口转长沙、贵阳，存在贵阳的安顺。另一批运到陕西宝鸡，经过汉中、广元、成都，最后存在峨眉。七千二百八十六箱文物，由那志良走陇海铁路运至陕西宝鸡。而文物首先是存在西安军队行营里。经过商议，还是要在宝鸡开凿山洞，存贮文物。军队办事雷厉风行，很快就挖出了四个大山洞，但是由于缺乏经验，挖出的洞子经过专家考察，认为都不符合要求。第一是土的结构是立土，挖了后会一块块地掉下来，只能在横土上开洞。再就是挖洞不能太深，要挖一段，等干了再往里挖。所以实验了一下，把一箱子杂志、报纸放入洞穴，没多久就都长毛了，杂志的页都粘连在一起翻不开了，这个挖洞的贮存方法显然行不通。

新的命令很快就又到了，文物还未入洞，便奉命被运至汉中，在军队的帮助下基本顺利。汉中是当时陕西最为富庶的地方，可当工作人员刚安定下来，马上命令便要求把所有的文物运到四川成都贮存。马衡和徐鸿宝都已经抵达成都，选定了东门大慈寺作为藏地。汉中到成都距离为五百六十五公里，途中的五个渡口，都是用木船载汽车过河，因为没有桥梁。但到了成都之后，便又有新的动向。重庆遭到了轰炸，马院长又接到行政院的命令，重庆的文物，在三周内要远离重庆，而存在成都的文物，则要在 1939 年 5 月底之前全部运离成都。最后由驻蓉办事处主任那志良负责将文物都运送到峨眉的大佛寺和武庙。但实际上成都和重庆都遭到了日军飞机的轰炸，所幸是文物并未遭受损坏。故宫博物院的文物，南迁的总数是一万三千四百八十四箱。还有两千七百七十箱文物因来不及运送，滞留在南京。古物陈列所、颐和园、国子监等地的文物，也迁出了大概一万九千五百五十箱。

北平沦陷后，北平故宫仍留有许多文物，沦陷期间工作人员还在继续清点未曾登记的文物，并又广泛征集了一批珍贵文物。战时的临时体制开始实行，重庆是当时政府首都，故宫博物院的总办事处也设在了重庆，便于公务的接洽。院长、总务部门的人，都驻守在重庆。分设了三个办事处，分别是安顺办事处，庄尚严为主任；乐山办事处，欧阳道达为主任；峨眉办事处，那志良为主任。抗战期间还举办了三次展览。1940 年春选提文物一百余件去苏联展览。1943 年 12 月在重庆办过一次书画展览，在中央图书馆举办，展出法书、绘画等历代名家作品。1944 年 4 月在贵州省立艺术馆举行书画展览一次。

1945 年，抗日战争胜利后，文物要返回旧地。北平故宫博物院的院址，要扩大到整个紫禁城，之前古物陈列所和历史博物馆的地址，都划归故宫博物院。古物陈列所原先保管的文物，经历了南迁的就交给南京的中央博物院，在北平的未动的交给故宫博物院。疏散到后方的文物，直接运回北平，国子监和颐和园的文物回北平，古物陈列所箱子直接运到南京。但是由于当时平汉铁路不能正常使用，疏散到后方的文物，只能先回南京。因此南迁文物先集中运至重庆，在重庆装船后出发到南京。1947 年 6 月，南迁文物由重庆沿着水路开始起运回南京，12 月 9 日终于全数运抵，文物又回归中央博物院。

4. 国宝渡海

文物回归北平故宫博物院，扩大了原有的馆址。原来归古物陈列馆的三大殿，现归故宫博物院所有。存于北平而没有南迁的文物，便归故宫博物院接手，整个北平内城的中心就变成了一个博物院。故宫博物院的文物对比文物南迁之前，还收购以及接受捐赠了不少的文物。溥仪在搬离故宫之前，还逐步以赏赐溥杰为名，逐步偷运文物出宫。在伪满洲国成立后，溥仪将盗走出宫的很多文物运送到东北。而日本战败后，东北被苏军管制，溥仪想把这批东西一起运送到国外时在机场被截获。溥仪被捕，但文物却流失。故宫博物院动手晚了，没有得到太多珍品。但获赠了两批比较珍贵的文物。第一批是郭葆昌先生所藏的瓷器。因为郭葆昌先生曾经在袁世凯执政时期，在景德镇为袁督造瓷器，他亲自下到工人的窑里去，每一个步骤都了如指掌，是鉴定瓷器的大专家。故宫博物院成立后，郭葆昌便成为鉴定专家。在文物赴伦敦展览之前，他就把故宫所有的重要瓷器全都过目一遍，选出参展的文物。郭葆昌去世后，他的儿子遵父亲遗嘱，把家里所藏大部分瓷器都捐给了故宫博物院。第二批是德国人杨宁史赠送的铜器，以青铜兵器为主。1946—1947 年，陆陆续续的筹备工作展开，准备迎接重庆的文物回南京。故宫博物院还接收了一批日本归还文物。

1948 年全国范围内解放战争胜利指日可待。故宫博物院接到国民政府命令后，组织文物转运至台。在淮海战役进行到局势明朗的时候，当时的国民政府便召开会议主张将部分南京中央博物院的文物运送抵台。当时任中央研究院历史语言研究所所长的傅斯年也主张将该所的文物一同搬运。最先起运的文物，包括1935年赴伦敦参展的那一批精品，又加入了一些极为重要的文物，这是重中之重。这一批图书和艺术品，在随后运往台湾的精品文物之中。然后再凑了一批其他的各种文物，这第一批总计有七百七十二箱。这一次运输的主负责人是杭立武，他曾向日本索回许多珍贵的图书和艺术品。本次船只是海军总司令部的桂永清将军协助调度的，派了“中鼎轮”担任将文物运送到台的工作。

1948年12月21日，文物在南京下关装船后，在次日离开南京，驶出长江入海而去。中央研究院李济率队，故宫博物院庄尚严、刘奉璋、申若侠等押运。还有中央博物院、中央图书馆、中央研究院及外交部的工作人员随行，于12月26日抵达基隆港。这七百多箱包括“国立故宫博物院”文物三百二十箱、中央博物院筹备处二百一十二箱、中央研究院历史语言研究所一百二十箱、中央图书馆六十箱、外交部重要档案六十箱。这些文物中有故宫博物院南迁文物、“国立中央博物院”筹备处文物、“国立中央图书馆”善本图书、中央研究院历史语言研究所考古文物、外交部档案。文物运到台湾过程中的决议，是故宫博物院、中央博物院、中央图书馆、中央历史研究院语言研究所、外交部五个机关的联合办事处做出的。抵台后，中央研究院历史语言研究所由于已经迁来台湾，便撤出了联合办事处，其余的四个机关便成立了“中央文物联合保管处”。1949年7月31日，杭立武已经担任了教育部部长，带着政府的决议，把故宫博物院、中央博物院筹备处、中央图书馆以及中华教育电影制片厂四个机关暂时合并为“国立中央博物图书院馆联合管理处”，杭立武担任委员会主任委员，每一个单位便是一个组。

南京国民政府还下令留在北平的故宫博物院院长马衡将留在北平的文物菁华装箱，分批空运到南京，马衡院长则以各种理由推延装箱，最后一箱也未运走。

1949年1月6日，第二批文物准备出发，这一次由于军舰过于繁忙，只能改用招商局的海沪轮于南京下关出发。海沪轮1月6日离港出海，在1

月 9 日到达基隆。这一批运送的文物共计有三千四百八十四箱（包括“国立故宫博物院”一千六百八十箱、中央博物院筹备处四百六十八箱、中央研究院历史语言研究所八百五十六箱、中央图书馆四百六十二箱、北平图书馆明清舆图十八箱）。

第三批文物由昆仑号军舰于 1949 年 1 月 29 日运出，2 月 22 日运抵基隆港，共一千二百四十八箱。这一次的运送只有故宫博物院、中央博物院、中央图书馆三个单位参加。第三次原本计划搬运两千箱（包括“国立故宫博物院”一千七百箱、中央博物院筹备处和中央图书馆各一百五十箱），但军舰一到海军部海军方面知道有去台湾的船就率眷属抢先涌上，占满了一个舱房。剩余空间最多也就装五百箱。杭立武多次劝导人们下船无效，最后只好找海军司令桂永清协调。由于时局已经非常紧张，军部家属们都抱着逃生的心情，死活不肯下船。总司令来到现场，面对的都是老下属家眷们的一片哭声，最终也只能黯然收场，实在不忍强行劝导。最后桂永清只得让舰长打开官兵卧舱，并拆除办公家具，尽量容纳人们。尽管这样运输舰的舱位还是不能把两千箱文物尽皆容纳，最后只运出了一千二百四十八箱（其中包括“国立故宫博物院”九百七十二箱、中央博物院筹备处一百五十箱、中央图书馆二十八箱）。还有无法带走的“国立故宫博物院”七百二十八箱、中央图书馆二十八箱文物只能留在南京。赴台的文物运输便到此为止。

解放战争后期，中华民国政府迁运台湾的文物本来计划运送五次，但战争形势突变，最后只运了三次。这里面有北平故宫博物院两千九百七十二箱文物，还有中央博物院八百五十二箱书画、瓷器、玉器，再加“国立北平图书馆”的善本图书和外交部条约档案等共五千四百二十二箱。南京还剩一万一千一百七十八箱故宫文物。这些被运走的文物在 20 世纪 50 年代被运回北京故宫，还有两千多箱暂存南京至今。为阻止文物迁台，南京中央博物院共产党员陶孟和曾发动群众阻止，但未成功。

运送到台湾的三大批文物，都是先在基隆登陆，后迁至台湾台中市，暂时借用台中糖厂的仓库贮存。这一次运抵台湾的三批文物，法书有九百零六件，名画三千七百四十四件，碑帖有二百九十件，缂丝二百二十四件，成扇有两百九十四件，合计五千四百五十八件。抵台的铜器、铜镜、铜印总数两千三百八十二件，瓷器一万七千九百三十四件。抵台的图书还有一千三百三十四箱。抵台的文物比起南迁时候的数量差了很多，只是拣取重要的运了过来。

杭立武是教育部部长，在文物安顿好之后，便向行政院提请把迁台的故宫博物院、中央图书馆、北平图书馆、中央博物院筹备处、中华教育电影制片厂合并，这是暂时的举措，合并后称为“中央博物院馆联合管理处”（简称联管处，在 1949 年 8 月 31 日正式成立）。联管处成立后内分设四组：故宫博物组、中央博物组、中央图书组、教育电影组。然后便是抓紧进行编造运抵台湾的文物清单。然而由于台中糖厂实际并不适合存贮文物，因此联管处决定去台中县雾峰乡吉峰村北沟山麓作为新的文物存贮地。联管处在与当地地主林攀龙洽商后以四万一千二百元台币租用了北沟的一块地方及地上建筑，在 1950 年将文物又从糖厂迁至北沟新驻地。

这批文物迁到北沟后，由于文物名气太大，引得国内外各个阶层的人们都来参观，还精选文物赴美做过展览。但北沟偏僻，交通极为不便。虽然展览室可以把一部分东西陈列，但还是不能满足正常需要。因此在台北修建一个新馆便提上日程。今天的台北故宫博物院就选址于台北近郊外双溪的小山之下，这里树木葱郁，四周环山，是台北近郊的风景优美之处。目前它坐落于台湾省台北市士林区至善路二段 221 号。新馆开始建造于 1962 年，1962 年 6 月 18 日举行的奠基仪式。在 1965 年夏建筑主体基本完成。新馆初建时四层馆舍总面积约七千二百零四平方米。

台北故宫博物院的决策监督机构是委员会。第一届的主任委员是王云五，常务委员并委员共 34 人。博物院内部分为古物组、书画组、总务处、出版室、秘书室、安全室等部门。第一届院长是蒋复璁，副院长是何联奎和庄尚严。在 1965 年 11 月 12 日，恰逢孙中山先生百年诞辰，台北故宫博物院便选择了这一天作为开幕典礼。12 月份，存放在台中、北沟的文物，才开始启动运往台北。自此，自大陆运输过来的“南京国立中央博物院筹备处”“国立北平故宫博物院”“国立北平图书馆”等的藏品，包括 1949 年之前来自北平故宫、南京故宫、沈阳故宫、避暑山庄、颐和园、静宜园和国子监等处的皇家旧藏便“入住新家”。台北故宫博物院馆藏的先秦青铜器，以及历代玉器、陶瓷，还有古籍文献、名画碑帖均规律展出。展馆每三个月更换一次展品。到 2014 年底为止，馆藏文物接近七十万件。

第一节 概况

晚清的文物市场中，官员的收藏占有很大份额。晚清官员的收藏对象有中国金石书画以及部分金石拓片。西风东渐是这一时期的特点。不少官员对西方文化充满兴趣，开始收藏西方的艺术品。曾纪泽曾经出任过清朝驻英法俄大臣，他就喜好下洋棋，看洋书和洋画。他出使欧洲的过程中，参观西方的画廊、博物馆。曾纪泽在欧洲购买了一些价格低廉的油画和艺术复制品，在法国，曾到画店里购买一些假油画，比德国的便宜很多。曾纪泽还尝试着画油画。在 1886 年回国之后，曾纪泽便用欧洲带回来的洋画来装饰自己的居室，像他这样喜爱西画的官员为数甚少。[①]

晚清的高级官员里面，收藏金石书画是非常普遍的现象。很多高官的收藏称不上出名，但当时多少都会收藏一些金石书画。翁同龢在他的日记中记载，请客人来家里吃饭，经常在茶余饭后展示自己的藏品，宾主一同赏玩。[②] 翁同龢、倪文蔚、朱寿镛、徐郙、沈秉成、孙家鼐等官员，在他们聚会的时候都会携带自己的字画来共同观赏。这些信息都是通过翁同龢的日记记载下来的。

洋务运动的几位核心人物，如李鸿章、盛宣怀都富有收藏。陆恢（1851—1920）是吴大澂生前的幕僚，他在吴大澂逝世后，便为盛宣怀和庞元济的

① 参见曾纪泽，《曾纪泽日记》，岳麓书社，1998 年版。

② 参见翁同龢，《翁同龢日记》，上海辞书出版社，2020 年版。

收藏活动提供鉴定等技术服务。谈到金石和书画，还具有不同的收藏特点。青铜器是出土古物，由于田野考古学在晚清还未进入中国，数量较传世的书画少很多，收藏的人也不多，很多是下级或地方发现赠送给官员的，还有家族递传的，基本都是市场交易获得。青铜礼器在晚清已经不再生产，而书画就不同了，文人们一直参与创作，是活着的艺术。中国古代的文人特点是各种素养齐全，并且多入仕途。因此一个文人可以是官员、收藏家、鉴定家、艺术家等。对他们来说，吉金是上古遗物，商周的古物，而绘画除了是古物，也可能是近世人甚至当代人所作。书法和绘画差不多，而且在文人圈子里，书的地位更高，用途更广阔，可以作为应酬的礼品。

经济是限制收藏的硬性条件，收藏古代文物的肯定是极少人群。吴大澂、潘祖荫等人在晚清属于凤毛麟角。而在日常生活中，作为中国社会精英，文人群体自上而下都在消费着大批“当代艺术品”。而翁同龢、吴大澂、潘祖荫等前述文化精英，不断创造着书法或绘画作品，这其实是在为后世“创造文物”。他们的作品，在今天拍卖会上都已经成为文物市场上、拍卖会上的成交价格标杆，然而购买者却是现代社会中的财富拥有者，而大多数不是类似晚清时期的官员藏家。

金石收藏成为晚清的收藏主流。但价值判断的主要根据不是原物，而是拓片。双方成交前彼此先根据拓片来研究是不是需要购买。因为很多买主并不是同城，在清早期，很多买主并不离开居住地，便能够在全国的范围之内取得金石。如乾嘉年间的张廷济，他居住在浙江的新篁里。他的寓所不在大城市，但他通过赵魏、宋葆淳等金石圈子里的朋友，以及通信等手段，购得了相当可观的藏品。和当时州府级的高官、金石大藏家阮元等人建立起了互相著录藏品的关系。张廷济著有的《清仪阁所藏古器物文》（图 5-1）是他金石收藏的著录。而张廷济本身科考到解元便终止了，也没有出仕。居于一隅，便通过金石买卖，和阮元这样的大员建立起如此关系，说明在清代金石收藏在士人圈子里是多么时尚，已然打破了官阶身份，成

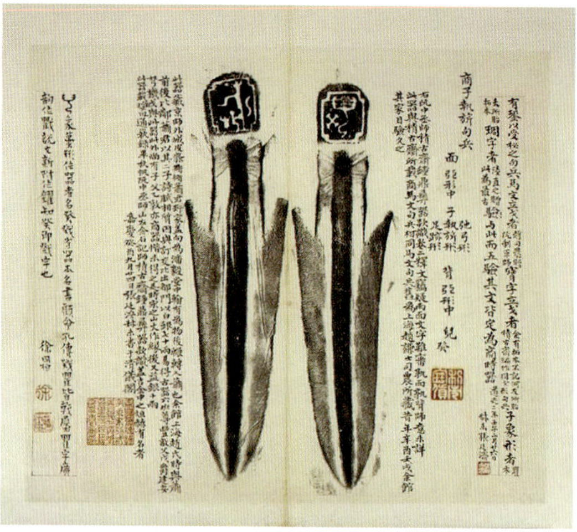

图 5-1 《清仪阁所藏古器物文》

为社交的另一渠道。

晚清则金石收藏更盛，而且在鸦片战争后，人口和清代早期相比大大增加，人口稠密的地区，交往更为频繁。再就是通信的便利程度也有所提高。西方的邮政系统和交往观念进入中国。以陈介祺为例，他曾经在京任职，后来致仕回故乡山东潍县。他和京城的故交保持密切联系，因此需要大量通信。鉴于自身经济实力雄厚，便派出专足往返于京潍两地，传送书札。京中故交们特别喜爱陈介祺制作的金石拓片，经常索取。陈介祺一月派专足一次，便要花费一万钱，而如果是分摊几个收信人，就可以分摊一下路费邮资，这是比较经济划算的。比如有一次，陈介祺请送信人傅冬将金石拓片带去北京，给鲍康、王懿荣、潘祖荫、吴大澂等人。邮资就由上述几位均摊了。其中吴大澂情况特殊，他在西北陕甘学政任上，没有专足过去，只能从北京再转寄到陕西。①

从国家博物馆所藏的陈介祺和王懿荣的信札来判断当时的通信速度。从山东到潍县，走陆路是五百公里左右，快的话，需要十天，甚至更久。当然还要看送信人是不是在写信人写完信就正好出发，所以从写好信，到对方收到的平均时间大概在十二天左右。这个速度在当时已经是非常快了。陈介

① 参见白谦慎，《晚清官员收藏活动研究：以吴大澂及其友人为中心》，广西师范大学出版社，2019 年版。

祺的专足，是从大概今天山东东营的黄河出海口坐海轮，经过渤海，到达天津，从天津再前往北京。当时中国的沿江、沿海地区，普遍使用蒸汽轮船，这就大大提升了交通速度。而且轮船的运输量很大，成本就低，尽量走水路是送信人比较普遍的选择方式。陈介祺也和南方主要是苏州友人通信，通信频繁程度和北京不能相提并论。一般是派专足将信件送到扬州，再由扬州友人转送吴云。吴云是湖州籍的官员，致仕后长期居住苏州，江苏巡抚和布政使的官署就在苏州，巡抚、布政使、按察使是省级官员中最重要的“三大吏”。吴云和江苏首府的这些官员关系密切，因此经常借助官方的邮寄系统来夹带一下私信。这样相对私人信使更加稳妥，也快捷。吴大澂和吴云的通信经常是走这一渠道。

19 世纪没有学术刊物和研讨会的形式，但这些金石藏家彼此的信札内容，包含的学术信息极为丰富。再加上通信不如今天这样便利，成本相对较高，往往一封信札便很长。陈介祺给鲍康的信往往七八页或者更多。超过千字的文言文信札，和白话文不同，包含的信息量就很大了。这些都是今天研究当时收藏史的宝贵材料。

古董成交后，进入付款步骤。同城付款和异地付款不同。小额的异地付款好办，大额的就不能用现银交易。而且在兑换银两的标准上还有地区性的不统一。银两的重量和成色标准还各有不同，所以在付款上，和我们所生活的现代社会差别极大。银行和钱庄在当时的交易中就益发重要。再就是牵涉到古物的运输问题。古董成交后买卖双方彼此间要发货，当时并没有今天的运输工具和物流系统。再就是很多官员并不是就在一地任职，要将心爱古董运送到自己的为官之地，也需要可靠的运输渠道。

1870 年，大盂鼎（图 5–2）从陕西运送到北京，是晚清金石圈里极有影响力的事件。甘陕总督左宗棠在 1873 年冬天从西安袁保恒（袁世凯叔叔）手中购买了大盂鼎，送给在京师为官的潘祖荫。这缘于潘祖荫当年对左宗棠被构陷时候的挺身相救，还出于左宗棠谋划收复新疆的政治谋略。潘祖荫家

图 5-2　大盂鼎

族世代在京师为官，是皇帝近臣。以报答解救之恩献鼎，还可以为他日后的收复工作获得朝廷支持，可谓一举两得。大盂鼎高 101.9 厘米，口径 77.8 厘米，重 153.5 公斤，在当时算是巨大的货物了。要从陕西运送到北京，路途遥远，陆路又极为不便，最后动用了袁保恒掌管军粮运转的权力，历经数月方运到京师。此事轰动了当时的金石圈，潘祖荫对大盂鼎是垂青已久，得到之日便制作拓片广赠友人。如吴昌硕、杨守敬便得沾惠泽。杨守敬还在大盂鼎铭文拓片上作了题跋："此器之大，罕有伦匹，袁侍郎保恒从关中以数十健卒扛抬入都，以赠潘郑盦者。余适在都中，亲见其事。余亦得数拓本，未及此之精也。甲寅春仲，邻苏老人记。"

上述这是一著名案例，在当时，高官藏家利用官方资源运输古董的事迹非常普遍。吴大澂就求陈介祺在山东为他代收数目可观的古陶器，委托王念劬和李海帆来操办汇款、海路运输的事务。吴大澂在吉林任职时期开始撰写他学术上的力作《说文古籀补》。根据先秦的古陶器文增补了《说文解字》里没有的字。陈介祺为吴大澂代购陶文后的 1883 年，该书刊行。这凸显出当时信息的传递活动对于学术活动的推动力。古董商当然可以把东西带到收藏家聚集的地方如北京、苏州去，但那加上运费，价格肯定要比原地购买贵不少。像潘祖荫等政府官员，在委托别人购买青铜器之前，一定是提前计算了运费的。如果从北京专门派人去山东取，运费就得多出十多两银子来，但要可以利用官方资源，那就大不一样了。在出土地买还有好处就是竞争力小，价格肯定比古董商在北京、苏州这种藏家聚集之地要低多了。

1874 年左宗棠派军士运送大盂鼎到京师，两年后，1876 年淞沪铁路正式通车运营，这是英国人建造的中国第一条铁路。1905 年吴大澂已经逝世三年，詹天佑主持设计的京张铁路开工。晚生几十年的收藏家，在运输大盂鼎这样大型文物时，就会更为经济划算。并且在吴大澂的孙子吴湖帆写的日记里，我们得知进入中华民国后，政府努力将币制进行了统一，古董的买卖基本使用银元结算了。

图 5-3　吴大澂

吴大澂（1835—1902）（图 5–3），初名大淳，字恒轩，江苏省吴县（今江苏苏州）人。清末光绪年间最高任职为湖南巡抚，带领清朝军队参与 1894 年甲午中日战争，兵败后被革职永不叙用。之后以学者、金石学家、书画家鬻技糊口。晚年号愙斋，著有《愙斋诗文集》《说文古籀补》《字说》等，金石收藏方面的著作有《愙斋集古录》《古玉图考》《权衡度量实验考》《恒轩所见所藏吉金录》《十六金符斋印存》等十余种存世。家藏颇为丰厚，吴湖帆即其孙，继承家藏及家学，亦为一代书画、鉴藏大家（图 5–4）。

图 5-4　《吴大澂题鼎彝八轴》

清末民初中国美术有北京、上海、广州三个中心。清末民国北京的美术界，以宫廷文化圈辐射下的画家为创作主力。上海的书画传统根植于江南地区文化圈四王、吴、恽的传统，基于这种传统发展，并固守着这种传统的审美趣味。鸦片战争之后，上海和广州都是对外通商的城市，商品经济繁荣，又面临西方文化的植入。清末民初上海地区画坛的代表人物有陆恢、吴徵、顾麟士、冯超然、吴湖帆。这些画家都是很典型的文人画家，大都出身书香门第，且多仕宦后裔，经济上富有，雅好收藏，精于鉴赏。鉴藏界同样也有京津地区、上海地区、粤港地区三大鉴藏家群体。京津地区以皇室和权臣的收藏为中心。有如溥儒、端方、完颜景贤等著名藏家，也有张伯驹这样的官商收藏家。海派收藏群体主要基于江南文化圈的官宦以及有实力的新兴实业家。像吴湖帆、张大千、谢稚柳、庞元济、徐俊卿、张石圆、钱镜塘等人。这些藏家以研习传统为核心趣味，经济富有。新兴的收藏家如谭敬等常借助他们的眼力购藏作品。

第二节　书画收藏

完颜景贤是满族人，清末民初是北京书画数一数二的大藏家，和端方交往甚密。有《三虞堂书画目》(虞世南的《孔子庙堂碑》册、《汝南公主墓志铭稿》卷、《破邪论》卷)。《画目》内录有一百四十六件书画作品，注明了该物品的藏处，八国联军侵华后便都散失掉了。完颜景贤藏有传为张僧繇的《五星二十八宿神形图》(上有唐梁令瓒题字，目前学者多判断为宋摹本，张伯驹认为是唐画)，现已然存于日本大阪市立美术馆。完颜景贤去世后，个人所藏精品都散失了。很多作品在《三虞堂书画目》中著录过的，比如王献之《东山松帖》卷、欧阳询《阴符经》卷、王诜《颍昌湖上诗蝶恋花词》卷、张温夫《金刚经》册、赵孟頫《宝云寺记》册、吴道子《观音像》

轴等，都是在庚子丢失，后流入日本。①

民国初年，鉴藏书画的风气渐浓。但书画都以清代名家价格为上限，宋元时期的作品年代久远，能够有眼力鉴别的人太少。因此当时在收藏市场上书画价格最高是刘墉、翁方纲、铁保以及“四王吴恽”。民国初年后，张伯驹、溥心畬、衡亮生、邵禾父、宝瑞臣、袁珏生、朱翼庵、杨荫北、关伯珩、叶遐庵、颜韵伯、汪向叔等鉴藏家兴起。张伯驹著有《丛碧书画录》，关伯珩著述《三秋阁书画录》，汪向叔著有《麓云楼书画记略》。1931 年，在日本东京举行中国唐宋元明清书画展览会，这样一来，便抬高了宋元书画的市场价格，流向海外的古代书画日益增加。

上海自开埠以来，面临着西方文化涌入以及江浙地区的文化传统融合。由于自身优势和政策的倾向，上海逐步成为全国经济中心。经济文化的繁荣，使得原本便十分富有的江南地区传统书画收藏，在上海画坛形成密度更高的书画鉴藏圈。画家、收藏家云集，频繁交流，是上海成为美术收藏中心的动力之一。今天看来“海派”的称呼不是按画家籍贯，前海派的代表人物虚谷、胡公寿、任伯年、赵之谦都不是上海本地人。包括后海派的旗帜人物吴昌硕、王震等也不是上海籍，是江浙各地聚集到上海文化圈中来而已。近代上海几位具有影响力的鉴定家、收藏家如吴湖帆、钱境塘、庞莱臣、张大千等也过从甚密，形成一个相对固定的群体，并培养出下一代的鉴藏家，如王季迁等。

图 5-5　吴湖帆和夫人潘静淑

吴湖帆（图 5-5、图 5-6）在新中国成立前曾在上海画坛被尊为一代盟主，常居于上海闹市中心嵩山路 88 号的“梅景书屋”。他是吴大澂的

① 参见张伯驹，《烟云过眼》，中华书局，2021 年版。

图 5-6　吴湖帆和家人

孙子，祖籍江苏吴门，为累世簪缨之家。和祖父吴大澂官员、学者为主的身份不同，在他的多重身份中，最著名的是画家。他也是书法家、鉴定家、收藏家和词人。明清以来苏州便在文化积累方面领先全国，吴湖帆继承家学，后移居到商业文化中心上海。吴湖帆的画名扬全国。他早年与北京的旧王孙画家溥儒合称为“南吴北溥”，还与张大千并称过“南吴北张”。在海上画坛他又与吴子深、吴待秋、冯超然合称“三吴一冯”。是传统文人画法的权威代表。

吴湖帆的收藏大概来源有四。第一批是继承祖父吴大澂遗藏。第二批是夫人潘静淑陪嫁。潘氏曾祖潘世恩为道光首辅，位极人臣。祖父潘祖荫为光绪朝军机大臣，族人为官入史者数十人，潘家世代书香，为名门望族。潘静淑出嫁时携有宋拓欧阳询《化度寺塔铭》《九成宫醴泉铭》《黄甫诞碑》。合吴湖帆藏品欧阳询碑刻拓本《虞恭公碑》，吴家便有了“四欧堂”。子嗣名中都有“欧”字，分别为：孟欧、述欧、思欧、惠欧。1922 年潘静淑 30 岁生日，干支为辛酉，和宋景定年（1261 年）刻本《梅花喜神谱》干支恰巧相同。潘静淑父亲潘仲武将此本赠予爱女。吴湖帆“梅景书屋”中“梅”便源于此。此本《梅花喜神谱》为宋代嘉熙年间（1238 年）宋伯仁著并初刻，是中国版画史上现存最早的专题性画谱。此书分为上下两卷，100 幅梅图中表现了梅花自蓓蕾状态到雪中盛开的过程，有蓓蕾、小蕊、大蕊、欲开、大开、烂漫、欲谢、就实等不同状态描绘。并配有题名和诗句，文物价值、艺术价值都无可替代，该本现存于上海博物馆。

第三批藏品则来源于吴湖帆外祖父上海川沙县清末大儒沈韵初馈赠。沈韵初曾官至内阁中书，经史子集精通并富于收藏。吴湖帆母亲沈静研幼承家学，治学雅艺均修为极高，对吴湖帆影响深远。外祖父旧藏隋朝的《常丑奴墓志》宋拓本，曾是清代扬州八怪金农的旧藏，后沈韵初赠予吴大澂，吴大澂传给吴湖帆，后吴湖帆便有了“丑簃”之号。后来潘静淑又得隋《董美人墓志》宋拓本，吴湖帆爱不释手，甚至置于卧榻，睡前把玩，自嘲“与美人同梦”。得此二物后自刻章“既丑且美”。第四批便是吴湖帆自己的收藏。“梅景书屋”所藏历代书画的量，和一座中等规模的博物馆差不多。吴湖帆亲自撰写的《梅景书屋书画目录》手稿，现存于上海图书馆古籍部，著录的作品应该是吴氏早期收藏，因为米芾的大字行书《多景楼诗帖》并没有出现在其中。“梅景书屋”中“景”字，就源于该帖。

20 世纪三四十年代的书画鉴定界，对吴湖帆有“一只眼”之美誉。1929 年 4 月 10 日，国民政府教育部在上海举办第一届全国美术展览，吴湖帆任全国美展常委。1934 年，吴湖帆以上海博物馆筹备委员及董事身份接受故宫邀请，前往北京鉴定文物，并任故宫评审委员。1935 年，故宫博物院藏品赴伦敦展览前在上海预展，吴湖帆以审查委员的身份负责整理。1937 年 4 月 1 日，第二届全国美展在南京举办，吴湖帆曾去南京观摩历代作品。

以吴湖帆为代表的此类画家的创新观念基于他们家族富有的书画及古物收藏。当时不像今天数字化的材料如此丰富，更没有博物馆等公共文物展览机构。因此藏品对画家创作的制约非常大。如手头有丰富的材料，便可以从中有新的领悟，而改良绘画技能，提升绘画效果。这一脉画家在“四王吴恽”的传统中，想要创新，当然不是对现有风格打破，采取“扬州八怪”那一路画法，而是往前代追溯，直接从四王所师承的宋元画家中去寻找新的风格因素。在古画中寻找突破这一方面，当时吴湖帆的成就最为突出。吴湖帆的画法，早期全出于“四王吴恽”。1930 年代吴湖帆便开始变法。他在画作中多出现的崇山峻岭，云雾弥漫，刻画的写实树木造型，都是从宋画中找到的新东西。1930 年代是吴湖帆独创新法的时期。主要路线是融水墨青绿为一体，他在 1935 年鉴定中有一次偶然发现对他画法进展有着很大推动。

1935 年，吴湖帆被有关方面请任审查委员，去鉴定故宫文物。这一批运抵上海的是要赴伦敦展览的文物，8 月份出国之前在上海先预展。吴湖帆在鉴定南宋赵千里所绘的一幅青绿山水时，有一块碎片从画上脱落下来。也就指甲盖大小的一块绢，日久变脆碎掉了。当时上海最有名望的裱画师刘定之来修复破损处。吴湖帆在同时琢磨破口处的时候，发现了碎片边缘有着极为丰富的色彩层次。在这样层层叠叠的层次叠压下，无法看清到底有几层，经过显微镜放大观察后发现有七层重叠的色彩。从碎片反面观察，还能看到后面衬画了一层石绿。自此吴湖帆才得以了解宋代青绿山水的奥妙。由此他的绘画进入一个新境界。吴湖帆 1930 年代晚期的青绿山水色彩富于变化，就源于他在鉴定过程中的新发现。由于他从事鉴定和收藏主要是为了自己的绘画创作服务，频繁的鉴定工作便成为当时绘画技巧得以飞跃的契机。①

抗战时期吴湖帆家藏很多流入上海租界之中。1938 年吴湖帆卧病在家，上海汲古阁主人曹友卿携带了一幅《剩山图》(亦称《胜山图》) 请他鉴定。吴湖帆从画风、笔法、骑缝印以及焚烧后的痕迹判断出这是黄公望的《富春

① 参见刘丹青，《吴湖帆的<丑簃日记>与书画鉴藏研究》，中央美术学院 2003 级硕士学位论文，导师赵力。

山居图》真迹。用家中所藏商周彝器换得了该图。《富春山居图》清初属于荆溪吴冋卿所藏，甚为珍爱，欲临终时焚毁“带走”。其侄子吴静安从火中抢救出来的时候该画已经焚烧成两段。吴湖帆得到的是前半段。后经供职于浙江省博物馆的沙孟海出面，请钱镜塘、谢稚柳等从中沟通，吴湖帆将此画捐出，现存浙江省博物馆。《富春山居图》的后半段现存于台北故宫博物院。

吴湖帆的“梅景书屋”《丑簃日记》中与吴湖帆交往甚密的鉴定家涵盖了当时海上最为称道的鉴定巨眼，包括张葱玉、蒋毅孙、潘博山等人。在这些人中，吴湖帆最为肯定的是张大千。

张大千（1899—1983）被徐悲鸿誉为“五百年来第一人”。然而张大千早年的润笔费不高，经济窘迫、画作销售受阻的情形之下，张大千将经纪古画和作伪当作生活的重要经济来源。张大千二哥张善子在 1926 年还去东洋留学，家境还是富裕的。张大千早期是深受二哥的艺术影响的。张大千的二哥张善子曾经说张大千“甑无米、榻无毡、弗顾也”，描绘出张大千在收藏上的执着。早年张氏在上海拜师曾熙和李瑞清。二人都是政治上的保守派，以前清遗老身份寓居沪上。二人精于鉴赏、书画，也颇富收藏，尤其是石涛和八大山人的作品，石涛是张大千最喜爱也是用功最深的画家，甚至有人认为他功力已在石涛之上。张大千从老师那里饱览名作、勤于临摹，不仅获得了一手仿古绝技，而且还爱上收藏。张大千的朋友冯若飞对他有“富可敌国、贫无立锥”的评价，因他只要是遇到厚爱之作，是绝不吝惜成本也要购入。张大千也将“富可敌国”“贫无立锥”刻成两方闲章，并且又加上两句“一身是债，满架皆宝”。

抗战爆发之前，张大千就收藏了 24 箱古画，以明清为主，石涛和八大山人又在其中占主流。他曾经自称收藏了石涛的珍品 500 幅。1944 年他门人为他编了藏画目《大风堂画目》，记录所藏精品古画约 200 幅，石涛作品 40 余件，八大山人作品 31 件。1955 年《大风堂名迹》（共四集）在日本刊印，石涛作品占了其中一集。张大千的收藏来源主要有二。第一批是抗战之前搜集得来，以明清字画为主。张大千抗战前所藏古代绘画作品留在苏州网师园有一部分，这批东西在1937年日军攻占苏州期间被毁掉。还有一部分藏品他带到了北京，连同他在北京的24箱藏品，由外国友人海斯乐波帮助寄存，几经周折自京转沪，又从上海转到香港，从香港转运回四川老家。这批作品中最著名的有毕宏《雾锁重关图》（图5-7）、易元吉《槲树双猿》等。后来张大千去敦煌临摹壁画两年零七个月，欠下巨额债务，便不得不卖掉这一批古画。1944年3月在出售藏品之前，“张大千收藏古画展览”在成都祠堂街四川省美术家协会举办，展出张氏所藏唐代到清代古画170余件，覆盖了巨然、苏轼、赵孟頫、黄公望、文徵明、石涛等历代名家名作。展览后张大千便忍痛割爱，卖画抵债。

第二批是抗战结束后东北伪皇宫散出来的“东北货”。抗战胜利后，张大千由四川抵达北平，想用500两黄金购得一处清室某王府的旧居，恰逢其时，长春伪满皇宫流出了一批旧皇宫的镇库珍品。张大千便把原定购房的资金转而投于书画市场。购得的这一批作品中有今天如雷贯耳的董源《潇湘图》和顾闳中《韩熙载夜宴图》（图5-8）。除此之外，还有如宋人《群马图》《溪山无尽图》，元代钱选《明妃上马图》、姚廷美《有余闲图》，明沈周临《铜官秋色图》，南宋张即之《杜诗二首》、赵孟坚《自书梅竹三诗》，以及赵孟頫、张羽、李东阳、倪元璐等人墨迹。其中《潇湘图》《韩熙载夜宴图》几经周折，由香港被中间商转售回内地，现存北京故宫博物院。张大千携带横渡大洋、伴随他生命最后一刻的“大风堂”另一镇库之宝：五代董源《江堤晚景》（图5-9）。该图是他以500两黄金和20幅明代绘画换到手的。画后有溥心畬、吴湖帆、叶恭绰、谢稚柳、庞莱臣等一众好友鉴定题跋，并钤有“至宝至宝”“大千之宝”“张氏宝藏”“东西南北只有相随无别离”“骨肉情”等极为少用的印章，可见他对其无可复加的珍爱。

张大千和吴湖帆关系密切，且类型接近，都是以鉴藏来推动创作。他每日临摹，摹本蒙骗过如黄宾虹、陈半丁等一流巨眼。张学良收了很多石

图 5-7 《雾锁重关图》

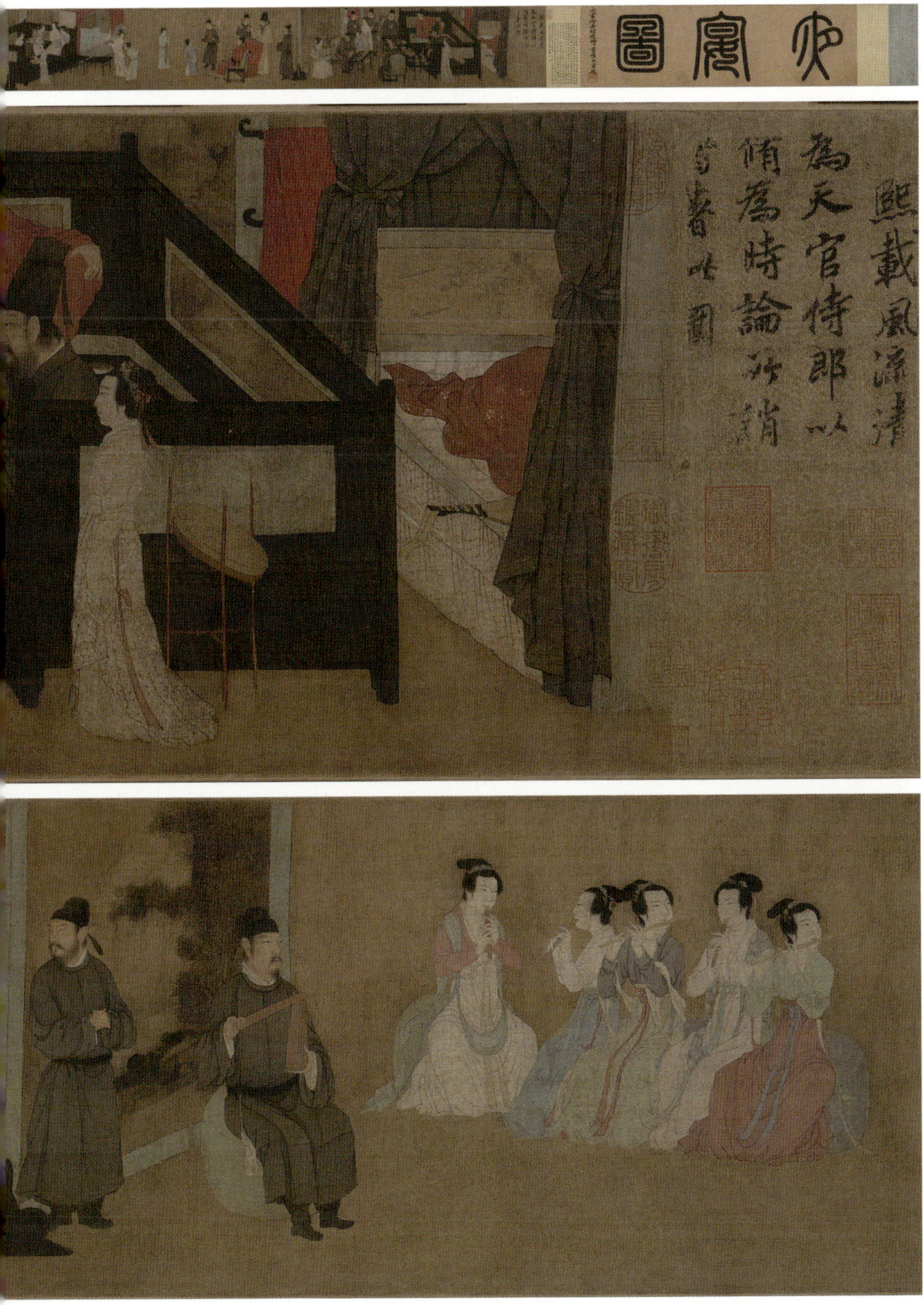

图 5-8 《韩熙载夜宴图》及局部

涛和八大山人的画，然而后经内行人点破，才知道许多是张大千的仿品。赠予了张大千“仿石涛专家”的称号。直到今天很多人认为张大千的传世经典是他仿石涛的作品而非他所创泼墨、金碧山水。业内赠予其“假石涛”的雅号。张大千在台北逝世后，夫人徐雯波遵其遗嘱，将“大风堂”精品捐献给台北故宫博物院。这里面包括古代名迹74件。张大千在美术史上留下诸多传奇故事。画名掩盖下作为收藏巨擘的他又为后人贡献出许多珍奇的藏品。在20世纪的拍卖市场上，他的遗作价格创下了历史纪录。这些事迹共同烘托出一个更为传奇的张大千。

图 5-9 《江堤晚景》

叶恭绰（图5-10）（1881—1968）在近现代鉴藏界和吴湖帆、张大千、张葱玉是同一级别的鉴定巨眼。叶恭绰祖籍浙江，父亲中年早逝，他在祖父膝下长大。祖父叶衍兰（兰台）是广东大儒，清末的翰林，官职户部郎中、军机处章京等。叶恭绰出生于北京，后入京师大学堂仕学馆，23岁便担任了湖北农业学堂、方言学堂以及两湖师范学堂教习。1906年捐通判官职，叶氏在清廷官运亨通，任职邮传部，担

图 5-10 叶恭绰

任路政官员，曾任铁路总局提调和卢汉铁路督办。在辛亥革命后与孙中山先生为挚友，孙中山计划在中国铺设 20 万公里铁路，曾任铁路督办的叶恭绰对孙中山推崇备至。站在今天角度审视叶恭绰的一生，其成就大致可分前、后两段。前半段（20 世纪 30 年代之前）随孙中山从事革命、教育事业，推翻帝制建立共和。后半段告别政坛从事文化艺术事业，尤其是在艺术收藏领域，堪称是当世一流大家。

1929 年叶恭绰和朱启钤组织了营造学社，和朱祖谋等组织词社，还和龙榆生创办了《词学季刊》。同年兼任故宫博物院理事，后在中英庚款董事会中担任董事，抗战爆发后居香港避乱。中华人民共和国成立后叶恭绰任中国画院院长，中央文史馆副馆长，文字改革委员会主任委员。叶恭绰收藏的精品有著名的青铜器毛公鼎，王献之的《鸭头丸帖》，褚遂良《大字阴符经》，北宋法能和尚《五百罗汉图》长卷，宋赵子固《春兰图》，元王振鹏《金明池》，王羲之《曹娥碑》（唐摹本）等。还收宣德炉 300 多具，因此有“宣室”之号。他在中华人民共和国成立后任职时，正值国内各地筹建博物馆，王献之《鸭头丸帖》、高闲和尚《千字文》等，都售给了上海文管会。

图 5-11　庞莱臣

庞莱臣（图 5-11）（1864—1949）本名元济，莱臣是他的字，号为虚斋。庞氏祖籍安徽，生于浙江吴兴，家族财富量级属南浔“四象”之一。由于家境极为富裕，庞元济青年时从商，继承父业。他先在杭州和丁丙等人开设世经缫丝厂，后转让给李鸿章儿子李经方。后于上海开办了龙章造纸有限公司，在抗战前夕转让给同属南浔“四象”的张家后裔张静江。他还在苏州和杭州等地开设典当行，并拥有大量的房地产。凡此种种，都为他成为大收藏家奠定了雄厚的经济基础。抗战时期他便在上海闭门不出，专心把玩藏品。庞莱臣曾经刊印过三部藏品目录:《虚斋名画录》《虚斋名画续录》《中华历代名画记》。郑孝胥为1909年刊行的《虚斋名画录》作序，其中著录了历代藏画538件。唐宋元三代的名迹大概占了三分之一，像贾似道、赵孟頫、项元汴、安岐、梁清标等历代收藏大家的作品数量很多。还有像宋内府宣和时期、政和时期的藏品。清代内府三希堂、《石渠宝笈》所藏的珍品也有收录。这一阶段的收藏品中，名头大的有唐代阎立本《锁谏图》、唐代韩幹的《呈马图》、五代董源的《夏山图》、宋徽宗《雪江归棹图》、宋李公麟《醉僧图》、宋米芾《云山草宅图》等。郑孝胥评论该书仿照《江村销夏录》的体裁著录了虚斋阶段性的藏品，收藏水平已经远超前人。

《虚斋名画续录》是16年后，庞莱臣根据自己接下来这些年陆续的收藏，再次编目形成的一部著录。这一次补录了195件书画作品。这一阶段他为避乱世而寓居沪上，希望他所收藏的历代名迹能够广为流传。龚开的《中山出游图》经历了元明清三代题跋二十几家。自从明代张丑《清河书画舫》著录后，经过《式古堂书画汇考》《江村书画目》《青霞馆论画绝句》《三虞堂书画目》《虚斋书画目》等著录。后从庞元济手中流出，经过美国古董商转入美国，现藏于美国华盛顿特区弗利尔美术馆。不仅这一件，很多庞氏收藏宋人遗作，现都藏于美国弗利尔美术馆。庞氏原藏元四家中吴镇的《渔父图》，也进入了弗利尔的藏品中。《中华历代名画记》则是庞氏为了参加1915年美国费城举办的万国博览会印行的一部精装版、中英对照的著录。该书中录有他藏画中的精品78件。

1949年庞元济离世前，将所藏书画分为三大块，由后代分别继承。上海博物馆初建时购得其中一支。庞秉礼是庞元济侄子，后过继成为庞莱臣的儿子，后将家藏宋代朱克柔缂丝作品《莲塘乳鸭图》捐赠上海博物馆。还有一支继承者庞增和居住在苏州。他的藏品后来全部捐献给苏州博物馆。庞元济的藏品可以说在一段时期内富甲江南，现在大多数分布在上海博物馆、苏州博物馆以及美国的一些博物馆和艺术馆中。

谭敬（1911—1991）祖籍广东开平。祖上于清代便从商，极善抓住商机，从十三行经营起家。至祖父一代便迁至上海。谭敬父亲曾于英国留学，归国于沪上经营钱庄。谭敬母亲亦出身商贾世家，受过良好教育，重视子嗣教育。谭敬自幼便在极富有的家境中生活，教育背景相当优质。1936 年上海复旦大学商科毕业后赴美国留学，在纽约大学研究院主修国际贸易。1939 年学成归国任华业信托公司、华业工程有限公司董事长，东南信托银行（张珩家族公司）常务董事等职。二十几岁便成了上海滩商界的新锐。

谭敬归国后的十年时间里，开始大量经营买卖书画艺术品，成为上海最负盛名的大藏家。谭敬在他活动的那个时代，和最出名的鉴藏家交往极为密切，如张珩、张大千、吴湖帆、庞莱臣、郑振铎等人，这些藏家的文章中都谈及了他们和谭敬和他组织的作伪集团之间的交往。以张珩（1914—1963）为例，他自幼便和谭敬相识。张珩还是张家东南信托公司的股东，极为富有，且收藏亦富，精于鉴别。但张珩有嗜赌的恶习，将家底儿一点点败光。在经济上困窘时很多藏品便被谭敬收走。而谭敬在收藏的时候也十分借助张珩的眼光。谭敬和张珩相比，只是粗通书画收藏，而张珩则被誉为 20 世纪最具有影响力的中国书画鉴定专家之一。张珩在 1934 年被聘为北京故宫博物院鉴定委员，时年仅二十一岁。民国时期有“西张南吴北溥”之称，分别指的是张珩、吴湖帆和溥儒。还有“北张南谢”一说，“谢”是指上海的画家、鉴定家谢稚柳（1910—1997）。

谭敬能够结识一流的藏家、画家、画商及艺术精品，大多数是通过挚友张珩的引荐。从王季迁的评价来看，张珩、吴湖帆是极有修养的大家，肯出大价钱购买精品，王季迁对他们则极为敬佩。哪怕他们不堪债务压力而出售所藏，也绝不会作伪牟利。而对谭敬的评价就不高了。唯一值得推崇的是谭敬的藏品是第一流精品。但他的收藏的态度出发点就是商业利益。当如张珩等藏家经济困难需要卖画换钱时，他借机狠压画价。除此之外，谭敬还组织团队来批量制作假画。①

谭敬开始投资、创建作伪组织，是建立在汤安的作伪能力、专业经验上的。谭敬曾经师从潘飞声学诗文，汤安比他年长24岁，也好诗文，同拜在潘飞声门下。汤安和谭敬在随潘师学习期间，经常相互交流。谭敬跟汤安了解了许多金石书画的门道，并学习中国书画流派及笔墨技法。而且汤安、谭敬、张珩三人的往来都很频繁。汤安、谭敬多次去张珩家论艺谈画。汤安擅长作伪的门类有印章、紫砂壶、书画，手段非常高明，曾经用作伪的紫砂壶骗过了吴湖帆。谭敬作伪集团中，谭敬是投资方和老板，而汤安以高超的手艺和丰富的从业经验是实际的操盘手。

清末民初这段时间是中国历史上最大的古书画作伪高潮之一，主要原因在于北京、上海、广州这些集中的书画中心，形成聚集效应，名家云集，市场繁荣，作品也多，交易也很频繁。北京市场上齐白石、李苦禅等名家赝品就多。因为本地画家作品容易落入本地藏家，藏家如果收入了名家画作，就极易产生赝品。在看样品的时候拿出来的是真货，而在交易的时候拿出来的则是假货。在这样的市场状态下，很容易鱼龙混杂。技巧很高的伪作不容易被鉴别出来，作伪者有很大空间可以利用。而且，买家的身份多元化。有前清遗老，有新兴资本家，还有驻华的外国人。这些群体不可能都具备张葱玉、吴湖帆甚至谭敬的眼力。

再就是当时古物、艺术市场繁荣的地区，中介机构的话语权极大。很多掮客拿着假画去吴昌硕等名家家中求证，名家也不得不拿笔添两笔将伪作的名头坐实。画家销售的路径还要依靠这些中介经纪，不会闹翻。尤其是上海滩这种商业经纪为上的大都市，画家对赝品也持暧昧态度，什么也比不上自己的作品销路旺盛。北京和上海汇集全国最大的古书画交易中介机构，如叶叔重、张雪庚、戴福保、洪玉林经营的“禹贡”“雪畊斋”“福源斋”“珊

① 参见［美］杨凯琳，《王季迁读画笔记》，中华书局，2010年版。

瑚林”。这四家有“四足鼎”的业内地位。在某种程度上也成为当时制作和销售赝品书画的中心，有“四大金刚”之号。当时海外大量资本涌入中国艺术市场。钱庄大量的海外资本不断涌入民国时期的书画市场，在收与售的价格上常常会有极大的悬殊，中介者的佣金便非常之高。洋庄与买办都进入了书画市场。而谭敬本身便出身商贾世家，本性趋利。谭敬和中介机构利益捆绑在一起，“谭敬家造”赝品通过洋庄销售海外，中间人便主要是当时文物销售“四大金刚”中的戴福保和洪玉林。[①]

第三节 金石收藏

古代著录金石的传统自北宋欧阳修启，后吕大临、王黻、赵明诚等都有金石学收藏与著作传世，如《先秦古器记》《集古录》《考古图》《续考古图》等。对金石文字考订的学问逐渐成了学界一门博大精深的学问。依王国维的评价，宋代金石研究者有“凿空之功”。清代是中国金石收藏、著录、研究的第二个高峰，但清代研究铭文的学问只是把宋人的学术框架进行研究，并没有突破其范围。中国金石学主要以著录、绘图、拓印的方法，将青铜器、造像、碑刻、墓志铭等图像、文字的信息传递下来。清代乾隆皇帝亲自倡导之，形成了全国青铜器收藏、鉴赏、研究的热潮，宫廷收藏之外，官员、士大夫阶层也嗜古者颇多。不仅收藏，还摹拓、研究、讨论，形成了一个“金石圈”，金石热带来了考据之学的治学风气，影响了 200 多年的收藏、知识领域，该影响一直延续到今天的文物收藏和研究。

先秦确立的分封制，确立了当时中国的政权架构形式。这一时期大量留存下来的青铜彝器，都体现了“国之大事，在祀与戎”这一核心意识形

① 参见刘馨蔚，《以“谭敬造”为例探析晚清民国书画作伪现象》，中央美术学院 2017 级硕士学位论文，导师赵力。

态。彝器上刻有铭文者，价值更佳。纳入我们视野的诸多青铜彝器，是经历了如何的一条路径呢？对先秦文化与艺术史研究极为重要传世青铜器虢季子白盘、散氏盘和毛公鼎，被誉为“西周三器”。以它们为典型代表来看，这类珍贵之物的面世历程可以称得上曲折离奇。

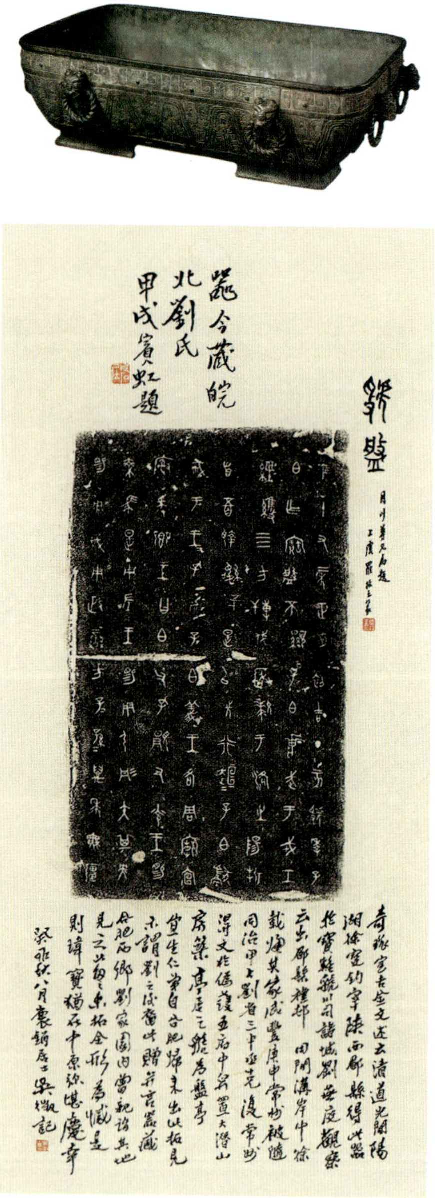

图 5-12　虢季子白盘及拓片

虢季子白盘（图 5-12）长 130.2 厘米，宽 82.7 厘米，高 41.3 厘米，重 215.5 千克。一眼望去像一口浴缸，在它真面目被揭开之前，确实被当作一般的盆子或者马槽来使用的。该盘在道光年间从陕西宝鸡的虢川司出土，西周时期这一带正是西虢的封地，和东面的扶风县、岐山县在史籍上合称“周原”，是西周王朝的核心地区。道光年间，该盘流入宝鸡虢川司刘燕庭之手，后又转入陕西郿县县官徐燮钧处。徐氏离任返乡就把这一彝器带回江苏常州。不久南方惨遭兵燹，太平天国运动席卷长江流域。徐家人只顾逃命，如此笨重的物件自然无暇管理。太平军的护王陈坤书打下常州后获得该物，开始还是将它作为镇府之宝，也不知为何，该物后来被拿去用作饮马。1864年4月淮军攻克常州城后，名将刘铭传入驻护王府。一夜突然听到院子里传出一阵阵的金属撞击之声，引起主人警觉。后来循声而去发现是马笼头上铁环在马吃草的时候不断撞击在马槽壁（虢季子白盘）上发出规律的声响。刘铭传被造型精美的“马槽”吸引了，将它洗刷干净后精美的铭文呈现在他眼前。刘铭传后来请文士好友帮助鉴定，推出该盘的历史属性，便带回安徽肥西老家筑起亭阁（名为“盘亭”）以供。此盘直到1950年刘氏传人刘肃曾亲自护送至北京，上交政府，后由中国历史博物馆（现为中国国家博物馆）保存。

虢季子白盘在刘家上交政府之前，历经清末、民国、抗战等多个历史时期。经历了官员（翁同龢在当时嗜古成癖，亦想取得虢季子白盘。刘铭传靠李鸿章庇护而得以保全）、军阀、外国势力等的垂涎并巧取豪夺。由于自刘铭传起，将其视为珍宝，而历代子孙在家宅之中掘地而藏。为此受尽磨难，在新中国成立后，终于将此文物捐献给国家，有了一个安定的收藏环境，发挥更大的价值。此盘的铭文内容大致是说虢季子白奉周王命去征讨猃狁，大胜并斩首五百，俘虏五十。周王赞赏其智勇双全为其庆功，赏赐了虢季子白马匹、弓矢、斧钺等。虢季子白受恩铸盘以铭记。铭文有“唯十有二年”的纪年，应该是西周宣王十二年（公元前816年）的事。文辞简练并优美，金文朴拙自然，在历史文献和书法研究都有极高价值。

图5-13　毛公鼎

毛公鼎（图5-13）同是西周宣王时期铸造的彝器。在道光末年（1850 年）于陕西岐山出土，重 30 多公斤，后在咸丰二年（1852 年）被山西古董商苏忆年运到北京，被陈介祺收购。清代金石学极为发达，陈介祺为当世金石收藏、研究大家，与王懿荣、潘祖荫、吴大澂、吴云等金石名家交往甚密。咸丰四年（1854 年）陈介祺便借母丧还乡，回到山东，告别仕途，精力投注于古物收藏、考订等学问。《吉金文释》《簠斋吉金录》《传古别录》《十钟山房印举》等都是他自己藏品的著录与研究成果。毛公鼎在陈介祺手中藏有 30 年，陈介祺逝世后，在他后人手中又陆续收藏 20 年。20 世纪初被端方强行购走。端方当时是两江总督，也嗜古成癖，有权有势。端方之后几年便死于四川的"保路运动"。随即辛亥革命爆发，这些清朝高官的地位岌岌可危，手中藏品自然也就极易流落市场之中换取财帛。端方的把兄弟、美国人福开森后来将端方收藏的青铜器变卖。而毛公鼎在当时是被端方家人抵押在天津的华俄道胜银行。叶恭绰在民国早期出任财政总长、交通总长，也酷爱收藏。知道当时有美国商人想要将毛公鼎买走，便自己出资将毛公鼎购下，一直到抗战胜利之前，此鼎随着叶恭绰辗转上海、香港等地。但进入抗战叶恭绰一直被日军控制。叶家一门家族庞大，仅靠叶恭绰一人经济支持，十几年下来未免坐吃山空，无奈只得出售藏品。毛公鼎便流入上海商人陈咏仁之手。1946 年陈氏将其捐献给当时的南京政府，归原中央博物院筹备处，随着解放战争末期的文物转移最终渡海，现存台北故宫博物院。

毛公鼎腹内有铭文 32 行 497 字，号称青铜器天下第一铭文。学界对器物造型、铭文的书法价值和史料价值都极为肯定。郭沫若认为铭文内容"抵得上一篇《尚书》"。张大千的书画老师李瑞清认为"毛公鼎为周庙堂文字，其文则《尚书》也，学书不学毛公鼎，犹儒生不读《尚书》也"。他将毛公鼎所镌刻铭文比作书法中的《尚书》，极为推崇。

和毛公鼎共藏于台北故宫博物院的散氏盘（图 5–14），亦有精美书法和长篇铭文名世。该盘出土于陕西凤翔，高 20.6 厘米，腹深 9.8 厘米，口径 54.6 厘米，底径为 41.4 厘米。散氏盘（又名夨人盘）铭文共 19 行，每行 19

图 5-14 散氏盘

字，可以辨认出来的有 357 字。内容大概意思是关中畿内夨、散两国毗邻，夨人总是侵扰散国，散国则告状到周天子那里。周天子调解后命夨人将田地割给散国作为赔偿。明确了赔偿地区的边界，作为契约，将铭文刻在铜盘上。而周施行井田制，“普天之下，莫非王土。率土之滨，莫非王臣”。这一时期却可以在天子的协调下变更土地的所有权，其实说明了当时周室衰微，封建制度瓦解的社会现实，因此历史价值很高。从书法角度来看，文字风格和以上两件重器不同，极具个性，是书法研究者无法回避的经典。

学者们考证该盘为西周厉王时期的器物。散国大致位于陕西大散关以东陈仓一带，散氏盘在乾隆时期出土在西周时期的散国境内。著名金石大家阮元考证后便已经命名为“散氏盘”，就当时的拓本来说，便非常昂贵，可见在清代金石圈里散氏盘的名气。嘉庆十五年（1810 年），两江总督阿毓宝从一个盐商处购得该物，进献给嘉庆帝作为贺寿之礼。散氏盘在紫禁城内“安居”到 1924 年。后逊帝溥仪被驱逐出紫禁城，该物便和其他清宫旧藏文物一并归入故宫博物院收藏，新中国成立前夕被国民党政府文管部门携带到了台湾。

1951年，清末潘祖荫后人潘达于将祖上所藏的一批文物捐献给上海博物馆，这一批文物中最为著名的便是大盂鼎和大克鼎。这两件重器，在文物价值上是足以和以上三器媲美的。大克鼎于1890年出土于陕西扶风法门寺任村一个窖藏点。大克鼎运至北京后，时任工部尚书的潘祖荫购了去，放置在北京宅邸之中。大盂鼎是道光初年（1821年）在陕西出土，出土地在岐山县里村。几经辗转流入左宗棠手中，左宗棠为报答潘祖荫之前的恩情，赠送给了潘氏。潘祖荫的“攀古楼”中藏有数百彝器，著有《攀古楼彝器款识》。抗战之前潘达于便请可靠的人为所藏重器一一摄影留档。根据文献可知潘家在抗战之前青铜器留存有380件。

清末两江总督端方（图5-15）（1861—1911），是青铜器近代收藏大家。他经历最为著名的历史事件莫过于在清东陵慈禧太后葬礼上为送葬队伍拍摄照片，摄政王载沣将其免职。而1911年死于四川的“保路运动”，是他这个川汉、粤汉铁路督办大臣的人生终点。端方为满洲正白旗出身，1882年科举举人，捐员外郎。曾经任职陕西按察使、布政使，陕西巡抚。1900年由于拱卫慈禧太后和光绪皇帝避难西安，深得上宠，后擢升湖北巡抚、湖广总督，后任江苏巡抚，继而担任两江总督、直隶总督，兼通商事务大臣，可以说历任封疆大吏和内阁重臣，风光无限、权倾朝野。在收藏的路上，起初他被精通鉴藏的汉臣嘲笑并讽刺不懂文物。尔后发奋学习汉文化，恰逢在文物大省陕西任上，利用

图5-15　端方

职务之便网罗古董，数年之后，眼力和藏品都跃居海内一流藏家水平。

图 5-16 《匋斋吉金录》载端方旧藏青铜器

《匋斋吉金录》（图 5-16）收录了端方所藏的 448 件青铜器。最负盛名的藏品是 1901 年陕西凤翔府出土的商代酒器 19 件，如妣己觚、青铜禁、祖癸角、父甲觯、父乙盉等。《匋斋旧藏古酒器考》是美国人福开森所作，他和端方是拜把子的兄弟。端方死后，福开森以 20 余万美金的价格购入，后藏入纽约中央博物馆。福开森在近代中国收藏史上是重要人物，后面章节详述。端方还有藏石 643 件，年代跨度大，自汉代到元代，分布范围也是全国各地的都有，编有《匋斋藏石记》16 册及《匋斋藏印》（录有历代 1896 方古印）。

青铜器作伪始于春秋，在宋代、清代、民国三大文物作伪高峰中，青铜器伪作可以说数量极大。根据张光裕的《伪作先秦彝器铭文疏要》统计，历代伪造青铜器或者疑为伪作的多到 1600 余件。清代乾嘉年间伪作有 1000 多件，海外收购的很多青铜器亦有不少伪作。作伪的方法有很多，有的是用“失蜡法”塑造新的器物。也有给没有铭文的青铜器加刻铭文的，或者有铭文的，再多增加铭文的数量。因为很多造假者会把新的青铜器埋入地下，然后再假装意外发现。因为传世的青铜器表面的氧化物和埋藏地下的氧化物色泽和质地不一样，很多人把“熟坑”（传世或早已出土且表面锈蚀清除之后的青铜器）来伪造铜锈，冒充“生坑”（新出土表面上有层层自然锈蚀的青铜器）。历代都有作伪手段极为高超的青铜器高手，做出的赝品可以欺骗如罗振玉这样的金石大家。容庚对清代宫廷编著的青铜器著录《西清古鉴》《西清续鉴》的千余件有铭文的青铜器进行考订，发现三百多件确定为伪作，疑似伪作者也有将近两百件。如伪作晋侯盘，铭文长度已然超过了毛公鼎，字体还模仿了散氏盘，辞藻接近《尚书》，伪作的水平非常高超。如果一件铭器可以当作《尚书》来看，那传世的假《尚书》可真的太多了！

近现代主要国内作伪的地区知名的有苏州、北京和山东。上海著名的“卢吴公司”是卢芹斋和吴启周合开的文物出口公司。吴启周的外甥叶叔重在国内上海等地负责“揽货”，和苏州的古铜匠刘俊卿等合伙开了一家作坊，伪造过很多殷墟的铜器。甚至连叶叔重的舅舅吴启周都被骗过了。吴启周在沪用了5万美金购买了伪造的青铜器，后来发现真相，但也不能声张，只能哑巴吃黄连自食其果，可见造假水平的无与伦比。北京的琉璃厂有不少古玩店能造出高水平赝品，“北京造”不知起源于谁，但直到新中国成立之后还存在。考古学家陈梦家曾说，20世纪头二十年卖到外国去的青铜器大部分都是赝品。山东地区以潍县为中心，流出的东西被称为“潍县造”。因为大藏家陈介祺是潍县人，很多仿造的青铜器便是以他家的藏品为模子。当地造假高手胥伦会铸造假印，和陈介祺合作，研制成功了“拔蜡翻砂法”来复制青铜器。还有陕西的作伪基地，流出的东西叫作“西安造”。苏亿年、苏兆年兄弟是核心的能工巧匠，就是苏亿年把毛公鼎卖给了陈介祺。陕西巡抚刘喜海喜爱有铭文的青铜器，在任上时尽力搜求，“西安造”便投其所好，将无铭文的青铜器或者“熟坑”上镌刻铭文，抬价出售。鉴定学是在时代性的造假潮流下诞生的专业，没有可靠的鉴定手法，大量的金钱便会被造假者卷走，因此鉴定是公、私收藏都必须掌握的技巧。

第四节　书籍收藏

书籍是文献记载的主要载体，藏书是历代文化得以传承的主要方式。

从古到今文献的传播、传承，都是靠书籍为主的载体。历朝历代发生大量书籍亡佚残缺的劫难很多，如“五厄”。近代的战乱，新中国成立后的十年浩劫，都造成了书籍收藏的极大损失。明、清、近代、现代的私人藏书，保护了古籍，存续了文化。江南地区历来是文化中心，藏书之所。尤其是明清以来，著名的藏书楼很多。江南地区清末进入民国，藏书楼很多，主人都是当时学界和商界的名流，是藏书家。比较有名的如盛宣怀的“愚斋”，缪荃孙的“艺风堂”，孙毓修的“小绿天”，沈曾植的“海日楼”，郑振铎的“玄览堂”，张元济的“涉园”，刘晦之的“小校经阁”，潘明勋和潘世兹的“宝礼堂”，陈清华的“荀斋”，封文权的“篑进斋”，韩应陛的“读有用书斋”，刘世珩和刘公鲁的“玉海堂”，徐乃昌的“积学斋”，蒋汝藻的“密韵楼”，张石铭的“适园”。私人藏书家众多，还有合众图书馆的主持人叶景葵，也是藏书家。

图 5-17 “天一阁”

明代兵部右侍郎范钦辞官回家后，在嘉靖四十年到四十五年（1561—1566）之间于宁波内月湖西岸建起藏书楼，即“天一阁”。范钦藏书特点是重点收集当代人著作。明代史料在他藏书中占绝大部分，“天一阁”（图 5-17）在最盛时期，藏书达到了 7 万余卷。“天一阁”在乾隆年间遇到了一次重要考验。清廷要修编《四库全书》，各地都奉诏要进献古籍，范氏的“天一阁”也在征集范围之内。范氏进献了六百余种书籍，后来被收入到《四库全书》96种，在《四库存目》中收录了377种。但编著《四库全书》的工程结束后，这些书籍大多数都被扣下，造成“天一阁”藏书的极大损失。所幸乾隆为表彰范氏献书，赠予一部《古今图书集成》。之后鸦片战争、太平天国战争，“天一阁”的藏书都在战火、盗匪等环境中遭到损失。“天一阁”直至今日，在经历了400余年变迁后，仍然是江南的一大藏书重镇。目前，它已经被列为全国重点文物保护单位，当年散佚出去的书籍，经过努力回购，已经收回很多，目前藏书达到了20余万卷，善本就有7万余卷，馆舍也修缮一新，是目前国内藏书楼中资格最老的。

清末有四大藏书楼，分别是常熟瞿氏“铁琴铜剑楼”（图5-18），山东聊城杨氏“海源阁”（图5-19），浙江归安陆氏“皕宋楼”，浙江钱塘丁氏“八千卷楼”。其中“皕宋楼”的遗址在1996年宣布被发掘出来。“皕宋楼”存在时，号称有200部宋版书，可惜后来被日本人整个买走。“皕宋楼”是陆氏家产，陆心源（1834—1894）是陆氏家族藏书事业的最杰出代表。他祖籍浙江临安，世代居于吴兴。咸丰九年（1859年）的举人，在同治年间曾经任职广东南韶连兵备道兼管水利关务，曾任职福建盐运使。后与上级不睦被革职回乡。在乡居的二十多年时间里专注著书、藏书。太平天国以来，江南兵燹横生，时局动荡，陆氏抓住这个时机，

图5-18 “铁琴铜剑楼”

广搜各家秘籍图典。上海富商郁松年藏书楼“宜稼堂”收藏极为丰富，也是在收藏过程中不断兼并其他当时著名的藏书楼如“艺云书社”“小读书堆”“五研楼”等。而陆心源瞅准时机，一举收购了“宜稼堂”的四万八千册图书，他的“守先阁”“皕宋楼”“十万卷楼”藏书的基础便建立起来。郁氏的收藏有很多宋元旧版图书，如《左传》《史记》《通鉴纪事本末》等。陆氏收藏宋本约二百余种，元本约四百余种。“守先阁”是他在吴兴城东陆氏住宅中的“潜园”中开辟出来保存普通印本的。“皕宋楼”便是在月河街设置的藏书所，意思便是所藏宋版书有二百种。之后在“皕宋楼”上开辟了一间藏书室名叫“十万卷楼”，专收藏明清善本图书及近代书刊等。在“皕宋楼”的全盛时期，藏书大概达到了十五万卷。陆心源去世后，儿子陆树藩接掌家业。陆树藩曾经想和端方商量在沪建设一座藏书楼，和盛宣怀“愚斋”所藏古籍合而为一，存于上海。计划未能实施，而陆树藩在上海的商务经营遇挫，还为慈善机构出资等诸种事务，导致资金严重不足。最终便导致了日本三菱财团岩崎弥之助购入了家藏古籍，存在静嘉堂文库。日本人统计这一批藏书有宋版 110 部，元版 155 部，明本 600 余部，清本 2450 多部，抄本有 780 部，还有很多日本、朝鲜的刻本。当然这一事件严重震撼了中国知识阶层。

图 5-19 “海源阁”

杭州丁申和丁丙兄弟二人的藏书楼号称“八千卷楼”。丁氏亦为收藏世家，祖父丁国典（字掌六）就在杭州梅东建设藏书楼，因北宋时期先祖丁顗曾藏书八千卷，建有“八千卷楼”藏书，便也将自家藏书楼同命此名。丁国典之子丁英（字洛耆）是祖孙两代藏书家的中间一代，但由于太平天国的战乱，积累了万余卷书都被损毁。而到了丁氏兄弟时期，藏书总数便达到了40万卷。兄弟二人在咸丰十年（1860年）太平军攻克杭州的时候，在逃难过程中发现了文澜阁《四库全书》散佚在街市之上。他们便冒险并依靠自己的力量，在战场废墟之中昼夜搜寻抢救出了万余册。等到战争结束后，他们将这一批古籍舟运返杭，并通过抄写、收购等各种手段，把文澜阁《四库全书》藏本的原有基本规模恢复了。

光绪初年，浙江巡抚谭钟麟奉敕着手重建皇家藏书楼文澜阁，丁氏奉命营造工程，竣工后朝廷嘉奖丁申四品顶戴，赐“嘉惠士林”美誉。丁氏的私家藏书楼便使用“嘉惠堂”之号。丁丙在1898年编著了《善本书室藏书志》，其子丁立中负责手录。该书成后有40卷，著录如下：善本图书2653部，宋元旧版书142种，明刻本1163种，历代抄本1110种（如明抄本，影宋元抄，名家抄本），近代刻本抄本181种，等等。丁氏兄弟耗费三十余年将“八千卷楼”藏书建设起来。而在丁丙1907年去世后的几年中，后人涉足商海，业务亏损，便又萌生出售家藏珍宝的念头。恰巧端方时任两江总督，本人便是全国著名的大收藏家，便请同为藏书家的学者缪荃孙斡旋，最后低价以七万五千元收购了“八千卷楼”藏书。端方后将这一批藏品收入江南图书馆，在新中国成立后入藏南京图书馆，避免了“皕宋楼”藏品流入国外的惨痛经历。

清乾隆年间常熟瞿绍基是瞿氏藏书的开启者。瞿氏藏书是清末四大藏书楼中最有连续性的，藏品也完整且多样。瞿绍基后五代都持续建设藏书。瞿氏在嘉道年间获得唐代古琴一张，铜剑一柄。琴身木质，外包铁衣，便将自家藏书楼号为“铁琴铜剑楼”。所藏珍本和善本达到了十余万册，质量和数量在当世都可称雄。和四大藏书楼中唯一一座位于北方的山东聊城“海源阁”一起有“南瞿北杨”之称。瞿氏后人作风简朴，集中财力收购各类文物典籍，编有24卷本《铁琴铜剑楼藏书目录》，共收录图书1194种，宋刻本

173 种，金刻本 4 种，元刻本 184 种，还有大量的明刻本、抄本、校本等。著录了元代之前著述，明清不录。新中国成立后瞿氏后人将五世收藏捐赠给北京图书馆（1998 年更名为中国国家图书馆）和常熟市图书馆。

山东聊城的杨以增（1787—1855）是道光年间的进士，曾官至漕运总督。藏书有十余万卷，藏书楼名“海源阁”。杨氏藏书宋版《诗经》《尚书》《春秋》《仪礼》《史记》《汉书》《后汉书》《三国志》都有，因此又有“四经四史之斋”的称号。杨氏后人杨绍和、杨宝彝、杨敬夫等将家藏整理著录。著述有《海源阁丛书》，但 1930 年恰逢乱世，藏书大半散失。剩余小部分归入到北京图书馆和山东省图书馆。

浙江南浔是近代丝业中心，自清代起便集聚了大量丝商，财富数量为全国翘楚。这些富商家族都重视子女教育培养和传统文化传承，涌现出一批近代史上的实业家、政治家、学者、收藏家。南浔刘家居于万古桥西的小莲庄，小莲庄在南浔名园毗连的盛景中独具一格，有当地最大的水塘，至今仍然保存完好。刘氏第一代入驻小莲庄的先祖是清康熙时迁来南浔的刘镛，从事丝业，借南浔为浙江蚕桑业中心市镇的优势经营致富。刘镛在中国传统社会中是极其成功的商贾，他的成功经验便是在官府中有势力，还要与洋人搞好关系，再就是要读书有文化。因此后代都接受了优质教育。刘镛的二子刘安澜、刘锦藻均为大学问家，孙子刘承幹有藏书楼“嘉业堂”，是一代大藏书家。曾孙一辈都在上海圣约翰大学毕业，并从事金融和房地产行业。

刘承幹（1881—1963）是刘锦藻长子，伯父刘安澜 29 岁便早逝无后，过继给刘安澜为子。他出生在巨贾之家，书香门第，收藏古物便成为自然的事情。曾在 1914 年参与沈曾植任总纂的浙江通志的分纂，还在 1920—1921 年任职清史馆。家藏碑帖拓本上千种，自己嗜书如命，收藏书籍 57 万卷有余，在民国藏书家中首屈一指。辛亥革命后刘承幹迁居上海，上海集聚了大批清朝遗老，在租界内避乱。遗老们生活没有来源便出售家藏旧物、古玩、书籍等，刘承幹在这一期间虹吸一般，来者不拒，收藏了大批古籍。在上海的“求恕斋”藏书楼容纳不了急速增长的藏书量，刘承幹便在南浔故居小莲庄畔新建了藏书楼名为“嘉业堂”。

刘氏的“嘉业堂”内藏书宋元版本珍藏丰富，主要来源于缪荃孙的艺风堂，莫友芝的影山草堂，袁克文、孙廷翰等人收藏。刘承幹最著名的宋刊本史书为《史记》（蜀大字本）、《三国志》（大字监本）、《汉书》（白鹿书院本）、《后汉书》（一经堂本），他特别辟出一室“宋四史斋”特藏之。他还请来能工巧匠陶子麟将此四部史书影刊，请到叶昌炽对其进行校勘，刻印工作持续了十几年。曾经在嘉业堂工作过的已故华东师大古籍研究所的周子美教授曾撰《嘉业堂钞校本目录》，全面介绍了嘉业堂钞校本藏书情况。刘承幹收集到明抄本《永乐大典》四十二册。由于《永乐大典》在八国联军侵华时惨遭焚毁，剩余了不足二十分之一，刘氏所藏可谓弥足珍贵。刘承幹所藏的明本很多，还有许多地方志，数量也很大，都是极为珍贵的史料。1929年刘承幹编著了一部《吴兴刘氏嘉业堂善本书影》，将所藏书摄影一页或者多页，为后世学者的整理工作提供了极大便利。他的藏书后来经过战乱，也散失很多，大部分都归入了各大图书馆。1951年刘承幹将所藏十几万册书籍都捐给浙江省图书馆。有一部分在1954年卖给复旦大学图书馆，约有2000多种，复旦大学出版社出版《嘉业堂藏书志》，汇集国内有关嘉业堂的全部资料。而中印边境划定麦克马洪线有一部分的参考材料便从嘉业堂藏书楼中寻到。20世纪60年代中苏边界问题的古代资料，据说也是从嘉业堂藏书中得到的，凸显了刘氏收藏的价值。1981年藏书楼被列为浙江省重点文物保护单位，当下小莲庄和嘉业堂已经成为南浔镇文化旅游景点。

北京紫禁城内的内阁大库是清宫档案库，清代历朝的内阁、宫廷档案都在这里，有史书、起居注、表章等。库房分红本库（西库，红本和题本是历代皇帝批示过的奏折、文件）和实录库（东库，实录表章库）。这里也是明代文渊阁旧址，明代的文渊阁便是宫廷藏书之地，元代从南宋朝廷接管过来的书籍文献，和明代文献都一直贮藏在这里。清内阁大库藏档案分为明档、盛京旧档、入关后档案三大类。内阁大库档案在清代属于机密档案，九卿、翰林都不可查阅。由于库房年久失修，再加上大库内的档案日积月累，只增不减，容量日紧。在光绪二十五年（1899 年）李鸿章就上奏折请求将被虫蛀或者发霉腐坏的副本取出销毁，获准后便销毁了一大批。而在 1909 年末帝溥仪即位之后，父亲载沣摄政，仍然面临着同样的问题。阁臣未经详查便说无用陈旧档案过多，按例奏请焚毁。但有人去查阅文件的时候竟然发现库内还有宋写本玉牒残页。当时清廷已经有摄影术，这些材料的照片流入张之洞和荣庆手里，恰逢荣庆宴请张之洞午宴，而罗振玉同席，罗振玉辨认出照片中的文献就是《宋史・艺文志》里著录的《仙源类谱》《宗藩庆系录》。这是元代灭南宋之后，将临安的国子监书籍经海运搬运至大都的结果。罗振玉认为清的大库就是明代文澜阁，里面肯定还有书籍。虽然后来张之洞核实了罗的判断，但也并没采取什么措施。罗振玉得知仍然要将大库内无用文献销毁的讯息后，立刻劝张之洞应该将这一批文献保留下来，即便大库满溢，可以另找他所储存。张之洞时为大学士，任军机大臣，监管学部行政，便奏请设立学部图书馆，大库藏书存入其中，而任何文献都不许销毁和丢弃。

图 5-20　罗振玉

罗振玉（图 5-20）时任学部参事，具体工作由他经手。陈年的老档案数量极大，就是装箱，也得五六千箱子，而学部张之洞、宝熙等官员都有推诿，还有人非议，宫内人都要求焚毁，主张保存的就罗一人，总之出资或调拨人力搬运是绝不可能。后来有人给罗振玉建议不要用箱子，出于节约成本，用麻袋装好再搬运，价钱能比木箱省下九成，这便形成了“八千麻袋”红本和题本被堆积在学部。后来“八千麻袋”先后被赶到国子监、午门楼上的历史博物馆。民国教育部对这一批文献没有兴趣，遴选部分出来后，就用四千元的低价卖到西单的同懋增纸店，几千麻袋文献的命运就是再循环造纸。罗振玉在这一刻自掏腰包一万两千元，以三倍价格买回来。

罗振玉买回来的这批文献已经分批送往定兴和唐山准备“回炉”，他从中挑选部分，先后刊印成《史料丛刊初编》《大库史料目录》《明季史料拾零》《清史料拾零》《史料丛编》《清太祖实录稿》。他保留的部分后来运到旅顺，入藏东北图书馆，东北图书馆在 1949 年根据这批史料编印出《明清内阁大库史料第一辑》，1953 年后这一批文献存入中国第一历史档案馆。罗氏手中其余文献以一万六千银元卖给藏书家李盛铎，李氏是前清驻日公使，他又转手卖给前中央研究院历史语言研究所。史语所后来整理出《明清史料》甲、乙、丙三集。他们手中的这一批东西最后有 100 箱在 1949 年辗转运到了台湾，剩余部分在 1952 年被故宫博物院接收，现存中国第一历史档案馆。“八千麻袋”的离奇经历是藏书史上极为著名的案例，这一批珍贵文献对明清官方文献的保存意义巨大，保留了具体、翔实的海量史料。

安徽建德的周氏家族，自从出了直隶总督周馥后，一跃成为当地望族，第二代人中出现了北洋实业界的领袖周学熙，第三代（1937—1921）出现了“儒商”周叔弢，还有大学者周叔迦（周明夔，字志和）。第四代涌现出周一良、周珏良、周绍良等大学问家。周家历代非常重视传统文化的继承，家训中也是极为强调后人的教育。所以在周馥崛起后，后代不断涌现出各行各业的顶尖人才，在取得政界、商界的成功后，又投注精力、财力于收藏事业、研究事业，可以说“江山代有才人出”。周馥起初在李鸿章门下做文牍，后来参与协助李鸿章办理洋务事务。历任直隶总督兼任北洋通商大臣、山东巡抚、两江总督、闽浙总督、两广总督，遍居要职，可以说在李氏荫庇下官运亨通。去世时溥仪虽然已经逊位，但仍然居于紫禁城内，清廷还有一定影响力，便赐周馥谥号“悫慎”。周氏后人沿用周馥谥号，将其文集名为《周悫慎公全集》。

周馥下一辈人中，六子分别是周学海、周学铭、周学涵、周学熙、周学渊和周学辉。三女其中大女儿嫁给当时同为李鸿章派系的四川总督刘秉璋之子刘述之，刘秉璋同样热爱收藏，注重子女教育。三女儿嫁给了袁世凯第八子袁克轸（凤镳）。周学熙（1865—1947）是1893年癸巳科举人，在清廷任道台候补山东，在袁世凯手下任职山东大学堂总办。庚子后掌握实业的权力，成为北方官僚企业命脉的掌控者。他历任直隶按察使、工艺部督办。在政坛崛起后，便创办实业，先后建立唐山启新洋灰公司、北京自来水有限公司、中国实业银行、大宛实业银行等，并在北洋政府期间任财政总长。有"北方实业巨头"之称，和江南的著名实业家张謇合称"南张北周"。周氏家族自他起，便逐渐由官宦门庭转型为民族资本家。

周学熙以无与伦比的财力投入文物收藏中，尤其在近代藏书家中可称翘楚。周学熙的藏书中，有一本南宋孝宗年间的坊刻本《王状元集百家注编年杜陵诗史》，有历代七十余家对杜甫诗的注释、评语。此书钤印颇多，有明清两代藏书大家的收藏、鉴赏印鉴，本身印制又极为精美，是传世孤本。周学熙将其赠予妻弟刘世珩，刘世珩极为珍藏，传至下一代儿子刘公鲁，后辗转到了何亚农、王季常，最后被苏州古籍书店收购，该本现藏于苏州市图书馆。

周学熙长子周明泰（志辅）收藏明清戏剧资料方面是权威。周明达（今觉）是周学海的长子，收藏邮票，有中国"邮王"之誉。周明暹（叔弢）在中华人民共和国成立后出任了天津市的副市长，是藏书大家。周叔弢先生将自己的积蓄大都购藏古籍善本和金石拓本等各种文物。在20世纪80年代初，周叔弢老人已经年近九旬，将所藏善本书1800余种，近万册，以及各类文物大概一千余件全部捐献国家。天津图书馆和天津艺术博物馆分别收藏了他的藏品。

周叔弢是京津地区的藏书大家，除了他，这一地区的著名藏书家还有李盛铎（1858—1937）和傅增湘（1872—1949）。李盛铎有"木樨轩"，藏书达到了十万卷之多。李氏在民国曾担任参政员，在外交界比较活跃，曾在出使日本时期购回流散在日本的宋元孤本。他的藏品抗战前夕便已经有散出，日伪时期，伪政府以 40 万元伪币买下他的全部藏书，由北京大学文学院收藏，现在仍然还在。傅增湘是著名的教育家，他的“双鉴楼”藏书中的“双鉴”指的是元刊本《资治通鉴》和百衲本《资治通鉴》。他收的宋本书有 180 部之多，在 1947 年，他把藏书中四千多册都捐给了北平图书馆。他的儿子傅忠谟（1905—1974）新中国成立初在傅增湘去世后把家里的三千多册古书都无偿捐给了北京图书馆，包括“双鉴”这么珍贵的古籍。傅忠谟著有《双鉴楼善本书目》，且自编有《藏园校画录》《百宋编》等，在新中国文化部文物局工作期间，钻研古玉器。晚年专门研究新石器时代玉器以及唐代之后的玉器。著作有《佩德斋古玉图录》《古玉精英》等。傅增湘的孙辈、傅忠谟之子傅熹年，整理祖父遗稿，编成《藏园群书经眼录》《藏园群书题记》《藏园订补郘亭知见传本书目》《藏园游记》四书。通过整理父亲遗稿，编成《古玉精英》《古玉掇英》二书。傅熹年长期从事中国古代建筑、书画史研究，又继承家学渊源，成为一代文物鉴定大家。

第五节　甲骨收藏

中国最早收藏、研究甲骨的要数王懿荣。王懿荣（图 5-21）（1845—1900）祖籍山东福山，在清末担任过翰林院编修、国史馆协修、南书房行走、国子监祭酒、会典馆纂修帮总纂官等职务，赏戴二品顶戴。王氏一生素来好古，并精研金石文字，爱好书画，古籍、碑版、印鉴等古物无不珍爱，鉴定眼力在当时也非常著名，和当

图 5-21　王懿荣

时的收藏大家翁同龢、潘祖荫、陈介祺等关系密切，经常探讨交流。1899 年秋，王懿荣第一次见到登门拜访的山东潍县古董商范维卿带来的 12 片甲骨，便非常珍视，每一片花费了 2 两银子收购下来。1900 年，范维卿又带来了 800 多片甲骨，最多者有 52 个字符，王懿荣悉数收购。后又有古董商赵执斋携带百余片甲骨卖给王懿荣。前前后后王懿荣收购了有 1500 余片甲骨。

古董商当时故意掩盖了甲骨出土地河南安阳，说是河南汤阴和卫辉出土。王懿荣购买范维卿的甲骨后，使得甲骨的价格飞涨。王懿荣以自身深厚学养研究购入的甲骨片，推测出甲骨片上的符号确实是一种文字，这种文字早于先秦青铜器上的篆籀文字。《尚书》记载“惟殷先人，有典有册”。孔子曾有言，“夏礼，吾能言之，杞不足征也；殷礼，吾能言之，宋不足征也。文献不足故也，足则吾能征之矣”。宋是周分封殷王室的封地，但由于缺少材料，孔子对殷的礼制也没法进一步去说明。而在王懿荣这里，通过他的研究确认了这一批带契刻文字的甲骨片，就是商代后期用来占卜的卜骨，即《尚书》记载的殷人的“典册”。王懿荣这一发现和判断，在后来的诸位学者的研究下被证明正确无误，王懿荣的名字便和揭秘甲骨文联系在了一起，将文字史推进了千年。并且直接导致了中国考古学界对安阳殷墟的发掘，震动了世界考古界。而王懿荣却遗憾地在次年的八国联军侵华兵乱中投井殉国。清廷赐他谥号“文敏”。

王懿荣殉国后，所藏 1000 余片甲骨被其子转卖给生前好友、撰写《老残游记》的刘鹗（1857—1909）。刘鹗除去收购了王懿荣所藏的甲骨外，自己也多方收集，古董商赵执斋帮助他在山东、河北、河南四处搜集，大概掌握了 5000 多片甲骨。1903 年，他从自己的藏品中精选出 1088 片，采用墨拓之法，编辑出版了以刘鹗的字“铁云”为名的《铁云藏龟》（图 5-22）。它是我国第一部著录甲骨文的著作。由当时的罗振玉、吴昌绶两位著名学者为他作序，后附自序一篇。罗、刘二人之序实属考订文章，是中国甲骨学研究的起步。浙江上虞人罗振玉（1866—1940）在清廷曾任学部二等咨议官，兼

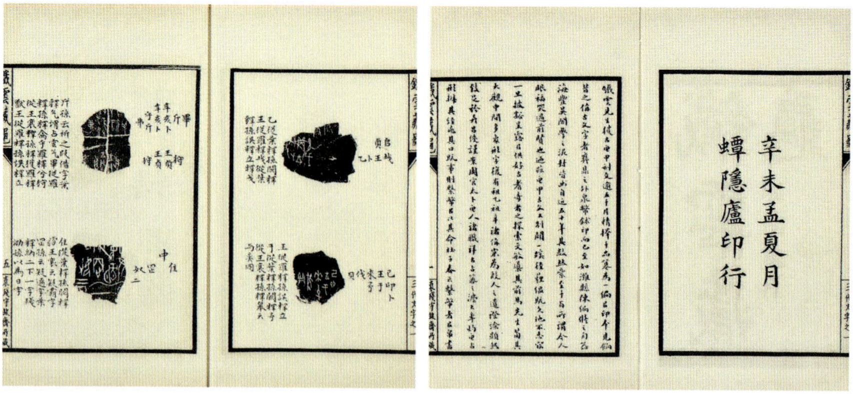

图 5-22 《铁云藏龟》

京师大学堂农科监督。1894 年他在刘鹗家当刘鹗四个儿子的家庭教师，并且与刘鹗结为儿女亲家。除去这一层关系，二人在甲骨学研究上又是携手共进的拓荒者。刘鹗在 1909 年客死新疆，罗振玉便独自扛起甲骨学研究重担。1906 年他在清廷学部任职时便留心搜集甲骨，1909 年又先后委派古董商及家人四处搜求，先后得到 2 万多片甲骨。1915 年他亲赴河南安阳实地考察，从甲骨文字中辨认出殷代帝王的谥号、名讳，将这些与出土地点联系起来，判断出此地一定是王庭旧址，甲骨片是殷商王室太卜的典藏。这一发现可以用石破天惊来形容，学者终于突破了文物贩子的“迷魂阵”而“直捣黄龙”。罗振玉从甲骨出土后，搜集、保存和传播上所做的贡献是无人能及的。对小屯殷墟的考订可称首功，而罗氏开启了从殷代诸王名号的考释，这是自乾嘉以来，重考据学风的一种延续。根据亲家王国维的记述，罗振玉在 1911 年左右收藏甲骨两三万片，仅次于当时收藏甲骨片最多的加拿大传教士明义士，数量是极为可观的。

原中国实业银行总经理刘晦之是刘秉璋的第四子。刘秉璋是清末李鸿章心腹肱股，是淮军重要将领，曾任四川总督。刘晦之（1879—1962）自幼便进入天津李鸿章家的私塾和李氏子弟同窗共读。不仅中西文兼通，而且还对李氏家藏的典籍得以饱览。在中国近代史上的重要地位和家世学养，使得他日后成为冠绝海内外的大收藏家。他的故居“小校经阁”1912年落成，位于上海市静安区新闸路1321号。庭院内有一座八角小楼，是中国传统建筑风格。他甲骨的收藏达到近三万片，1953年全部捐赠给国家。因为根据文物部门的统计，我国大约藏有九万多片甲骨，其中刘氏捐赠的藏品基本上占了三分之一。郭沫若在1936年流亡日本的时候，刘晦之将自己收藏的甲骨片制成拓本，集成《书契丛编》共二十册，托人带到日本，请郭沫若进行研究。郭沫若挑出1595片研读考释，根据这批材料著成甲骨学研究的里程碑式的著作《殷契萃编》，该书在日本首次出版。郭沫若能成为“甲骨学四堂”（雪堂罗振玉、观堂王国维、鼎堂郭沫若、彦堂董作宾）之一，刘氏的帮助至关重要。①

王懿荣收藏的一部分甲骨，被美国传教士方法敛（Frank Herring Chalfant,1862—1914）摹写下来，在《甲骨卜辞七集》内出版。方法敛是最早收集甲骨文的外国传教士，他所收购的甲骨，凡购入必先画其图形，见到他人收藏甲骨，也要摹写其中文字和骨片形状。方氏是美国基督教长老会派遣来华的传教士。1888年，受美国长老会差派，到山东潍县传教。方法敛收集古董不单单只为盈利，是出于对中国文化的喜爱而收集并投入精力认真加以研究。方氏在传教过程中恰逢甲骨收藏的热潮，也了解到了甲骨文在中国历史上的价值，但是承受不了甲骨的高价，于是加入了英国基督教浸礼会，与介绍其入会的库寿龄（S. Couling，1859—1922）合作收购甲骨。这一时期安阳小屯村发掘出的甲骨，几乎都流到了山东，被高价收走，没有刻字的甲骨都被丢弃。根据陈梦家的统计，库、方两人开始合作到1908年这段时间内，从赵执斋手中就买到了大概2700片甲骨。库寿龄、方法敛两人也会

①陈子展教授在评价早期的甲骨学家的时候有“甲骨四堂，郭董罗王”的名句。中国近代四位研究甲骨文的著名学者：罗振玉（号雪堂）、王国维（号观堂）、郭沫若（字鼎堂）、董作宾（字彦堂）。唐兰曾评价他们的殷墟卜辞研究“自雪堂导夫先路，观堂继以考史，彦堂区其时代，鼎堂发其辞例，固已极一时之盛”。

将合作收购的甲骨转卖给组织和机构，从而筹措下一步推动资金。1903 年他们携手后，就出售给亚洲文会博物馆 400 片甲骨。至今这批甲骨还存有 192 小片。方法敛所搜集的资料都收在他写的《甲骨卜辞七集》中。他在 1906 年又写出《中国原始文字考》，此书比刘鹗《铁云藏龟》仅晚三年，可以说方法敛是西方学者里最早研究甲骨文的。

明义士（图 5-23）本名为詹姆斯·梅隆·孟席斯（James M.Menzies，1885—1957），明义士是他的汉语名字。他是加拿大基督教长老宗传教士，1910 年来到中国，先在长老会驻河南彰德府，后到安阳，从此便开始了他的甲骨学研究之路。他的儿子 1916 年出生在安阳，他从儒家经典《大学》取“大学之道，在明明德”之意，给儿子取名“明明德”。20 世纪 20 年代安阳在历史学上的地位已经确定，他便经常去河南安阳考察，和当地人交往，收购古物。1917 年在他出版的《殷墟卜辞》一书中说自己已经收藏了大约五万片甲骨。明义士还有一个身份就是山东齐鲁大学教授，于1932年应齐鲁大学所聘开始执教。齐鲁大学的正式校名为山东基督教共和大学，是 1904 年到 1952 年之间在山东省办学的一所教会大学，由来自美国、英国以及加拿大的 14 个基督教教会组织联合开办。明义士在执教时强调基督教中国本土化的重要性。他在齐大的五年是学术研究最多产的时期。《甲骨研究》《考古学通论》讲义撰写出来，期间他还发表了一系列研究甲骨文的论

图 5-23　明义士

文。齐鲁大学当时和燕京大学齐名，齐大更是成为当时研究甲骨文的重镇。[①]

幸运的是，明义士收藏的甲骨没有都带回加拿大，他在1936年离开中国回国休养的时候，身体不好，很多甲骨都带不走了。有一批文物在南京，他在离开中国时交给加拿大驻华大使馆暂存。1951年加拿大大使馆把这一批文物交给了南京博物院。南京博物院和明义士所著《殷墟卜辞》内容对照，2390片甲骨和书中著录内容符合，由此确定了文物内容。还有一批甲骨在北京，大概是明义士在北京华语学校的时候留到该校图书馆的，北京的藏品共有两万多片甲骨。第三批文物在他在济南的时候藏在他同事英国人林森手里。1952年“三反”运动的时候，林森把这一批东西交了出来，后来这一批东西都归入山东博物馆保管。加拿大皇家安大略博物馆共有他藏品的十分之一，大概五千多片。后来加拿大籍的华裔学者许进雄博士将这一批甲骨整理后进行研究，选出了三千多片编辑成了《殷墟卜辞续篇第一集》，于1970年在加拿大刊印出版。

① 参见宋路霞，《百年收藏：20世纪中国民间收藏风云录》，复旦大学出版社，1999年版。

第一节　欧洲的收藏

近代世界对于中国艺术的认识，是基于清王朝逐步崩溃，原内府文物外流而渐渐形成的。起初欧美国家对东亚文明的认识，限于对日本的了解。而在第二次鸦片战争和义和团事件后，大量清宫所藏文物流入欧美。经过辛亥革命，中国文物外流进一步扩大，并且形成规模。欧美逐渐形成了搜罗中国历代王朝正统文物的收藏体系。中国才是东亚文明的起源渐成共识。20 世纪中国文物大量外流，近代世界对中国美术开始有了认知。而 1935 年在伦敦皇家艺术院（Royal Academy of Arts）举办的豪华大型展览会，以前文所述中国北京故宫博物院等机构南迁文物在内的“中国艺术国际展览会”（图 6-1）为里程碑式的事件。这次展览是英国著名中国文物藏家为了加深对中国文物认识鉴赏而举办，这次展览将世界各地主要的收藏者和博物馆藏品都集中展览。20 世纪头 40 年内的这段时间，便是近代世界范围内对中国艺术的认识形成的时期。今天海外具有代表性的美术馆和博物馆以及私人收藏的中国文物精品，大多是辛亥革命后流出去的文物。清政府不仅是中国精品文物的最大收集和保存者，也是最大制造者。这一制度的崩溃，让中国文物失去了主人，流入列强手中。

在这一时期，中国陆续有敦煌藏经洞的发现、殷墟甲骨的发现。列强的探险队深入中国内地，伴随着对中国文物的劫掠，有来自英国的斯坦因，法国人伯希和，也有英法德对敦煌、新疆文物的劫掠。敦煌藏经洞的宝藏因为没有及时被中国学术界发现而整体收藏，造成了流散世界各地的悲惨命

图 6-1 中国艺术国际展览会

运，主要的收集品集中在伦敦、巴黎、圣彼得堡和北京，还有大大小小的收藏分散在中国、日本、欧洲、美国公私收藏者手中，给研究者造成极大的不便，学术界通常认为“敦煌在中国，敦煌学在国外”。正如陈寅恪先生所言：“敦煌者，吾国学术之伤心史也。”

敦煌莫高窟的王道士在 1900 年发现藏经洞七年后，英国人奥利尔·斯坦因来到了敦煌。斯坦因先后赴华四次，深入西北地区考察。第二次中亚考察的时候来到了敦煌。通过蒋师爷（蒋孝琬）的介绍，认识了王圆箓。斯坦因在和王圆箓的交往过程中利用了他的无知和宗教信仰，哄骗着王圆箓打开了藏经洞，并以四锭马蹄银从王道士手中“买到”了大批的宝物。斯坦因进入藏经洞后，在昏暗的油灯照亮下，经卷一层层地堆积在那，密密麻麻，散乱无章。经卷堆积的体积经过测算有大概 14 立方米。藏经洞堆满经卷后仅能容纳两人。斯坦因携带着 24 箱装满经卷的箱子和 5 箱经过仔细捆扎的绢画等艺术品回到英国，大概一年多之后，这批文物就住进了大英博物馆。[①]

另外一位从敦煌藏经洞攫取了大量文物宝藏的西方学者是法国的伯希和（Paul Pelliot）。1905年，伯希和由“中亚与远东历史、考古、语言、民俗考察国际协会”法国分会会长塞纳（Emile Senart）委任为法国中亚考察队队长。伯希和中亚考察队的收集品构成了巴黎的法国国立图书馆（Biblioth è que Nationale）的东方写本部（La Section Orientale du Departemat de Manuscrits）收藏的敦煌西域文献，并且相当丰富。

学者根据藏经洞留下的各种文献信息来推论构成藏经洞内含的各种材料的来源，藏经洞原本是归义军初期的河西都僧统洪辩的影窟。归义军时期敦煌大概有佛寺十七八座。龙兴寺是其中最大的一座，它是唐朝以来的官寺，位于沙州子城内，设立于莫高窟前的三界寺则远离州城，创立也比龙兴寺、开元寺、灵图寺等晚，体量也要小很多，藏经的数量和质量也无法同日而语。

中国学者与敦煌宝藏的面世失之交臂，造成藏品流散全球。除了上述斯坦因和伯希和两人引导的英法探险队收藏了极大部分藏经洞精品外，俄国奥登堡（S. F. Oldenburg，1863–1934）考察队也曾在1914—1915年考察了敦煌。

俄罗斯科学院东方学研究所圣彼得堡分所（St. Peterburg Branch of the Institute of Oriental Studies，Russian Academy of Science）也是世界上敦煌吐鲁番文献的主要收藏地之一。自1992年起，俄国科学院东方学研究所圣彼得堡分所、俄国科学出版社东方文学部、上海古籍出版社三方合作，编辑出版《俄藏敦煌文献》大型图录，影印了俄罗斯藏的18000余件资料。上海古籍出版社还与俄罗斯艾尔米塔什博物馆（冬宫）合作，出版了《俄藏敦煌艺术品》四册，前两册为俄罗斯藏敦煌壁画、藏经洞出土的绢纸绘画、刺绣和丝

① 参见荣新江，《敦煌学十八讲》，北京大学出版社，2001年版。

织品等。

中国收藏敦煌藏经洞文献最多的是国家博物馆。甘肃省也是收藏敦煌写卷的大户，由敦煌研究院施萍婷主持的《甘肃藏敦煌文献》，基本囊括了几乎全省各个单位收藏的敦煌文献。日本京都的龙谷大学图书馆，藏有大谷探险队所获的敦煌写卷。此外，还有印度国立博物馆（National Museum）、丹麦皇家图书馆（The Royal Library）、德国慕尼黑巴伐利亚州立图书馆（Bayerische Staatsbibliothek）、美国哈佛大学福格艺术博物馆（Fogg Art Museum）、国会图书馆（The Library of Congress）、普林斯顿大学葛斯德图书馆（Gest Library，Princeton University）、华盛顿史密斯学会弗利尔美术馆（The Freer Gallery of Art，Smithsonian Institution）等收藏单位，这些单位也都存有敦煌绘画。

卢芹斋贩卖文物

实际上卢芹斋的中国文物买卖活动、经营范围跨越亚洲、欧洲、美洲三大洲。随着世界范围内中国文物、艺术品市场的热度调整和转移经营中心。但他的“根据地”是在法国巴黎，发迹于法国，妻子也是法国人。文物及艺术品的进货、发货也是以欧洲为核心推动的。巴黎在他的生活中扮演着极其重要的角色，甚至在生命的最后时期，他也心系法国，终老于欧陆。

图 6-2　卢芹斋

卢芹斋（图 6-2）（1880—1957）生于中国浙江省北部的一个名叫卢家兜的偏僻小村镇。距离上海有 300 公里的路程，小到在地图上找不到这个地方，卢芹斋经常谎称自己出生在距离卢家兜几里之外的湖州。在卢家兜可以找到卢氏的族谱，这里记载卢芹斋的原名——卢焕文。卢芹斋在日后飞黄腾达后对自己的家世却一再文饰，称自己出生于书香世家，家境殷实。根据他自己去世前写的文字，他们卢家人是士绅阶层的一部分，祖辈曾经在朝廷为官。并且有一支族人做豆油生意，生意做得很大，总部在东北，豆油通过船舶运到南方……[①] 卢芹斋终其一生对自己的出身都在躲闪和遮掩，不希望世人了解到他的卑微出身。

卢焕文是由叔叔卢梅春抚养长大，叔叔家也很穷。卢焕文在尚未成年便立志要走出卢家兜闯一闯。距离卢家兜三十公里处便是南浔。卢焕文非常幸运地进入张家做工。南浔虽然距离卢家兜只有三十公里，但其经济差距却是天壤之别。南浔临近当时全国最为富庶的苏杭和湖州，而且南浔的张家财大气粗到在全国都数得着，在南浔是“四象”之一。南浔有“四象、八牛、七十二金狗”，“大象”据传说是指富有达到千万两白银的家族。该说法源于南宋以来南浔行商荟萃，成为江南知名富镇，实际上只是民间说法而已。张家在18世纪以来便垄断经营官盐，敛财无数。在上海和江苏建立了很多大宅院，都在黄金地段。20世纪二三十年代大上海的许多建筑如大上海电影院、大上海歌舞厅等都在张氏家族的名下。这个家族也涌现出了许多政坛的风云人物。如张静江便是孙中山的左膀右臂，资助国民党成立，甚至在蒋介石的上位过程中都有助一臂之力。

张家高门大户重视传统文化教育，张静江对传统文化的学习很系统，又生逢时代变革之际，兼具了古代读书人的知识修养，也有西方文化的浸染，思想还受革命思潮影响颇深。张父遵循中国古代社会士、农、工、商的等级序列，推崇“万般皆下品，惟有读书高”的价值观，有钱便为儿孙捐官，花十万大洋给张静江买了个二品候补道衔。张家的少爷们都居住在上海法租界

① 参见［法］罗拉著，卞婉钰译，《卢芹斋传》，中国文联出版社，2015年版。

的豪宅中，早就有了国际化视野。张静江的思想中非但没有君臣纲常观念，还日趋走向反清反封建的思路，且多从事颠覆清廷的活动。家里惧怕他出事，便以人脉、财力为张静江谋得中国驻法国公使商务参赞职务，张静江便得以在 1902 年出使法国躲避风头。卢焕文凭借自身的能力和踏实获得了张公子的青睐，当时虽然他只是厨房里的一个小伙计，但幸运地被只有二十五岁的张静江选为随行赴法。后来他在自传中伪造了这段经历，写自己是通过学位考试取得了赴法国学习的资格，在清政府的驻法公使那儿偶遇年长他三岁的张静江。

初入法国的卢焕文打扮仍然是留着长辫子，身着长袍。法国首都巴黎充满异域情调且极为开放。人们对于这样打扮的卢焕文自然是投来众多诧异的目光。当时的巴黎正值第二次工业革命的浪潮中，卢焕文当然也需要适应来自巨大的文化差异的冲击。由于张静江出生患有肌肉萎缩症，天生跛足，卢焕文在日常生活中对他的伺候便是最有力的帮助了。张静江虽然身体残疾，但精力充沛，继承了祖上的优秀经营才华。1902 年，张在马德兰广场开起“通运商号”，专营中国货。接着在巴黎意大利街开办了同义银行和开元茶楼。1907 年又在巴黎西郊开设了一个豆腐厂。[①] 张静江和他的朋友，1925 年成为故宫博物院院长的李石曾（李瀛煜）等创立了“新世界社”，之后创办《新世纪》杂志，并在日后以豆腐厂给在巴黎打工的旅法留学生提供勤工俭学的机会。张静江身残志坚的精神和人脉都成为日后卢焕文成功的助力。

通运公司可以找到当时中国的特产，比如丝绸、地毯、瓷器、古玩、茶叶、漆器等。在公司中卢焕文是最为能干的雇员，他不仅天赋最高，学习能力强，做起事来又非常积极。张静江顺理成章地任命他为店里的掌柜，并带着他去比利时列日省参加 1905 年的中比贸易博览会，让他成了这一次博览会的组委会成员 。自这一年起，卢焕文逐渐成为公司里的重要人物。在

① 参见［法］罗拉著，卞婉钰译，《卢芹斋传》，中国文联出版社，2015 年版。

1907 年通运公司的业务开始走向繁荣，在通运琳琅满目的货架上，大多数货物都是赔钱的，而能牟取巨大利润的货物是来自中国的古玩，张静江早年在家中收到极好的传统文化教育，他对中国古代文物的鉴赏颇具眼力，这一点卢焕文也从他那里学到很多。欧洲人在中国的文物劫掠和考古发现与古玩市场的繁荣是呼应的。1860 年英法联军攻占圆明园便给欧洲市场带来不少罕见的中国古玩，1900 年的八国联军攻入北京更大程度劫掠了皇宫的奇珍异宝。19 世纪末到 20 世纪初，欧洲出现了大量清代皇室的御用品，陶瓷制品尤其出众。斯坦因、伯希和从中国敦煌带回来的大量精美卷轴画、写经等文物，让欧洲重新认识了中国艺术，引起了极大轰动，也助燃了当时欧洲的汉学热。但张静江却将公司赚到的大部分利润投入中国革命事业。他将钱汇到中国，支持孙中山的中国同盟会，并鼎力资助了中国国民党成立。1908 年，张静江直接回国辅佐孙中山而放弃了通运公司的经营。

卢焕文对政治没有兴趣，在旧主归华后便在巴黎正式开张立户，建立了“来远公司”，他也给自己取了新名字，从卢焕文转变成了卢芹斋，彻底改头换面。巴黎集美博物馆策展人奥博耶（Jeannine Auboyer，1912—1990）经常以他名字首字母加上姓氏拼音称呼他为“C.T. Loo”，这成为卢芹斋入乡随俗、终其一生在西方使用的固定称谓，后来在定做的服装、手帕、门牌、商标、店名等多处都以此为号。卢芹斋经常从欧洲自西伯利亚大铁路回到中国，从莫斯科到北京，有时候远至上海。生意起步缺乏资金，他在南浔故交中寻到在上海开“同福绸缎庄”的吴启周，吴投资了 150 法郎，并一直同卢芹斋合作到卢的最后时光。祝续斋、缪锡华是北京琉璃厂的文物藏家，和吴启周一起，三人最早和卢芹斋合股，为卢氏打造他的文物帝国奠基。[①]

来远公司在巴黎开业后，卢芹斋在忙碌之余，结识了影响他一生的女性——奥尔佳（图 6-3）（Olga Hortense Libmond，1876—1960）。奥尔佳的

① 参见［法］罗拉著，卞婉钰译，《卢芹斋传》，中国文联出版社，2015 年版。

图 6-3　卢芹斋同“岳母”奥尔佳

父亲是波兰人，母亲是意大利人。奥尔佳在巴黎给人做家务时，被男主人诱奸，十九岁生下女儿玛丽·罗斯（1895—1971）。由于当时的法律不允许父母在没有手续的情况下抚养私生儿女，因此玛丽·罗斯出生后没有任何名分，连名字（出生名字为“奥利维亚”）都是政府人口登记部门随机“分配”的。在她二十五岁时才获得了合法的父母。奥尔佳这时候也给女儿找了一个养父。而孩子的生父，一直和奥尔佳保持情人关系，并给了奥尔佳一个帽子店，位置和张静江的通运公司相隔不远，在一条街上。卢芹斋和奥尔佳认识的时候奥尔佳三十岁，比卢大四岁。两人交往后虽然情投意合如胶似漆，但当时卢的经济基础还是薄弱，奥尔佳不能放弃来自情人的经济支持，因此两人不能正当交往。为了掩人耳目且又获得经济支柱，在玛丽·罗斯年满十五岁（1910 年）法定婚龄的时候，奥尔佳安排没有身份、性格柔弱的她和卢芹斋结婚了（图 6–4）。卢芹斋如愿和法国女性结为夫妻，婚后“岳母”奥尔佳不但可以和“小两口”生活在一起，而且经常以“监护人”身份替玛丽在生意文书上签字，还始终掌握着卢芹斋店里保险柜的密码。

图 6-4　卢芹斋夫人

卢芹斋在巴黎、伦敦都有开店，通过各种渠道和逢迎交际，他已然成为巴黎社交圈中的“红人”，彻底融入了欧洲社会，奔波于欧洲各处寻找商机。他经常往返于中国北京和上海，那里有他的办事处，通过那里的合作人进货。卢氏公司的办事处通常包吃住，款待上门看货的客人，办事处便成了当地古董买卖的中枢。北京覆盖长江以北的文物市场，上海接待长江以南的文物贩子，可以说，他的文物销售网已经在全国的文物市场里举足轻重。在第一次世界大战爆发后，他敏锐地觉察到这场战争会将艺术中心从巴黎转移到纽约，美国会成为全世界中国文物新的购买中心。1915 年 3 月，“卢芹斋来远公司”在纽约开张。1930 年卢芹斋为公司更名“卢吴”（Loo C.T. et Compagnie），有人说“卢吴”和“卢浮”二字谐音，即暗指“中国的卢浮宫”。吴是合伙人吴启周的姓氏。卢芹斋的公司在纽约曼哈顿第五大道上。通过经营，卢芹斋逐渐建立起由查尔斯·朗·弗利尔（Charles Lang Freer）、小洛克菲勒、乔治·拜伦·戈登（George Byron Gordon，当时费城大学博物馆馆长）等藏家为基础的客户群。1915 年 4 月，卢芹斋从上海的大藏家庞莱臣手中转手了十几幅中国古代名画，弗利尔购买了其中的十一幅，这些画现藏在华盛顿特区的弗利尔美术馆中，另外四幅被尤金（Eugene）和阿尼斯·梅尔（Agnes Meyer）夫妇买走。这一批画的成交价格是 16500 美元。①

卢芹斋在刚开始的交易中主要扮演中间人角色。他通过交易，通过既有钱又懂艺术的弗利尔，和梅尔（Meyer）、摩尔（Moore）家族建立起友好关系，并予以保持。在逐步打开局面并积累财富后，卢芹斋便开始自己买下来自中国的古代艺术品，囤积奇货以伺机出手。卢芹斋通过不断地扩大自己的交际面来打开美国市场，络绎不绝的书信往来，让他穿梭于美国的中国文物圈子里。不断通过老客户的介绍，搭桥结识新客户，以至于在 1918 年卢芹斋已经可以提供出一份极为可观的客户名单：F.A. 怀汀博士（F.A.Whiting）、俄亥俄州克利夫兰艺术博物馆 J.A. 马克林（J.A. Maclean）、波士·雷茨

① 参见［法］罗拉著，卞婉钰译，《卢芹斋传》，中国文联出版社，2015 年版。

(Bosch Reitz)、纽约大都会艺术博物馆霍比(Hobbi)、宾夕法尼亚费城大学博物馆G.B.戈登(George Byron Gordon)、马萨诸塞州波士顿艺术博物馆约翰·罗智(John Lodge)、密苏里州圣路易斯市城市艺术馆R.A.荷兰(R.A.Holland)、马萨诸塞州剑桥福格艺术博物馆保罗·赛奇(Paul Sachs)、纽约东37街117号铺S.T.彼得斯(S.T. Peters)。除了个人，巴黎卢浮宫博物馆和伦敦大英博物馆也是卢氏的长期合作对象。后来美国许多重要收藏家都成了卢芹斋的客户。卢氏的通讯录上都是他经年苦心积累到的一批如雷贯耳的名字：J.P.摩根(J.P. Morgan)、格林威尔·温索浦(Grenville Winthrop)、小约翰·洛克菲勒夫妇(John Rockefeller)、阿尔弗雷德·匹斯波利(Alfred Pillsbury)、亨利·克莱·弗里克(Henry Clay Frick)、W.S.摩尔夫人(Madame W.S. Moore)、大卫·威尔(David-Weill)、本杰明·阿特曼(Benjamin Altman)、多瑞斯·杜克(Doris Duke)、波特霍德·劳费尔(Berthold Laufer)、萨缪尔·彼得斯(Samuel Peters)、理查德·尤金·富勒(Richard Eugene Fuller)、丹曼·罗斯(Denman Ross)等。[①]

1912年1月1日，中华民国的成立宣告了中国帝制的终结。末代皇帝溥仪在同年2月12日逊位。对中国时局极为关注的卢芹斋，于1911年在上海正式成立中国商号，取名“卢吴”，由最初的合伙人吴启周主要打理。北京的分号是祝续斋和缪锡华做掌柜。卢芹斋的兴趣集中在中国古代雕塑、青铜器、古玉这些新奇物件，而不是市场普遍流转的瓷器等商品。他趁着时局混乱，借助早年借张静江等人结交的国民党中的人际网，用钱开路，打通关节。此时，张静江的通运公司依然做着古董买卖生意，连带着卢芹斋沾光不小。卢芹斋利用各种关系，从私人藏家手中买进文物，在市面上找不到精品，便组织掘坟盗墓。当时政府在1913和1914年出台了古物保存法，禁止古物出口。但似乎该法令对卢芹斋形同虚设。1916年到1917年之间，卢

①参见［法］罗拉著，卞婉钰译，《卢芹斋传》，中国文联出版社，2015年版。

芦芹斋主导的盗墓与文物贩卖活动被与1860年火烧圆明园带来的灾难相提并论。中国美术史上的经典浮雕、唐太宗李世民的昭陵石刻中“飒露紫”“拳毛䯄”两块石板被卢贩卖到美国，出手价达到了12500美元，这是当时文物成交最高价。不仅是商业上的纪录，此举的政治、文化影响力太大。中央电视台的第十频道在2011年2月播出的《六骏传奇》中称，盗运昭陵二骏到国外的人“应该被钉死在耻辱柱上”。之前并没有人胆敢倒卖皇陵文物，又是如此著名的大型文物。卢芹斋在任何场合下都称自己没有涉及盗墓，并且“二骏”是在当地政府手中购得，地方军阀护送到北京，获利全部投资建设学校。这其实说明他和当局极为密切的关系，可谓“手眼通天”。据说“六骏”在出土后经过各种辗转，也受损严重，1914年落入陕西军阀陆建章之手，在押送作为贺礼的“二骏”进京送给“袁大总统”的过程中不知所终。而1918年3月9日，“二骏”突然经卢芹斋的来远公司出现在纽约大都会艺术博物馆。[①]

卢芹斋建立起一个完整的“铁三角”结构：北京和上海是中国文物的供货中心，美国纽约是货物的集散地，而法国巴黎则是他的展场和柜台。在整个流程中，在中国他每年夏天去进货，用传统习惯和做法招待各地来北京或者上海分号的客户，包吃管住。卢芹斋在欧美为了拓宽交际面，不仅在货物来源、销售等各方面大下功夫，还对买家进行鉴赏水平的培养。因为在20世纪初年，除了弗利尔等几大名收藏家，美国大众其实对中国艺术一无所知，也就仅限对18、19世纪进口的一些中国瓷器的了解。西方艺术史研究也不涉足中国艺术领域。卢芹斋所感兴趣的雕塑、青铜器和古玉也没有太多人了解。卢芹斋在分析中国文物的时候使用了很多古希腊艺术研究的词汇，比如“平衡”“对称”“协调”等。他在1937年出版了《中国艺术史索引：初学者指南》。而且在他的赞助之下，萨尔莫尼（Salmony）、朴吕美

① 参见［法］罗拉著，卞婉钰译，《卢芹斋传》，中国文联出版社，2015年版。

（Plumer）、伯希和（Pelliot）等国际著名的汉学家、艺术史学家开始制作中国文物图录，逐步建立起中国艺术的全新鉴赏体系。这种投资，使得卢芹斋在文物鉴定方面极具权威。他经常出资帮助旅美的中国同乡们。1944 年著名青铜器专家、诗人、作家陈梦家和妻子赵萝蕤在美国洛克菲勒基金资助下到芝加哥大学深造。卢芹斋慷慨出资、出人为陈梦家提供研究的各种便利，提供去各地参观公共博物馆及私人藏品等条件，也联系很多圈中的资深行家，为陈梦家撰写《美帝国主义劫掠的我国殷周青铜器集录》[①]（图 6–5）提供了很大帮助。

图 6-5 《美帝国主义劫掠的我国殷周青铜器集录》

卢芹斋将中国雕塑的风格演变和西方艺术史分期进行对应。魏晋时期的造型风格对应的是希腊“古风时期”，隋代对应“过渡时期”，而唐代对应“古典时期”，唐末的雕塑风格对应“巴洛克时期”。[②] 这就形成了卢芹斋“立体的”身份，整个产业从文物盗掘开始，又是经纪人，还投资学术研究，是一名鉴定家。他对中国古代文物和艺术品的判断力和品位，以及对中国传统文化的深刻理解在世界范围内都是屈指可数的。他在世界财富中心的交际圈穿梭往返，在文化界、商界、政界游刃有余。他的古董店有沙龙的功能，还定期在纽约的各大商业中心举办“回顾展”。美国收藏家们多聚集在他的古董店内交谈甚欢，学者和研究者及看热闹的人们在他举办的各种中国艺术回顾展上也可以看到顶级的中国古代艺术品。结合他本来就极为精通的察言观色

①《美帝国主义劫掠的我国殷周青铜器集录》是 20 世纪 60 年代刊行用名，现行本为《美国所藏中国铜器集录》，金城出版社，2016 年。

② 参见［法］罗拉著，卞婉钰译，《卢芹斋传》，中国文联出版社，2015 年版。

和在交际圈中的阅历，给不同喜好和身份的客人推荐适合的古物，非常得体恰当。古玉、金银配饰、帝王肖像画、石雕佛像等，都能在他的古董店里找到适当的买家。而且通过多年的积累，“卢芹斋经手”便成为一件艺术品可以保值的质检标签。

一战后，欧洲经济滑坡，而美国借一战在 1920 年代经济上迎来空前的繁荣。在这个历史转折时期，卢芹斋抓住机遇，在美国的中国文物市场大赚一笔。在财富充分积累后，1926 年卢便在法国巴黎 17 区古塞拉路库尔塞勒街 48 号（48 Rue de Courcelles,75008 Paris），临近蒙梭公园（Parc Monceau），开始着手建造他的“彤阁”（图 6–6）（巴黎红楼，Pagoda Paris）。该建筑采用了众多中国传统建筑的各种木质、石质装饰，斗拱和中国特色的屋顶在周围的奥斯陆风格法式建筑群中显得特立独行。彤阁花费了卢芹斋大量金钱，建造过程中超出了预算的 800 万法郎（约合 450 万欧元）而去四处找赊账客户催账，并反常要求客户预付定金。彤阁建成后，形成了当地的一道风景线，在法式建筑中是非常扎眼的中式建筑风格，但跟传统中式建筑比，其实也不伦不类。当年踏入彤阁参加聚会的嘉宾们，仿佛置身于中国古代艺术博物馆，汉代陶俑、石刻佛像、印度铜像、雕梁画栋，有时会有演员表演中国古典舞蹈。贵宾还可以随时享受到主人的殷勤款待，食用水饺等中国传统食品。彤阁的落成在昭示

图 6-6 “彤阁”

主人的身份地位和文化主张，是主人生活和社交的中心，最终它也成了巴黎这座大都市中的著名“活化石”。据说在 1970 年巴黎盛传要拆迁彤阁，周边居民纷纷联署各种书信，要求将其保存。其实有意思的是，在当初要建的时候，周围的居民也联署投诉，试图阻止彤阁破土。

卢芹斋一生将无数中国艺术品转手到欧美，也捐赠了大量的艺术品到博物馆。美国波士顿美术馆、堪萨斯纳尔逊－阿特金斯艺术博物馆、英国伦敦大英博物馆、法国巴黎集美博物馆（是卢芹斋捐赠博物馆中最多的，不少于 55 件）。作为行业巨头，他对各大著名博物馆的藏品可以称得上是如数家珍，他的藏品自然可以与馆藏形成互补，并按博物馆的需求捐赠。1928 年他获得了法国荣誉军团勋章，1929 年法国国家博物馆又授予他一枚奖章，是为了表彰为卢浮宫等公共博物馆捐赠者设计的。卢芹斋的名字和“卢浮宫之友”的字样刻在奖章上，他因对法国文博领域的贡献被法国博物馆界多次表彰。

1948 年是卢芹斋宏大文物生意的衰败起点。7 月份，他的一批几十件春秋青铜彝器货被海关扣押。这批彝器早在 1932 年就被发掘，经过多年的运作，数次辗转运到了上海。这时候国内的形势起了变化，他在原来国民政府培植的关系网络被肃清，文物发掘现场也被官方管制起来，大概 29 万银元（约合 2.2 万欧元）的投资付之东流，这直接导致他的资金链断裂。这一批货滞留两年后被收归国有，现藏于上海博物馆。上海当时的文物界有走私“四大金刚”先后落网，他们是：禹贡古玩号的叶叔重、雪耕斋的张雪庚、福源斋的戴福保、珊瑚林古物流通处的洪玉琳。他们都和卢吴公司有联系。尤其是叶叔重，他是吴启周的外甥，负责给卢吴公司在国内供货、发货。中国发生的巨大变化导致卢芹斋最终走向了破产。

卢芹斋精于鉴定，擅长经营，在半个多世纪内对全球中国文物买卖呈现出主导之势。他将大量中国文物贩卖到欧、美，取悦了外国人，在欧美上流社会斡旋多年，可以和洛克菲勒、摩根等豪门通商，一时享尽荣华，风光无限。欧、美的博物馆及收藏界对他极为崇敬。他贩卖出去的巨额顶级文物造成中国文物的大量流失，现在欧美的中国文物，有一半应该是通过他转手出国的。国人痛恨之，骂他为“卖国贼”。而他个人则辩解此举在客观上保护了大批的中国文物。另一方面，他组织文化活动，投资学术研究，很大程度改观了19世纪末到20世纪初欧、美社会对中国艺术的不完整认知，甚至还影响到今天的美术史、艺术市场、鉴定学、考古学、收藏史等多领域。

第二节　美国的收藏

根据日本学者的统计，20世纪在上海，对美国的文物出口有绝对的市场占有率。1916年到1931年期间，去往美国的出口额总和为近七百二十三万两（单位为当时的海关两），占全部的63%。法国紧随其后，有一百一十万两，仅占全部的9.7%。英国排名第三，占总额的9.6%。日本二十七万两，占2.4%。德国二十四万两，占2.1%。发往日本的出口额是天津港的25%。发往日本的古董出口主要基地是天津，日本基本上占据了20世纪前20年天津港的中国文物出口贸易额，在20年代之后，美国逐步超过日本。20世纪前30年中国对上述五国的古董出口总和为九百九十六万两，基本是上海港出口总和的87%。在这段时期内，天津、上海两港的出口额总计一千四百七十二万两，美国有八百一十四万两，占全部的55%。这一段时间的中国文物出口贸易，由美、法、英、日、德占绝大部分，美国购入的中国文物在总额中更是过半。[①] 美国收藏中国文物数量比较可观、质量也高的博物馆主要有：纽约大都会艺术博物馆、普林斯顿大学博物馆、堪萨斯城纳尔逊博物馆、克利夫兰博物馆、波士顿博物馆、华盛顿弗利尔博物馆（图6-7）。

① 参见［日］富田升著，赵秀敏译，《近代日本的中国艺术品流转与鉴赏》，上海书画出版社，2014年版。

图 6-7 各大博物馆照片

福开森的中国艺术收藏

图 6-8 福开森

福开森（图 6–8）（John C. Ferguson）于 1866 年出生于加拿大安大略省纳帕尼，他的父亲是一名牧师，他在 21 岁时就完成了神学院的教育。福开森是 20 世纪中国艺术的著名美国藏家，在 1866 年到 1886 年之间，福开森主要经历是在加拿大和美国求学，1886 年，他毕业于美国波士顿大学，获文学学士学位。

1888 年福开森夫妇来华，在南京交游贵胄。南京是两江行省的首府，两江当时包括了江苏、江西、安徽和上海，在政治和经济地位上极为重要。他在这里最先结交两江总督刘坤一，并在 1898 年正式成为总督的外籍顾问。1897 年福开森在南京负责组建了"汇文书院"（1910 年与宏育书院合并为金陵大学，1952 年并入南京大学），福开森任首任院长，这是南京市第一所西式大学。在南京时，福开森结识了一群进士出身的文人，如张謇、缪荃孙、柯逢时、蒯光典等。尤其是当时以文献学和金石学著称的缪荃孙给他带来的影响极为深远。通过缪的引导，他接触到了金石学，并且成为他学术之路上一段时期的领路人。

1897 年到 1911 年，福开森担任清政府的洋务派顾问一职期间，与当时清廷的洋务派官员盛宣怀私交甚密。在盛宣怀的邀请之下，他举家迁至上海，并在 1896 年出任南洋公学（即上海交通大学、西安交通大学的前身）监院。之后 1899 年，福开森在《新闻报》的外资拥有者宣布破产后，在盛宣怀的帮助下借机收购了它。在他的筹划经营之后《新闻报》成为当时上海发行规模最大的日报，这是福开森家族的一笔重要财政收入。盛宣怀作为晚清中国工业和基础设施建设的奠基人，在他请福开森帮助管理南洋公学之后，直到清廷在 1912 年覆亡，福开森作为幕僚，和盛宣怀可以说形影不离。福开森在中国改革、外交、出版、艺术市场等各个领域的一切活动中都和盛宣怀关系极密。

1900 年，张之洞参与庚子赔款相关事宜，福开森除了继续为盛宣怀服务，还兼为湖广行省总督服务，是张之洞的外籍顾问。张之洞管辖湖北、湖南二省，总督府在首府武昌，福开森经常溯长江而上，因公往返于武昌和沪上。张之洞在晚清时期的学识和改革政策影响很大，福开森通过这一层关系也逐渐开展自己的业务。1901 年福开森最终确定自己在波士顿大学的博士论文题目为《宋代的经学复兴》。这选题应该和他与中国文士的交往密切相关。通过结识这几位清廷的重臣，福开森不仅在他们的帮助下取得了博士学位，而且从安大略到上海之旅，从一名传教士做起，他转变了身份，在中国的经历确立了他教育家、管理家和外交家的身份。清廷覆灭后，他继续以前朝官员的身份出使海外，利用之前和中国高官的交情买卖艺术品。

端方的伯父是进士出身的清代重臣，端方借此关系结识了帝师翁同龢（图 6-9），翁同龢后来向当时担任工部尚书的潘祖荫举荐了端方。端方先于工部就职，尔后于 1899 年出任陕西巡抚。义和团运动之后，端方于 1901 年到 1904 年任湖北巡抚，代行湖广总督、两广总督之职。福开森在 1902 年被聘为端方的外籍顾问。1906 年到 1909 年间，端方再度出任两江总督，尔后调任直隶总督，在 1911 年任渝汉铁路督办，在辛亥革命中被军人哗变杀死。

图 6-9　翁同龢

通过和端方的接触交往，福开森涉足于古物研究，邂逅金石学。而清代的金石学家圈子里往往是社交占有大量的沟通方式，彼此通信，交换拓片是常有的事儿，还经常会面交流。潘祖荫是北京数代金石学家中的顶尖人物。除了潘祖荫，还有像陈介祺、盛昱、王懿荣、吴大澂、缪荃孙（图 6-10）等。张之洞、端方都是这个圈子中的一员。甲骨文学者刘铁云也在这个圈子之内。而端方收藏古董大概是 1894 年到 1904 年期间，十年左右他建立起自己的收藏。尤其是在潘祖荫、王懿荣、吴大澂等藏家逝世后，端方便将他们的收藏

图 6-10　缪荃孙

纳入囊中。在端方任职陕西巡抚期间，出土彝器大都摆上了他的案头。福开森和端方密切交往的1906年到1909年期间，恰逢端方已经在铜器、碑刻、玉器多方面取得极大成就，在1908年完成了自己的藏品目录即《陶斋吉金录》。在20世纪初担任端方外籍顾问时期，福开森经常往返于武汉、南京、上海三地。在总督府饱览端方的藏品，也接受过端方的拓本等赠品，更重要的是，他能够和吴大澂、刘铁云等晚清的金石巨擘身上学到最前沿的知识。福开森和端方的交往，结束于1909年端方任职直隶总督。

1896年11月，福开森还在南京的时候，就加入了皇家亚洲文会北中国支会。1901年便被选举为行政委员会的一员。福开森在学会任职期间，管理甚为得当，使中国物产和自然史标本的博物馆重振生机，并让学会的会刊能够如期出版，得到会员们的肯定。1908年11月学会还开办了“古代中国瓷器和艺术品展”。福开森在这项工作中的贡献被清代官员极大肯定，清代官员当时一直致力将中国工业化产品和艺术品投放于国内外展览上，比如1873年在维也纳世界博览会和1904年圣路易斯的万国博览会这样的现代典型世博会。从19世纪晚期到20世纪早期，中国政府对参加世博会的热情日渐高涨。端方在1903年向第五届国内产业促进博览会（日本大阪举行）以及1904年的圣路易斯万国博览会输送了展品。在1908年端方又推动了南洋劝业会的筹办，1910年劝业会在南京正式举办。1908年上海的“古代中国瓷器和艺术品展”之后，中国陶瓷、青铜器、绘画及装饰性艺术等门类，逐渐受到学会的重视。18世纪中期，美国殖民地中富人在中国艺术方面的收藏趣味跟随的是欧洲。1776年美国独立后，美国和中国的贸易大幅度增加，美国上流、中产阶级对中国的瓷器、金银器、丝绸、漆器等工艺品兴趣增加。19世纪晚期到20世纪的早期，美国对日本的关注，逐渐催生出了美国中上层阶级对佛教和其他非基督教新教的极大兴趣。20世纪20年代晚期，中日艺术品在美国的收藏逐渐升温，福开森在20世纪前30年内，参与了这一次重要的转变。

1911 年的夏天，福开森前往北京出任邮传部顾问，这当然和盛宣怀有关。由于清政府到北洋政府的转变，基本是一次政权交接。因此辛亥革命后，福开森一直和清朝旧臣藕断丝连，为清廷重臣效力。福开森在长江下游活动二十五年期间全心投入于晚清中国政治文化的潮流之中，积累了人脉和金钱，学习了金石和古器物的知识，这为他后面的岁月里开展的收藏活动打下基础。

1912 年 4 月 12 日，福开森离开北京前往美国，重新寻求新的职业机会。5 月福开森拜访大都会艺术博物馆秘书长及董事会副主席罗伯特・W. 福利斯特。会面的结果是福利斯特委托福开森代表大都会艺术博物馆在北京收购中国绘画与古器物等。之后的一年多时间内，福开森花费了数十万美金，从北京文物商人手中购买大量绘画作品等艺术品，还为美国客户鉴定藏品。在收购过程中，他逐步熟稔北京的收藏圈和艺术商人群体。国民政府成立初期溥仪仍然居住在故宫，没有成立博物院，中国也没有博物馆，收购活动只能从北京藏家的住所以及古玩店开始。

在 1912 年到 1918 年期间，福开森从清廷官吏转换了角色，成为北洋政府的顾问。他借助和遗老旧臣的人脉，逐渐将自己的身份转型，之后他不断介入到北京艺术市场，1912 年成为大都会艺术博物馆的中国文物代理人。福开森为大都会艺术博物馆开始合作的时期，恰好是大都会初建并逐步走向专业化的年代。大都会艺术博物馆于 1870 年落成，创建者以伦敦南肯辛顿博物馆和巴黎卢浮宫为楷模。但大都会艺术博物馆和波士顿美术博物馆的创办者都发现收集大师名作非常耗资，并且周期也漫长，他们把古希腊古典时期以及文艺复兴时期的雕塑的石膏复制品，还有油画的复制品当作有使用价值的替代品。1904 年，大都会艺术博物馆董事是 J.P. 摩根，罗伯特・福里斯特担任副主席，他们借鉴了波士顿美术博物馆的做法。波士顿美术博物馆聘用冈仓天心（图 6-11）出任中国和日本美术部的主任，摩根和福里斯特便聘用了福开森来主管中国艺术收藏的建设工作。

福开森于1912年6月返回北京，开始了为大都会艺术博物馆的收藏工作。当时中国的情况是辛亥革命爆发后，许多清朝官员家族，之前权倾朝野，现在陷入尴尬的境地，抛售家藏古董文物，成为一种趋势。因此福开森抓住这个购入精品文物的历史契机，突击性地花了三笔经费，合计50000美金。他如此的魄力来源于他对时局和形势的判断。他认为自己购入的文物价格都比之前的市场价格低，中国政局如果恢复稳定，文物的价格便会上扬，动荡的时局会造成文物的毁坏。福开森购入了大批的绘画、铜器、漆器、陶器、象牙等。[①]

图6-11　冈仓天心

福开森从蔡乃煌、徐郙、完颜景贤、冯恩崐、金城、宝熙等众多北京藏家那里，买到了不少作品。但福开森主要是在北京收购文物，并没去上海和当时中国最大的收藏家庞元济接触。他在收藏过程中非常自信，认为北京的交际和收购已经足够支撑起大都会的中国艺术收藏。他在文物圈子里有一个名号"茂生"，圈内互相题款时会以这个号来称呼他。其实端方早在1906年便如此称呼他，后来1944年故宫博物院院长马衡也这样称呼他。在这段时间，福开森经常在北京著名的艺术品、古籍市场琉璃厂活动。从德宝斋就购入了九幅画作，还有两册明代的扇面。画作中包括王翚、罗聘等大家的作品。还有购自茹古斋、论古斋、德珍斋等处的古物。而艺术交易圈子里，很多重要人物都兼具多种身份，比如金城和徐郙的儿子都是琉璃厂古玩店的老板，20世纪10年代到20年代中国艺术圈子，这种既是藏家又是文物商人的

①参见［美］聂婷著，郑涛译，《福开森与中国艺术》，上海书画出版社，2017年版。

情况极为普遍，可以说极为松散，并没有什么规矩。

在当时的艺术市场中，来自日本的收购力量也是福开森的对手之一。日本在19世纪末到20世纪初和中国的交流非常频繁，中国的古玩商、知识分子、艺术家、学生等大批东渡日本，寻求各种改革良策。日本殖民力量和商人也涌入中国，著名的汉学家内藤湖南便是当时中国古玩商和藏家，以及日本财团之间的中间人，日本的企业财团，对中国艺术品的收购表现得非常热情。日本买主如冈仓天心、早崎幸吉等，都是一流的买手，对鉴定和中国艺术圈的了解都高福开森很多。而实际上，福开森充满自信的收购活动并不能保证艺术品的高质量，他和上述的藏家间的关系，也并非极为密切，而是若即若离。中国艺术市场和西方不同，真伪混杂，业内的潜规则完全不同，采购了伪作后，圈内无人会道破玄机。

在这一次收藏过程中，福开森购入了200幅画作，30件商代到汉代的青铜器，还有明清象牙制品及20件缂丝制品。他的收购判断标准，在藏品运回美国后，和审核专家组发生了分歧。一方面，专家组认为青铜器应该归考古博物馆而不应归为中国艺术范畴。另外，波士顿美术博物馆的冈仓天心，对中国艺术史的观念在当时是主要的评价标准。在日本形成学术观点的恩里斯特·费诺罗萨（当时已故，撰有《中日艺术史纲》）的观点为当时主流，查尔斯·弗利尔等秉承费诺罗萨学术传统的专家以宋代艺术为中国艺术评价的核心价值，对明清以来中国绘画价值进行贬斥，对福开森购入的明清作品进行质疑。这构成了福开森的主要对立面，这也导致后面他购入的作品遭受冷遇。①

福开森进行艺术品交易的主要活动大概可以分两个部分。1912年到1913年他主要为大都会工作。1918年他在芝加哥艺术学院做了斯卡蒙讲座，那是他在美涉足中国艺术事业的高峰。在这段时间中，福开森奔波于美国各

① 参见［美］聂婷著，郑涛译，《福开森与中国艺术》，上海书画出版社，2017年版。

大城市进行演讲，举办展览试图出售这些藏品。他是极少数可以用流利汉语讨论和著述中国艺术的美国人。20 世纪 10 年代中期，福开森经常往返于北京和美国，有时候一年四个来回，他逐渐变成北京藏家和古玩商的朋友和常客，他为美国的中国艺术市场提供藏品，并逐渐在美国的中国艺术收藏圈成为权威人物。福开森在当时不被源自日本的影响所接纳，自己也缺乏一定的经验，因此不被美国同行所接受。但他虽然脱离出来，却开辟了一条路径来发现中国文人画的价值。1914 年 5 月，端方家族联系到福开森，希望将一批藏品换来经济上的宽裕。在美国，他购入了端方的旧藏。但是在当时，福开森已经无法说服大都会或者弗利尔出钱购买他的藏品了，他在这一段时期，经济和事业发展极为不稳定。

1916 年，徐世昌邀请福开森回到中国继续为政府服务，因此在即将天命之年的福开森，回到了他曾经工作了 25 年的中国，在北京定居，停止了太平洋两岸奔波的生活。从 1916 年到 1926 年，福开森为几任北洋政府的大总统担任顾问。受聘于袁世凯、黎元洪、冯国璋、徐世昌、段祺瑞执政期间。福开森与徐世昌的关系最为密切，两人私交很好。徐世昌在 1915 年为福开森在袁世凯那里争取到了“顾问”的职位，当时他是袁世凯的国务卿。福开森在供职袁世凯内阁时期结识了郭葆昌，在自己的著作《中国绘画》中提到了郭葆昌的藏品。他们在 1929 年及之后的几年内，合作编辑了《校注项氏历代名瓷图谱》。在 20 世纪 20 年代，福开森及家人在北京过得相对富足，成为北京藏家圈子和古玩圈子里的名人。

福开森还担任过北京几所博物院的顾问。在民国时期他与文化、政治等各界精英的交往关系使他获得了前清宫廷收藏和各大博物馆的访问特权。古物陈列所在金城的推动下在 1914 年成立，位于紫禁城武英殿和文华殿，文物来自沈阳故宫和承德避暑山庄。福开森在 1916 年造访古物陈列所，他和金城的结识源于他们都是袁世凯政府之中的同僚。1927 年他以专家身份参与到古物所的鉴定活动，基于他在 20 年代晚期和 30 年代初期在北京和学者与收藏家建立起的良好关系。在溥仪被驱逐出紫禁城，1925年故宫博物院成立之后，他也得以参加1930年故宫博物院成立之后的“鉴定委员会”。福开森参与了青铜器、书画和瓷器的鉴定小组。郭葆昌是陶瓷鉴定组组长，和福开森、廉泉一同鉴定书画作品。青铜器小组由马衡带头，包括马衡的学生容庚、唐兰。通过这些活动，福开森建立起自己在文物鉴藏圈子里的人脉，这些学者专家都为他提供了藏品和学术上的帮助。

福开森逐渐建立起个人的收藏规模，成为在中国最著名的收藏中国艺术品的美国人。1920年到1934年期间，福开森在民国的北京主要从事古玩的生意。大概十五年时间内，福开森收藏了书画、古玉、青铜器、陶瓷、拓片、照片等各类文物。藏品积累远超了他在中国南方任职时期的收藏。福开森将全部个人收藏（多为名贵文物）捐赠给金陵大学，这一捐赠行为是通过签署合约的方式在1934年12月12日正式生效的。参与签约的有福开森、金陵大学当时的校长陈裕光、古物陈列所所长钱桐。三方合约规定了福开森将个人收藏永久捐赠给金陵大学。金陵大学营建一所中国古典风格建筑收藏并定期展览这一批藏品。在建筑落成前，钱桐同意这一批藏品可以于北京紫禁城文华殿的古物陈列所展览。合约签订两天后，藏品便运到了北京紫禁城文华殿。1935年7月1日，一场由500件捐赠藏品组成的展览在紫禁城文华殿开幕。这一年福开森在北京举办了中国艺术展览。而古物所和故宫博物院的重要文物已经逐渐南迁“沪上寓公”。福开森捐赠作品展，和后来在伦敦举办中国国际艺术展仅仅五个月的间隔。福开森在北京的文物圈子里如鱼得水，他在文华殿的展览虽然非常成功，但却没有能够参加20世纪初国际上最重要的中国艺术事件，并且他的捐赠展的风头完全被伦敦的国际艺术展压过，这未免有一些遗憾。①

1937年日本侵华，这阻碍了南京的金陵大学营建新馆存放福开森藏品

① 参见［美］聂婷著，郑涛译，《福开森与中国艺术》，上海书画出版社，2017年版。

的进程。福开森一直在中国北京生活。在战乱中，他的藏品没有转移，一直留在文华殿。这一批文物直到20世纪50年代早期才被最终转移到南京大学，现保存于南京大学考古与艺术博物馆。福开森第二次返回中国后，他早年在南京积累的人脉都已经不复存在，而且当时作为“国都”的南京政治影响要高于北京，在1943年，由于时局变动，福开森被迫离开北京。

20世纪10年代到40年代这段时间，福开森一直致力于中国艺术、考古资料的积累，著述了大量专论，还翻译了很多论文，也撰写了许多书评。他出版的专著反映了他久居中国对于历史、文化、艺术的认知和感悟。福开森在1919年出版了《中国艺术讲演录》(*Outlines of Chinese Art*)。1925年底，福开森完成了《中国绘画》(*Chinese Painting*) 的初稿，该书在1928年被美国平面艺术学院选为当年五十大重要著作之一。1939年上海出版了《中国艺术纵览》(*Survey of Chinese Art*)。除此之外，他还在《皇家亚洲文会北华支会会刊》、《中国科学与美术杂志》(*China Journal of Science & Arts*) 等各类期刊发表了一百多篇关于中国艺术、考古、历史、文化的论文。①

19世纪晚期到20世纪初期日本正处于现代化进程中，日本先于中国学习西方，和西方的交流非常频繁。而欧美为主的西方世界也流行日本的艺术。西方学者在对中国艺术的描述和评价上，基本沿用日本学者的观点，没有发现中国艺术的特色与价值。福开森对冈仓天心等学者的观点进行反驳。他要通过论证和作品的展示，向世人宣布中国艺术起码在当时是可以和日本艺术分庭抗礼的。福开森将青铜器和绘画一同纳入中国艺术里，扩大了纯美术的范畴，这是一个重要贡献。但他对中国1919年新文化运动产生的艺术思想和风格并不重视。像蔡元培引导的“美育代宗教”改造中国传统艺术的活动，福开森也不关注，他仅对传统绘画和工艺品表达了浓厚兴趣。

① 参见［美］聂婷著，郑涛译，《福开森与中国艺术》，上海书画出版社，2017年版。

第三节　日本的收藏

日本的传统文化和美术在明治维新时期遭到破坏，伴随着毁佛废寺的全面欧化主义，极端的政策与思潮引导日本人抛弃了类似佛像、茶具、铠甲、兵器等大量的传统工艺美术品。而经过了中日甲午战争、日俄战争，日本凭借战争获得巨大利益，国际地位迅速上升，导致日本人民的民族自信心暴增，国粹主义也得以复苏。这一段时期日本经济发展非常迅速，政局平稳，在第一次世界大战前保持了社会繁荣。而日本在对自身传统文化破坏又重燃兴趣这一过程中，恰逢中国爆发义和团运动，引发八国联军侵华导致列强对中国文物的掠夺。在此期间，日本对中国文物产生了巨大兴趣，结合本国复兴的国粹主义，也逐渐在世界性对中国艺术认识形成过程中建立起了对中国艺术的系统收藏。

辛亥革命后宣统皇帝逊位，清室和各个亲王家藏相当数量的古董便由于时局的混乱状况及经济上的穷困而出售，经过古董商的手流转到海外。这是通过贸易手段的外流。日本对于中国文物的初期接受，是由于日本煎茶道的复兴。瓷器、青铜器等器物流入日本首先是作为煎茶用具被古董商人交易。而随着历史的潮流演进，青铜器等古物逐渐失去了煎茶用具的属性，逐步具备了美术品的鉴赏性，而在日本大正中后期，煎茶道迅速衰退，青铜器便确立了鉴赏品的地位。

19 世纪后叶，欧美国家兴起了追捧日本物品和美术品的热潮。这就是近代的“日本主义”，或者叫“日本热”。1867 年和 1878 年，巴黎举办的万国博览会上的各种日本展品是日本主义得以盛行的极佳契机。浮世绘是“日本主义”的开端，尔后陶器、瓷器、漆器、金工、象牙等多种工艺美术品都得到欧美诸国的青睐。日本的很多文化观念便通过这些作品在世界范围内产生广泛的影响，最为显著的便是当时欧洲流行的印象主义、后印象主义的画家们。但在 1900 年义和团运动后，中国文物大量外流，如伯希和把敦煌文

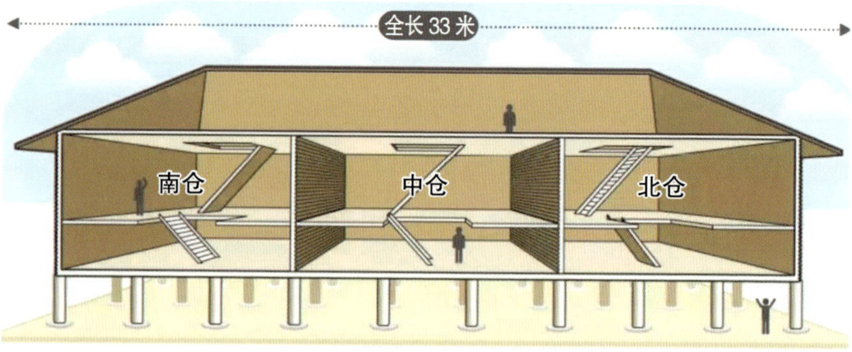

图 6-12　三仓内部平面图

书带回了巴黎，这些事件导致了日本主义的快速衰落。欧美列强和日本鉴藏家、古董商人的目光逐渐从日本主义转移到中国正统美术。

正仓院位于日本古都奈良市东大寺佛殿西北，是日本皇室所有宝库之一。本身只是一座朴素没有装饰的木仓。仓内分北、中、南三部分，初建日期已不可确定，根据此仓和东大寺的关系大概推断为天平胜宝三年（751 年）建成南北二仓，中仓大概在天平宝字五年（761 年）建成。明治初年三仓和东大寺分离，也就是今天日本的正仓院（图 6–12）。正仓院所藏中国艺术品大多是中国隋唐两代的器物，经过了当时派遣隋、唐的遣隋使、遣唐使、留学生、僧侣等携带而来，并有日本奈良时代吸取唐文化仿制的器物。

内藤湖南（1866—1934）生前曾为京都帝国大学的教授，是“京都学派”领袖。20 世纪初，他在日本的文化圈异常活跃，对日本尤其是关西地区收藏中国书画热的形成起到极大作用。日本的关西地区拥有为数众多的中国书画藏品，公立和私立的博物馆、美术馆持有的中国书画作品不可胜计。关西地区收藏家大都崛起于 20 世纪的 1921 年到 1926 年即大正时代。核心的收藏家有上野理一、阿部房次郎、山本悌二郎、黑川幸七、藤井善助等。

日本侵华战争是 1900 年八国联军侵华之后的又一次大劫难。日本帝国主义对中国全面入侵，劫走了无数珍贵文物，很多收藏家的藏品在竭力保存的条件下，仍然不能避免被破坏和散失。抗战时期，国民党政府被迫战略转移，大批机关、文教单位随其西行。很多工商界人士不愿意留在沦陷区，也随着国民政府迁到西南后方。很多藏品，像书画、碑帖等，不可能都带走，带不走只能廉价出售。就算是到了西南，时局仍然动荡，“饿不死”成了第一位的。所以很多人便将随身携带的藏品出售，可以说是“古玩换馒头”。乱世之中，人命尚难保存，何况藏品？一时之间，文物市场上涌出大批价廉物美的古董。还有很多人因为各种原因不愿意跟国民政府西去，便跑到港、澳地区，积累下来的藏品有的选择存入租界里外国银行中。

抗战时期民间大批珍品散出的状况下，外国藏家与文物巨贾们不失时机地大捞一笔。外国古董商来中国“搂货”者甚多。法国人喜欢陶瓷艺术品，美国人喜欢中国古代瓷器和青铜器，日本人多收集中国古代的雕刻作品。而日本在华大肆收集中国文物首当其冲的要数茧山龙泉堂和山中商会。

茧山龙泉堂的核心人物茧山松太郎在明治十五年（1882 年）生于日本富山县，从高等小学二年级退学后，自明治三十二年（1899 年）起，在旧货商松井宗太郎家里当了两年多佣工，在明治三十四年（1901 年）来到东京，学习古董生意。并在明治三十八年（1905 年）来到中国，通过古董商神通由太郎安排，在北京东单牌楼“林饭店”打工。学习了汉语之后，便辞去了这份工作，专门经营古董生意。明治四十年（1907 年）他游遍了山西、陕西和河南，沿途考察古董买卖，也做了采购。在辛亥革命之后频繁在北京和日本之间穿梭，经营着自己的古董生意。[①] 他预测日本将在第一次世界大战后国势走高，便在东京开店销售。由于辛亥革命时也造成中国文物外流，松太郎在北京收购古董，在东京销售，短期取得了极大成功。他的成功只是中国古董在日本销售成功的典型，而山中商会是中国古董在世界范围销售的成功案例。

① 参见陈文平、牛梦沉编译，《山中定次郎与山中商会》，上海书画出版社，2020 年版。

图 6-13　山中商会纽约分会

图 6-14　山中商会北京分会

山中商会原设于欧洲，二战期间转移到了纽约（图 6–13）。北京设了山中商会的分会（图 6–14）。民国初年开始经营，直到 1945 年日本无条件投降，这一时期陆陆续续将许多重要的中国古代文物盗卖，买家大多来自欧美。山中定次郎每年都会来北京视察业务，北京分会经理高田负责联络，北京琉璃厂的各家古董商和山中商会的关系极为密切，每次都会带来无数的珍宝请山中鉴赏。

山中商会的核心人物是日本庆应二年（1866 年）七月十一日出生的山中定次郎（图 6–15）。山中定次郎出生于日本社会变革动荡时期。当时的日本，德川幕府正处于崩溃的前夜，德川庆喜即位为将军。同年国内爆发了多次饥民骚乱，庆应三年（1867 年）孝明天皇驾崩，明治天皇（睦仁）即位。庆应四年（1868 年）日本“倒幕运动”达到最高潮，一举推翻了德川幕府，在 9 月 8 日将国号改为明治，年号是取自《周易》“圣人南面听天下，向明而治”之意。

定次郎出生于大阪堺市甲斐町七号地，本姓安达。他的一生注定要从事古董行业，因为他的父亲安达信五郎一代便从事古董艺术品生意。他在高等小学校毕业后，便开始在父亲手下学习家业。从基本实际业务开始学习，如从古董店中购买物品，处置艺术品，并鉴定古物。在13岁的年纪，父亲把定次郎送到了大阪东区高丽桥三丁目的山中吉兵卫的古代艺术品商店工作。吉兵卫是当时日本古董界的顶尖人物。虽然日本开始了明治维新，但学徒生活仍然延续着幕府时期的旧制度，其中艰苦不是今天的学子能够想象到的。定次郎吃苦耐劳，逐渐将东家服侍得极为满意，在业务方面也勤恳精进，获得了老板吉兵卫的认可。在定次郎24岁的时候，他遵命迎娶了老板孀居的长女山中贞。定次郎原来的姓氏是安达，自此便改为山中，入赘后成为山中家的养子。定次郎之后全球闻名的古董生意便基于山中家族的鼎力资助。

图6-15　山中定次郎

明治二十七年（1894年），山中定次郎乘“中国之环号”蒸汽船踏出国门。同行的是山中家族另外一位族人山中繁次郎，他们踏上了梦寐以求的美国国土。日本明治维新后，欧美风吹入日本，日本年轻人无不向往欧美文化，能够赴美推广业务，当然定次郎对此也是魂牵梦绕。定次郎他们随身带来好几箱日本古董，在纽约市西区二十七街开设了一家小店铺。当时美国并没有日本人经营的日本艺术品或者工艺品店铺。由于美国人的猎奇心理，他们的小店取得了开门红，试卖会超过预期，获得了成功。这是他在美国攫取的第一桶金。成功后，定次郎顺势于第二年在纽约西二十七街二十号地新开了店铺，在明治三十二年（1899 年）在波士顿开设了分店，经营项目是中国的艺术品，也有日本的工艺品等小物件。

通过四五个月的时间，定次郎便在万里之外的异国他乡，获得了当地美国人的信任。比格罗博士（Dr. Willam Sturgis Bigelow）、莫斯博士（Dr. Edward S. Morse）、费诺罗萨教授（Dr. Earnest F. Fenollosa）等人，都在他刚踏上美利坚的时候帮助他开店、试卖。他赴美之前，山中家族大多数人是反对的，认为这是一种冒险行为。但定次郎以自己的眼光和勇气以及能力走出了改变他和家族命运的一步。明治三十三年（1900 年）山中商会改制为同名公司组织，定次郎担任负责业务执行的职员。山中商会开始越过大洋，在大西洋对岸的伦敦开了分店。伦敦分店由山中六三郎、富田熊作、冈田友次等人常驻。山中获得的不仅仅是利润，在不断经营中，获得了欧洲各国皇室的信任，并指定山中商会为日本、东亚艺术品的供货商，这是最高荣誉。定次郎在大正七年（1918 年），他五十三岁的时候，把公司改组，成立了注册资金两百万元的股份公司山中商会，自己担任社长，掌握了全部实权。[1]

山中定次郎外形瘦削，身高也不高，但意志坚定，且极富进取心。他在不断扩展的商路中，逐渐深入了解各国文化传统，学习先进的文化技术，并致力于将优秀的东西引入日本，来刺激本民族的进步。比如在日本电影界的起步时期，定次郎便积极推进电影放映机进入日本，他还在日本直营放映电影。明治三十七年（1904 年），山中定次郎旅居美国纽约，看了美国爱迪生公司制作的电影在道格拉夫剧场上映，便买下 5000 英尺长的胶片，配齐了放映所需的各种仪器，亲自带着这些新鲜玩意儿归国，在大阪道顿堀中座舞台公开放映，获利颇丰，引发了万人空巷的盛况。明治二十九年（1896 年）稻畑胜太郎在法国拍摄了《畅游米兰》，这是日本最早的电影，但胶片

① 参见陈文平、牛梦沅编译，《山中定次郎与山中商会》，上海书画出版社，2020 年版。

长度只有 50 英尺。山中的做法，在日本电影史上确实值得大书特书。

山中定次郎在明治三十三年（1900 年）起，成为英国维多利亚女王、爱德华殿下、亚历山大殿下等皇室贵族的供货商。在大正八年（1919 年）和大正九年（1920 年）获得了乔治国王和玛丽王后赏赐的皇室采购认证勋章（图 6-16）（Royal Warrants），这在全日本商人中，都可以算得上是无上荣光。这是日本出口贸易历史上的荣誉，山中定次郎首次获得这一项桂冠。大正十三年（1924 年）十一月，定次郎组织了大阪美术俱乐部的以东方艺术品为主题的演讲会。邀请到了当时日本最著名的东京艺术学校校长正木直彦和该校的教授大村西崖两位东方古代艺术研究学者。参加讲座的不仅有艺术品商人，也有普通市民。定次郎做这样的活动，已经走到了时代前列。昭和六年（1931 年），山中定次郎赴欧洲旅行，之后他又访美，这也是他最后一次欧美旅行。他一方面考察欧洲艺术品，再就是收集欧洲新出现的艺术品。他受到瑞典皇太子的召见，参观了瑞典宫廷珍贵藏品。山中对艺术品进行了鉴定，并对皇太子做了讲解。同年 5 月份，法国政府授予他骑士勋位，表彰山中对法国工艺品的世界范围推介。日本天皇在 11 月授予他绿绶勋章，表彰他在日本艺术界作出的突出贡献。定次郎收获了海内外的多方奖掖。在昭和七年（1932 年），定次郎又在大阪的美术俱乐部举行了“东西古美术展”，将日本民间艺术推广抬高到很高的平台。[①]

图 6-16　山中定次郎勋章

定次郎在大正十四年（1925 年）赴中国考察洛阳龙门、大同云冈等

① 参见陈文平、牛梦沉编译，《山中定次郎与山中商会》，上海书画出版社，2020 年版。

地的佛教遗迹。在完成中国的考察之后，他又奔赴法属印度、暹罗、柬埔寨、爪哇等各国的佛教遗迹。在第二年昭和元年（1926 年），他再次造访中国太原天龙山石窟，进行深入调查。回国后，定次郎在大阪美术俱乐部举行了全世界东西方三十余国的染织工艺品展览会，后又继续举办了东西方古代艺术品展览，将印度犍陀罗的雕塑和埃及的雕塑公开展览，引起了极大的轰动。

山中商会盗卖中国文物中最有名的案例就是山西太原天龙山石窟的佛头造像（图 6-17）。天龙山石窟自北齐开凿，造像活动延续不断，历经北朝晚期、隋代到唐。最早的 1 到 3 号洞窟是北齐文宣帝高洋下令开凿，太原那时是北齐王朝的陪都。日本学者关野贞最先在日本《国华》杂志上刊登了天龙山石窟的考察照片，引发了国际对天龙山石窟的关注。山中商会看上了这一批精美的造像，便买通天龙山下圣寿寺住持净亮和尚，将多个佛、菩萨、力士头砍下来，用木箱装运贩卖。现在这一批造像头部藏在美国哈佛大学福格博物馆和纽约大都会艺术博物馆。所以今天来到天龙山石窟，放眼望去，满窟的造像都是残躯。2020 年 12 月 12 日，天龙山石窟第八窟北壁主尊佛首从日本回归故土。近百年来这是第一件从日本回归的天龙山石窟流失造像，

图 6-17　被盗走的天龙山石窟佛像

它在2021年2月11日亮相央视春晚。

20世纪初，义和团运动期间，山中定次郎曾经向德国军队购买了十八座一丈到一丈二尺高的镀金佛像。三分之二送到日本，三分之一送到美国。送到日本的十二座佛像，六座送到京都暂存于恩赐博物馆，六座送到东京。山中此举震惊了同行。当时中国兵荒马乱，北平也不安定。袁世凯手下士兵由于没有及时发薪，导致士兵哄抢王公贵族财物。当时的恭亲王溥伟富于收藏历代珍奇文物早已名声在外，为了安全考虑，他决定出售藏品。山中定次郎恰巧在中国，便造访了恭亲王府（图6-18）。看到府邸之内极为宽阔，收藏室众多，分门别类，有专门存放如意的，有专门存放书画的，还有铜器库等。藏品虽然无人打理，且覆尘颇厚，亦无法蒙蔽定次郎敏锐的目光。他判定这些藏品的品质极高，翡翠首饰等，就算是买回日本，妇女都会疯抢它们，买回家当作头饰，绝不会亏本。但恭亲王府的管事人都不拿这些东西当宝贝。山中定次郎由于财力所限，不能购入最贵的书画作品，便买下了大批的翡翠、铜器、玉器。即便如此，一次性购入这么高价值的藏品也是他一生仅有了。业内惊叹于对他的大手笔，之后业界便称呼他为“高丽桥的丰臣秀吉”，来显示他在商场

图6-18 1912年山中定次郎等人在恭亲王府

上的魄力。[①]

山中定次郎对日本国内和海外美术馆、学校博物馆捐赠了大量艺术品。向日本国内捐赠的记录最为系统明细，海外的大多记载不详。山中曾经向瑞典皇太子赠送过周代的玉琮，将描金提篮进献给了太子妃。定次郎向美国纽约大都会艺术博物馆捐赠了柬埔寨的石雕佛坐像及德川时期的甲胄等文物。向波士顿美术博物馆捐赠过汉代漆器笼，还有日本的锦绘 20 多幅等物品。向美国芝加哥美术馆捐赠了元代大型中国菩萨壁画两件。向波士顿哈佛大学福格美术馆捐赠出土甲骨、敦煌人物画像等几十件文物。

日本自大正十二年（1923 年）到昭和十八年（1943 年）间，共计举办了 28 次美术展览，其中日本美术品的展览和世界美术（包括中国）的展览最多。在这二十多次展览中，山中定次郎于昭和十一年（1936 年）去世，几乎这些展览是定次郎主办。定次郎生前办了日本美术展览和浮世绘展览共有六次，日本和中国美术展览两次，中国美术展览三次，东亚和世界美术展览七次。由于东亚和世界美术展览内的展品都有中国艺术品，因此在整体上来看，定次郎办的这批展览日本和中国美术展品数量基本等量齐观。而在 1923 年首次展览开幕，是因为山中定次郎在大正七年（1918 年）执掌山中商会，并进行了改组。在 1922 年公司的经营方针发生了方向性的重大改变，之前公司的拍卖依靠其他公司。而在 1922 年后，便由山中商会自行组织拍卖。在 1923 年，定次郎结束了参与纽约和巴黎的拍卖，在伦敦和日本依靠自己的公司做展览。中国辛亥革命后，纽约兴起来一股中国美术的热潮，其实这一热潮是世界范围内的，不过在伦敦这是第二次兴起的中国美术热了。中国流出大量古董推动这一热潮，逐渐压过了本来并驾齐驱的日本美术热潮。定次郎便顺应这一趋势，将公司的经营重点放到中国美术品上。随着他的跟进经营，美国、英国、日本的“中国美术热”最终形成巨浪，中国美术的世界

① 参见陈文平、牛梦沉编译，《山中定次郎与山中商会》，上海书画出版社，2020 年版。

市场扩展中，山中定次郎是有着极为重要的推动作用。定次郎在大正七年（1918 年）任社长后，迎来了他的人生鼎盛期，也是山中商会的最盛时期。在定次郎去世后，日本由于侵华战争陷入泥沼不能自拔，再加上太平洋战争爆发，美日进入战争状态，山中商会的海外资产被冻结。在此之后，拍卖被封禁而无法进行，日本国内的展览销售也不能进行了。山中商会失去了八成海外资产，从中国引进文物的途径也断绝了，导致其在日本投降的时候退出了历史舞台。

第一节　前期美术制度建设

1949 年中华人民共和国成立之后，百废待兴。在中国共产党的领导下，全面进行经济建设和国民教育。党和政府领导全国人民要建立一个现代化的民主国家，工农业生产要实现现代化，文化也要实现传统文化向现代化文化的转换。对中国传统的文化要进行扬弃，批判地接受。这就需要重新建立一套国家管理体系，包括文物管理、文化教育的体系。

苏联模式在中华人民共和国成立后是国家文化制度设计上的主要参考对象。苏联把马克思、恩格斯在 19 世纪创立的科学社会主义理论实践，建成现实的社会制度的第一个国家。在十月革命胜利后，列宁等苏共领导人便确立了“党对文艺的领导权”原则。1921 年 9 月，苏俄中央建立了教育人民委员会管理文化和教育人民。在 1925 年 6 月，俄共（布）中央发布了《关于党在文学方面的政策》的决议，肯定了艺术和政治的“复杂关系”，提出要耐心对待中间的思想状态，按照艺术发展规律指导艺术等方针。政策下的苏俄，在 20 世纪 20 年代文艺领域思潮繁荣，派别众多，艺术社团的活动也很踊跃，基本上有“百花齐放”的态势。而斯大林上台后，苏联的文艺制度较之前变化比较大。斯大林在 1929 年改组了教育人民委员会，否定了 1925 年《关于党在文学方面的政策》的决议，将社会主义现实主义作为官方唯一合法文艺理论和创作方法。另一方面，对欧洲文化艺术界的交往基本被限制了，党对于文艺创作有绝对的控制权。

1. 各项美术制度建设

1949年后，中国学习苏联建起在中国共产党领导下的中国美术管理体制。1949年7月，第一届全国文联代表大会召开，提出了在全国范围内建立文艺领域正规化组织机制的举措，随后各级美术家协会便开始筹建。1949年7月21日，北京成立了“中华全国美术工作者协会”，徐悲鸿当选为主席，江丰、叶浅予当选为副主席。后1953年10月4日，中华全国美术工作者协会扩大会议在北京召开，正式更名为“中国美术家协会”，这时候徐悲鸿已经去世，齐白石当选为主席，江丰、刘开渠、叶浅予、吴作人、蔡若虹当选为副主席。对于中国这样一个体量庞大、人口众多、历史悠久、文化深厚的国家来说，建立起一套全国美术管理体制绝非易事。为确保党制定的方针政策能够在全国通畅地推广起来，到1960年，先后有25个省、市、自治区正式成立了美协的分会。北京、西藏、甘肃、宁夏等地区都有筹委会，1976年后成立了地方美协。

中国美术教育体系在19世纪的建立，改变了古代师徒坊间传承手艺的美术技巧学习模式。大批留洋美术家归国后，依照西方的教育模式，在中国培养美术人才，逐步发展到今天的状况。延安鲁迅艺术学院是中国共产党的第一所专业艺术院校，它在1938年创立在延安。在毛泽东主席“艺术为工农兵服务”号召之下，鲁艺遵循着“三三制”的创作原则。即在学校学习三个月，去前方深入生活三个月，再回学校创作三个月。1949年10月1日北平国立艺专正式开学，从解放区过来的美术教育者和北平艺术专科学校的原有班底合并，11月2日获得中央人民政府批准，更名“国立美术学院”，校名是毛泽东主席亲笔题写。1950年1月，中央人民政府正式批准了“国立美术学院”更名为“中央美术学院”，划归文化部管理（2000年归教育部管理），徐悲鸿出任首任院长。之后各地也纷纷设立地方美术专业院校。美术院校设立党委，管理方式为“党委领导下的校长负责制”。美术学院党委书记拥有人事、财务、决策等重要权力，日常教学由懂业务的校长全面负责。

学院的党委领导班子里有书记、校长，并配有几位副职——副校长和副书记等，大概五到七人，任免权归中共中央。

中华人民共和国成立之后，国家设立全国各级画院，在这样的体制美术中，主要通过全国各级美展，来选拔优秀作品和人才。1956年6月1日，周恩来总理主持国务院会议，通过了文化部提出的在上海和北京分别成立一所中国画院的建议。画院的任务是："继承中国古典包括民间绘画艺术的优秀传统，并且使它进一步发展和提高。画院的具体任务是繁荣中国画创作，培养中国画的专门人才，并对中国画做理论的探讨，及负责院外中国画创作的推动和辅导工作。"①1957年5月14日，周总理亲自出席了北京中国画院成立典礼，文化部委任齐白石为北京中国画院的名誉院长，叶恭绰为院长，陈半丁、徐燕荪、于非闇为副院长。1957年北京中国画院成立《中国画》杂志社，并将《中国画》定为院刊。上海中国画院是在1960年正式成立的，丰子恺为首任院长。早在1956年，周恩来和陈毅两位领导人便共同支持成立了"上海中国画院筹备委员会"，主任赖少其，委员唐云、潘天寿、王个簃、谢稚柳等。

政府对画院这一类制度内美术机构的要求是要起到代表性，代表先进的文化方向，官办画院要从国家文化发展战略高度来定位画院发展。画院的绘画任务是政府部门直接布置或审批的，内容题材均由国家规定限制，展览地点和收藏单位也是政府部门来指定的。也就是说国家政府部门是从行政上包揽全部的画院从生产到展览、收藏的各种具体事务，当然包括画院的人事任免，画家的工资待遇、职位升迁等各项事务。除此之外，像美协分会、美术馆、出版社、博物馆等机构，还都有过"创作组""创作室"等部门，部队和军区等单位组织，也都设有创作部门。

① 贾方舟，《建国后的画坛体制和社会环境及其对中国画的影响》，《20世纪中国画"传统的延续与演进"国际学术研讨会论文集》，浙江人民美术出版社，1997年版。

1949 年第一届全国美展利用了北平艺专的有限场地，展出了五百多件作品，在上海巡回展览的时候，在上海大新公司展出。1958 年国家计划迎接新中国成立十周年有十大建筑，这十大国庆工程项目中有人民大会堂、中国革命博物馆、中国历史博物馆、国家剧院、军事博物馆、科技馆、艺术展览馆（中国美术馆）、民族文化宫、农业展览馆、工业展览馆（北京展览馆）。后来在 1959 年 2 月确定下来参加十大国庆工程项目的是：人民大会堂、中国革命历史博物馆、中国人民革命军事博物馆、全国农业展览馆、北京火车站、工人体育场、民族文化宫、民族饭店、迎宾馆（钓鱼台国宾馆）、华侨大厦（已拆除）。中国美术馆由于各种情况的限制，到 1963 年才正式开馆，毛泽东主席亲笔题写馆名“中国美术馆”。由于起初是定位建立“艺术展览馆”，因此译名也保留了博物馆的含义，展览功能只是其中之一。中国美术馆建馆是美术体制建设的大事，它归文化部管理，又由中国美协代管。国家美术馆的建立引领各地政府纷纷设立官办美术馆，成为体制美术面向大众的门面。

新中国美术制度的另外组成部分就是出版和宣传。1949 年 2 月，中共中央宣传部出版委员会成立，同年 11 月，依据《中华人民共和国组织法》组建了中央人民政府出版总署。1950 年 10 月，中央人民政府出版总署根据全国第一届出版会议关于出版专业化的精神，决定成立人民美术出版社，同时筹建美术印刷厂。公私合营的荣宝斋也划归了人民美术出版社管理。此后，上海人民美术出版社在 1952 年成立，河北美术出版社在 1954 年成立，各地都纷纷成立了美术出版社，在创作、印刷年画、连环画、宣传画的工作中成为主力军，是美术传播的主要窗口。

1950 年 2 月，中华全国美术工作者协会（后来的中国美术家协会）创办了《人民美术》作为自己的机关刊物，虽只出版了六期便停刊了，但仍然引起全国美术机构兴办美术刊物的热潮。中国美术家协会和人民美术出版社在 1954 年开始出版月刊《美术》，是当时党文艺政策宣传的喉舌，也是全国美术界讨论和发言的重要论坛。中央美术学院也在1957年创刊了校刊《美术研究》，这是有代表性的美术期刊，更多美术期刊不一一列举。

根据商勇的研究，中国美术体制和美国、法国、英国相比，属于典型的政府主导型。美国政府对于美术事业的资助管理基本上是政府不直接对非营利的美术机构拨款，通过国家艺术基金会、国家人文基金会、国家博物馆图书馆学会等社会中介组织对其实施赞助，而这些机构只有拨款的权力，并没有行政管理的权力。而商业运作，营利性的画廊和拍卖行，就无法获得赞助。而非营利的美术机构，获得资助的金额不能超过所需要经费的一半，因此，它还要去社会多方募集其余经费。美国对艺术品捐赠的避税制度很完善，对非营利机构捐赠艺术品就可以免税。美国大大小小的博物馆8600多家，艺术类占15%。比较有影响的如纽约的国立美术馆、大都会艺术博物馆、现代艺术博物馆，还有芝加哥艺术博物馆、波士顿美术博物馆，等等。博物馆有评级，品级越高就越容易获得各种赞助和拨款。和美国有所不同，作为世界美术中心的法国，对美术的支持基本都是靠政府拨款。而英国是另外一种美术制度，英国政府对艺术的投资要远远大于美国政府，它通过非政府的文化中介机构实现对美术事业的财政支持，政府则没有直接管理的权力。非政府的公共文化机构在全国文化事业建立起管理网络，并且政府对美术事业的财政资助并不是大包大揽，政府鼓励各个美术机构创造条件，争取社会赞助。政府出资也不过30%左右。①

中国政府在国家、社会和市场三个领域之中具有最高权力，主导大多数公益性美术组织和机构。从20世纪初年国民政府建立，直到1949年新中国成立，国家主导的公共美术机构便负责将从古至今的艺术珍品进行典藏、展示。国民便可以直接观看原先只有皇家、高官才可观赏到的文物、艺术品。中华人民共和国成立以来，各级公共美术收藏机构都建立了党委，按照

① 参见商勇，《中国美术制度与美术市场》，东南大学出版社，2014年版。

国家行政部门的级别设岗，经费也主要来自各级的政府财政拨款。

公共博物馆和美术馆的基本功能有大概三种，第一是典藏，第二是展览，第三是教育。早在柏拉图时期，他便提出文艺和国家政治意识应当联系在一起。从按照他的理念设计出的理想国出发，要以歌颂神和赞美好人的诗歌为标准，不符合标准的作品都要排除到理想国之外。之后的各时代的文艺思想在这一问题上的见地基本上没有超越柏拉图，也就是美术对宗教有图解和教化的作用，和中国先秦时期“使民知神奸”，以及唐代张彦远画者“成教化”的功能是异曲同工的。成熟的文明国家，对艺术典藏都非常重视。西方 20 世纪 60 年代之后，美术馆和博物馆的管理和经营逐步形成了一门专业。而 20 世纪以来的西方文化中心主义、后殖民主义文化，以及 21 世纪以来的美国的全球主义、霸权主义文化、消费文化等，其实都带有文化侵略的性质。文化侵略的最大目的就是消解发展中民族国家的文化传统和民族精神，以一个强大“他者”的形象，建构自身的话语权和评价标准，目的仍然是塑造本国在世界范围内的政治、经济上的绝对控制权。

在西方发达国家，殖民主义一度大行其道。这些国家的博物馆、美术馆的典藏品，无一例外地隐含着权力和不平等的关系。非西方体系或者被殖民者的物品纳入博物馆的文化想象和种族论述当中，是知识和现代化国家艺术收藏中的重要主题。而我国美术馆、博物馆的藏品建设，主题围绕着民族国家的伟大传统和革命年代等核心价值观。藏品的选择、展示、购藏，都要体现和维护本民族的价值观及当下社会的主流价值观。这是中国在悠久文化历史传统上的民族自豪感及近代以来的屈辱记忆所致。根据不完全统计，中国目前仍然有超过 1000 万件的文物流失海外。近代孱弱的政府无力管控本国文物，而随着 21 世纪中国经济总量持续走高，国势蒸蒸日上，海外文物珍品在经济规律的影响之下开始回流。大多数归国的文物都是通过艺术品拍卖的渠道。2002 年宋代米芾大字作品《研山铭》（图 7-1）在中贸圣佳上拍，创造了 2990 万元的天价，最终由故宫博物院收藏该宝。2003 年美国收藏家

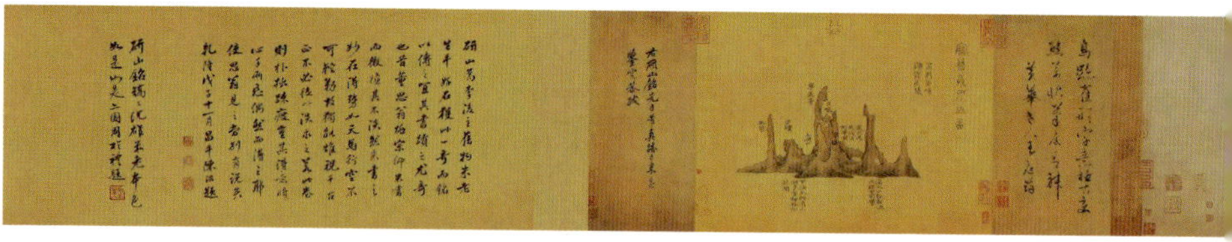

安思远所藏的有“中国书帖之祖”称号的宋拓本《淳化阁帖》，以 450 万美元的高价卖给了上海博物馆。同在 2003 年，嘉德将距今 1500 年的晋代索靖《出师颂》（图 7–2）以 2200 万元的高价卖给故宫博物院。该帖本就是故宫流出的旧物，时隔 80 年后，现又返回故宫。像流出海外的中国文物，以天价出现在拍卖市场，被买回来的例子不胜枚举。这种现象背后隐藏的观念其实是中国人的民族自尊和国家尊严。国家层面上的收藏，遵循的是美术馆、博物馆最为古典的基本任务和宗旨。它们对大众有着教化功能，传承着民族的历史、审美等文化讯息。官方的文物收藏是一个国家无与伦比的文化资产，在塑造着民族的性格。国家收藏首先要做到的是，政府典藏精品的价值判断。而价值判断的基础，第一是清点，第二便是鉴定。在这一切最基础的工作完成后，才有后续的展览、研究工作的展开。

2. 书画鉴定走入学院

中华人民共和国成立后书画鉴定专业进入学院，从民间流传的技能升为国家官办教育中的专业。书画鉴定在新中国成立前属于书画收藏者的技能，在书画市场中以师傅带徒弟的形式传承。另外就是文人士夫群体中，有书画基础者交流传承。1949 年后书画鉴定专业的建立，离不开张葱玉的个人贡献。张葱玉（图 7–3）（1915—1963），名珩，字葱玉，号希逸，出生于浙江南浔。他是中华人民共和国成立后我国第一代书画鉴定大师，是中国传统鉴定书画方法的集大成者，也是学术界公认的中国书画鉴定界当代泰斗。

张葱玉在成为泰斗级的书画鉴定大师之前是上海滩著名的“公子哥

图 7-1 《研山铭》

儿”。一生才华横溢，聪明绝顶，又挥金如土，命运可以说大起大落。1915年[①]，张葱玉生于浙江湖州南浔张家，其父为张乃骅，祖父为张钧衡（字石铭）。南浔张家旧居懿德堂，曾是南浔“四象”[②]之一，亦为当时中国首富。从康熙末年开始，南浔的张氏家族依靠蚕丝出口发家。在光绪年间家产便已达千万两银子。在当地民谣“刘家的银子，张家的才子，庞家的面子，顾家的房子”里，张家不仅有钱，而且出才子。最为出名的是大收藏家张钧衡和国民党元老张静江，时人以二人代称张家，现如今还要加上一位张葱玉。张葱玉少加孤露，其父张乃骅 26 岁时从上海坐船去杭州，失足溺水身亡，那一年，张葱玉才 4 岁。祖父张石铭十分疼爱这个孙子，这位西泠印社的发起人和赞助人坚持把张葱玉接到自己身边，亲自抚养。张家世有文统，喜好收藏，其懿德堂可谓江南第一宅，三代收藏家。张石铭为南浔清末民初四大藏书家之一，其书画收藏亦不胜枚举，也扮演起了张葱玉书画鉴定的启蒙老师。收藏甲天下的家学条件使张葱玉从小练就了目鉴的本领，其“五岁开蒙读书，家塾中即以书画幛壁”，自小耳濡目染的张葱玉有着得天独厚的优渥环境。

可惜好景不长，1928 年，张葱玉的祖父张石铭去世，张葱玉悲痛欲绝，为之守孝三年，期满后张家分家。他们特聘了当时的经济界著名人士张文进

① 张葱玉生年历来有 1914 年、1915 年两说。据茅子良《张珩同志生平事略》《张葱玉日记》《中国史历日和中西历日对照表》等书，甲寅农历十二月二十七日生日换算成公历当在次年（1915 年）2 月 10 日。详见《〈木雁斋书画鉴赏笔记〉编辑札记》一文。

② 江浙一带的民间说法，用以称呼“四象、八牛、七十二金狗”为代表的南浔富商，资产千万以上者可称“象”。

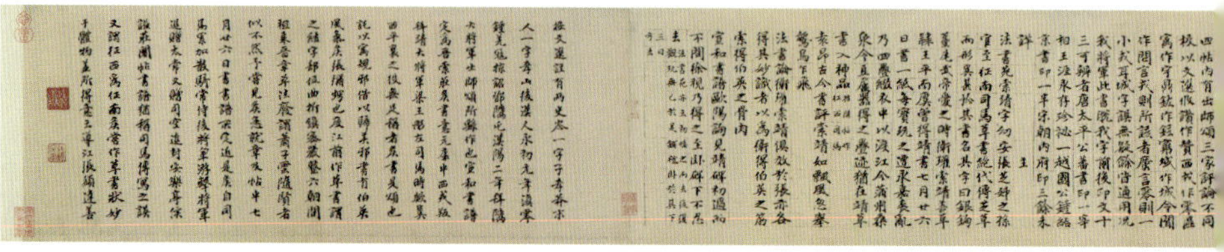

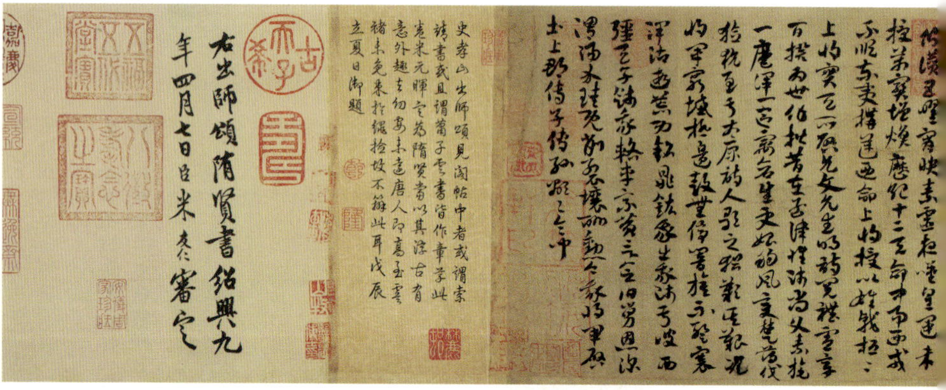

史孝山出師頌見閣帖中者或謂索靖書或且謂蕭子雲書皆作章草此卷米元暉定為隋賢書以其淳古有意外趣至如虞褚未免束於繩檢故不敢此耳戊辰立夏日御題
右出師頌隋賢書紹興九年四月七日臣米友仁審定

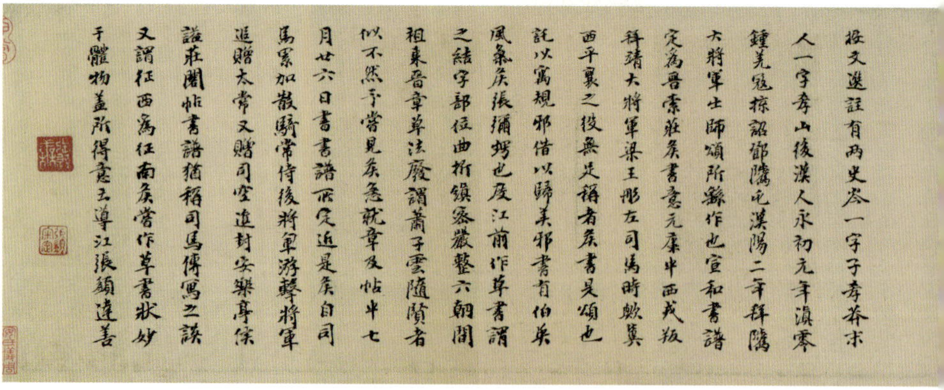

按文選註有兩史岑一字子孝莽末
人一字孝山後漢人永初元年滇零
鍾羌寇掠詔鄧騭屯漢陽二年拜騭
大將軍出師頌所爲作也宣和書譜
定爲晉索靖書意元康中西戎叛
拜靖大將軍梁王彤左司馬時敵莫
西平襄之役無足稱者疑書是頌也
託以寓規耶借以歸美耶書有伯英
風氣疾張徧蜂也度江前作草書謂
之結字部伍曲折鎖綴嚴整六朝間
祖東晉章草法廢謂蕭子雲隨闇者
似不然予嘗見蕭急就章及帖中七
月廿六日書書譜所定近是蕭自司
馬察加散騎常侍後將軍游擊將軍
進贈太常又贈司空追封安樂亭侯
諡莊閣帖書譜猶稱司馬傳寫之誤
文謂任西為任南侯嘗作草書狀妙
于體物蓋所得蔚王導江張頴達善

图 7-2　《出师颂》及局部

图 7-3　张葱玉

做财产评估，最后的结果是：除去常熟和苏州的田亩、盐厂、房产及家藏字画书籍不算，仅上海的房地产和产业估资达两千万元，同时负债九百万元（主要是投资地皮），五房分家，每一房得二百万元，张葱玉这一房，就他一个人。此时张葱玉年仅 17 岁。家族的丰厚遗产使得张葱玉获得了书画交易的经济基础，从此他更潜心于收藏字画。少年即富甲一方且血气方刚，张葱玉成为上海滩有名的"冲头"，上海书画市场一闻张葱玉来，画商皆大喜，多以赝品诱骗之，只因张葱玉年轻，缺乏实战经验与书画作伪手段的知识。但张葱玉即使上当，亦不迁怒于卖主，而是潜心苦学增进目力，不多日，伪作便再难逃张葱玉的法眼。在书画市场经历"吹尽黄沙始到金"的历练后，1934 年，张葱玉仅 20 岁时即被聘为南京国民政府的故宫博物院鉴定委员。

1938 年初，张葱玉与顾家小姐完婚，并改其名为湄，取《诗经》"所谓伊人，在水之湄"之意，可见二人之恩爱，张葱玉时常将顾湄喜好放在心头，在《张葱玉日记》中犹载张顾情谊之绵长。摘录两则如下：

1938.2.10 星期四 雪

观麒麟童（周信芳）《一捧雪》，余久不观京剧，以湄欲往故也。

1941.6.13 星期五 晴

夜偕湄重观《乱世佳人》影片于大华。

《张葱玉日记》记录了二人婚后三年间的生活，是研究张葱玉生平与收藏的重要第一手文献。与此同时，1938 年，24 岁的张葱玉成为海派五大收藏家之一，与庞莱臣、吴湖帆、张大千和王季迁齐名，可谓富甲东南。到

1940年时，其收藏与鉴定已得到向来严格的吴湖帆的称赞："葱玉年才廿六，所藏法书为海内私家甲观，而自书仿元人亦至佳，洵少年中英俊才也。"少年英才的张葱玉此时已经名动京师，其书画鉴定的造诣也广为天下所知。同年，顾湄和张葱玉去北京，在戏院看戏时，后排两位长者在议论，"听说上海的张葱玉来北京了"。又说，"张先生对古画如此精通，必五十出头了"。顾湄听后不禁暗暗好笑，张葱玉就坐在他们前面，时年才26岁。如此盛名之下，1946年张葱玉年仅32岁时，再度被聘为故宫博物院鉴定委员。

但可惜张葱玉沾染上了赌博的恶习，又不善于经营，十多年间地产和书画很快就都散掉了。每每张葱玉与书画分别，都黯然神伤不禁痛惜，"虽云烟过眼，殊不能自已。余每售一物，或与亲知相别辄然，亦性之多感耳"。王季迁对此回忆说："不幸的是张葱玉有一个坏的嗜好，他爱赌。他出名的一件事是一个晚上把上海闻名的大世界输掉了。他的地产有些是赌掉了，有些是银行买卖不得意，他得赔钱。他闻名的书画收藏也抵押给了谭敬。"①

到1949年，张的收藏大半归了爱造假画的富商谭敬，据说，后者常常看准张葱玉豪赌的性格，先摆下赌局圈套，专等张葱玉输急了眼，让张葱玉签下契约，自己假惺惺为张买单，从而获得张的收藏。至此，张葱玉的藏画只剩下几张，其余基本散尽，住宅也在两年前输掉，全家搬到石门路阴冷的弄堂里。

1950年，张葱玉36岁贫困交加之时，出任上海市文物保管委员会顾问。赌博带来与心爱书画分离的苦楚，使他投身于社会主义文物事业中去。同年经郑振铎推荐，张葱玉转上北京，调到北京国家文物局，其先张葱玉吃住在郑振铎家里，1951年全家都搬来北京之后，局里就把他们安顿在南锣鼓巷胡同的北屋，在此期间启功、王世襄、谢稚柳、徐邦达、杨仁恺等经常过访请教。张葱玉任文物处副处长，兼文物出版社副总编辑及《文物》《考古》

① 杨凯琳编著，《王季迁读画笔记》，中华书局，2010年版。

两期刊的编委，但此时文物处不设正处长，张葱玉以副代正，从 1950 年后其与郑振铎一同开始抢救和保护中国文物。在此期间郑振铎作出的贡献也不可磨灭，如 1952 年，郑振铎将他收集购买的大批陶俑明器约 570 余件，中文线装书和外文书籍共 17224 部，计 94441 册，全部捐献给了中央人民政府（现在在国家图书馆保存）。

郑振铎任第一任中央人民政府文化部的文物局局长，不久又被任命为考古研究所所长，主管文物的文化部副部长。其主持制定了《文物保护条例》和《文物工作人员守则》。《文物工作人员守则》中，有一条就是："文物工作者个人不得收藏买卖文物。严禁利用职权在文物征集收购工作中，为自己和他人留存文物。"这一条守则，一直到目前为止，都没有改变。从 1950 年至 1963 年的 13 年间，二人为抢救和保护中国文物作出了巨大贡献，张葱玉更被誉为中国 20 世纪最伟大的艺术鉴赏家。1962 年张葱玉率文化部书画鉴定小组，携手谢稚柳、刘九庵先后前往东北和天津，巡回鉴定书画近十万件，亦称"三人鉴定小组"。而在 1960 年，张葱玉开始系统整理自己的鉴定经验和心得，欲将其总结成册，把传世的历代著名书画加以整理著录，于是潜心开始写作，著书立说。其在《木雁斋书画鉴赏笔记》中自云"眼昏睡少知何用，夜夜灯窗苦著书"。可惜天不假年，此项工作未等完成，张葱玉突然病危。

1963 年 8 月，张葱玉被诊断出肺癌，决定手术。由北京协和医院院长、著名外科手术专家黄家驷亲自动刀，他非常乐观。手术很顺利，但到下午突然大出血，抢救数小时，终失败。张葱玉猝然离世，年仅 49 岁。一代鉴定大师就此离世，其成果大多还未写作完成，惜不能惠及后人。值得一提的是，顾湄在 1976 年后去了美国，儿孙满堂，得享高寿。2017 年，张葱玉和顾湄的骨灰迁葬南浔。

张葱玉主要著述仅有六部要目，分别为 1947 年《韫辉斋藏唐宋以来名画集》、1954 年《古代绘画的厄运与幸运》、1963 年《〈两宋名画集〉说明》、

1964 年《怎样鉴定书画》、2000 年《木雁斋书画鉴赏笔记》、2011 年《张葱玉日记·诗稿》。其中，张葱玉生前只发表了《韫辉斋藏唐宋以来名画集》与《古代绘画的厄运与幸运》。但张葱玉最重要的学术贡献是《木雁斋书画鉴赏笔记》与《怎样鉴定书画》二书。

《木雁斋书画鉴赏笔记》为张葱玉 1960 年至 1963 年去世前未竟的历代书画著录，本名《木雁传真》，共著录了两晋隋唐以来直至近现代的书画作品 2192 件，其中绘画 1380 件，书法 812 件，基本囊括了中国古代最具代表性的优秀书画作品。每件作品详载其名称、质地、尺寸、内容、题跋、印鉴、收藏单位、历代著录等。所收作品大多收藏于国内外各大博物馆，也有少数作品为私人收藏。其中一些庋藏海外的书画作品，至今难得一见。尤为珍贵的是，著录中多有张葱玉补前人不足、纠前人谬误、发前人未发之笃论高言，在历代书画著录中独树一帜，具有重要的参考价值。张葱玉夫人顾湄悉心保存了这份珍贵的遗稿。2000 年 12 月，在国家文物局顾问谢辰生先生的支持关怀下，在苏士澍先生的直接主持下，《木雁斋书画鉴赏笔记》由文物出版社影印出版。影印本由启功先生拟定书名、题端、作序。影印本的出版，使古书画鉴定学界重新唤起了对张葱玉先生的怀念和认识，引导了学界对张葱玉其人其学的深入研究。

张葱玉十分重视著录，往往目识心记，做到存图于心，以期遇到真迹相互印证。张葱玉对于真迹能够如数家珍过目不忘，也是得益于此。张葱玉看书画后善做笔记，以《木雁斋书画鉴赏笔记》为例，其笔记以画卷体形式记录，按卷头（包括外签、包首等）、前隔水、画心、后隔水、跋纸等先后顺序依次书写，款印跋文，大小位置等悉从形状。看笔记如观真迹于目前，翔实且如此，可见一代鉴定大家的苦功。

《怎样鉴定书画》一书是由文物出版社牵头，学生整理张葱玉在中央美术学院书画鉴定课上的笔记形成。2011 年初，受顾湄委托，上海书画出版社编辑出版《张珩文集》《张葱玉日记·诗稿》《怎样鉴定书画》和重新进行点校整理后的标点本《木雁斋书画鉴赏笔记》。其书共分为七章：第一章为书画鉴定是完全可以学会的，第二章为书画鉴定的主要依据即时代风格与个人风格，第三章书画鉴定的辅助依据，即印章、纸绢、题跋、收藏印、著录、装潢六方面，第四章谈辨真假、明是非，第五章为与书画鉴定有关的学识，涉及历史知识、文学知识、艺术欣赏和对操作方法的了解等，第六章讲明鉴定依据的主次关系，即处理证据时何者优先、为重的问题，第七章是结束语，是《怎样鉴定书画》一书的总结与鉴定学其他问题的伸发。张葱玉在书中系统提出了自己科学鉴定的现代书画鉴定思想观，引领了传统书画鉴定的转向。

张葱玉的贡献可以从书画鉴定、教育事业、文物保护三方面来概括，本书重点谈论书画鉴定方面的成就。张葱玉将书画鉴定进行系统总结，第一次使书画鉴定成为一门现代意义上的学科，确定了书画鉴定学科的目的、对象范围、研究方法和原则。具体来说有以下三点。

第一，将书画鉴定由个人经验为主的旧鉴定学转变为以知识范畴为主的新鉴定学科。张葱玉高屋建瓴地抽象出书画鉴定的最基本原则，提出“书画鉴定是完全可以学会的”，将书画鉴定“从天上拉回了人间”。

第二，避免了古书画鉴定的唯心主义和神秘色彩，如气、神、风骨、道等中国传统美学概念和鉴定术语，将唯物主义的笔墨、风格、时代、社会性等用语引入书画中，确定了书画鉴定的科学方法，科学地划分了主要依据和辅助依据，明确了书画鉴定方法关系之间的主次优劣。

第三，坚持以书画风格本身作为鉴定的主要依据，张葱玉认为书画鉴定主要是“看书画的时代风格和书画家的个人风格”。其次是强调书画实践与书画鉴定相结合，张葱玉的目鉴成就离不开其书画实践的供养，其秉持书画同源的艺术观念，以笔墨作为传统书画的核心要诀。张葱玉的女儿曾言：“父亲曾对人说过，他小时学看画是从看字入手的。为求更深体会，更从学写字入手。对写字入了门，看字也更深入。从字引申到画，对绘画用笔的迅速、用力的大小、笔锋的正侧，更易贯通。”

总而言之，张葱玉是书画鉴定走进学院的奠基人，其书画鉴定成就正如朱绍良所说：“谢稚柳、启功、徐邦达是后来而上的书画鉴定三大体系代表人物，谢老以‘望气’为主，主要注重书画的神韵，笔墨水平；启功以‘学术’鉴定著称，遵循文献理论及著录；徐邦达以鉴定‘技术’闻名，强调书画的材料、装帧、款识、印章。葱玉先生是集大成者，所谓三大鉴定流派，都是从先生鉴定思想分派而出的。历代书画收藏家不计其数，而体系完整质量上乘的屈指可数；书画鉴定家不胜枚举，都是以经验、流传、著录为主，以科学方法综合鉴定却无出其右；书画鉴定理论家著书者多，将书画鉴定提升到一门学科却无他人。这些全赖社会时代进步所致，博物馆的形式将书画展览及研究公开化，全球性拉网式鉴定，也是成就一代书画大家产生的必然结果。”

3. 现代书画鉴定学科奠基人

书画鉴定之学成为学科的提出者、创始人是张葱玉，但真正为之著述并发扬光大的是徐邦达，其被称作现代书画鉴定学科的奠基人。徐邦达（图7-4），字孚尹，号李庵，又号心远生、蠖叟，浙江海宁人，1911年生于上海。十四岁开始习画，家中颇富收藏，在父亲徐尧臣的影响下幼年接触大量古今字画，并从习读《桐阴论画》开始进入画史，二十岁之前是徐邦达的启蒙期。二十岁到四十岁是书画与鉴定并学互进期，徐邦达从苏州老画师李涛（字醉石）学习绘画，从赵时棡（字叔孺）学习古书画鉴定知识。从李醉石学山水画时，为学画之便开始收藏，却首件便误购王原祁伪作，

图7-4　徐邦达

乃发奋学习鉴定。后来拜入海上著名书法画家、鉴赏家吴湖帆先生之门，书画与鉴赏能力日进，年不及三十，即以擅鉴古书画闻名于江南。1937 年徐邦达受叶恭绰的邀请，协助上海市博物馆办理“上海市文献展览”中的古书画征集、检选、陈列之工作，这是他正式涉足古代书画鉴别的开端。后叶恭绰延聘徐邦达撰写《上海市文献展览古书画提要目录》，这是徐邦达的第一本著作，可惜后已亡佚。

1947 年徐邦达还曾在上海中国画院举办个人画展，但 1949 年后因响应国家需要从事书画鉴定，将书画放置三十余年，至晚年方才重拾笔墨。这期间是他转向书画鉴定的大成期，其书画鉴定生涯大略如下。1950 年调北京国家文物局，主要从事古书画的鉴定工作。1953 年调故宫博物院，以各地征集和收购到的 3500 幅珍贵书画作品为基础，重建故宫博物院书画馆。1978 年起，奉派到各地收藏书画，历时 8 年。期间又曾去澳大利亚、美国、加拿大等国鉴定书画藏品和参加学术研讨会。晚年在参与故宫博物院工作的基础上，着重于书画鉴定人才的培养，在中国书画拍卖发展史上也有徐邦达先生的身影。徐邦达于 2012 年去世，享年 101 岁。

在学术著作方面，徐邦达著有《古书画鉴定概论》《古书画伪讹考辨》《古书画过眼要录》《重编清宫旧藏书画目》等。晚年鉴考之余，重拾画笔，创作山水，笔致秀润，意趣幽深。擅古典诗词。历任故宫博物院研究员。

在书画鉴定思想上，徐邦达先生集鉴、考、辨三位于一体，多在以书画本身风格为基础的目鉴之上，强调文献的考订。书画本身的创作组织、书法的文字考订、绘画的建筑和服用品形制考订三方面，形成了徐邦达书画鉴定的主要依据。在此之外，徐邦达先生也很注重书画鉴定的次要方面，即书画的材料、装帧、款识、印章，因其强调鉴定的技术依据和风格依据相结合，故而后人称其为“技术鉴定”。

4. 中国古代书画作伪的几次高潮

中国古书画作伪可以追溯到魏晋南北朝时期，《世说新语·巧艺》载“锺会是荀济北（勖）从舅，二人情好不协。荀有宝剑，可值百万，常在母锺夫人许。会善书，学荀手迹，作书与母取剑，仍窃去不还”。隋唐两代，书画临摹较为盛行，唐代“弘文馆”还会聘请有专职的拓书摹画人员，摹写前人书法作品，以传播古代书画真迹为目的，临摹品大量出现。但上有所好，下必效行，临摹以利益为目的时，作伪的情况在唐代书画市场便大量出现，裴孝源《贞观公私画录》记载贞观年间的作伪情况，称“其间有二三十卷恐非晋宋人真迹，多当时工人所作，后人强题名氏”，此是唐代以小名头改换大名头以图利之用，又载“今人多蓄，多是陈（善见）、王（知慎）写拓，都非杨（契丹）、郑（法式）之真笔”，可见书画临摹在唐代极盛并逐渐转向作伪。至宋之前，书画作伪的历史由来已久，但其高潮仍集中在北宋后期、明代、晚清民国的三段时期。

第一次高潮是北宋后期，商品经济的发展、城市的繁荣和市民阶级的觉醒导致市民和富商购买书画的风气大为增加，北宋张择端的《清明上河图》中昭示着汴梁也出现了正式的书画交易市场，印刷术的发展推动了书画交易、文房四宝等文化商业活动。书画市场的成熟使得作伪活动空前增加，苏轼有诗云“已将铁石充逸少，更补朱繇为道玄”，便指“世所收吴画，多朱繇笔也”。到南宋时，赵希鹄《洞天清录》是第一部涉及书画辨伪的著作，“古翰墨真迹辨”“古画辨”等章节专门探讨书画鉴定的原则及具体方法，可见宋代书画作伪之规模。

明代后期出现又一次作伪高潮。扬、淮、苏、杭等地富商云集，并纷纷以书画古玩为雅事，东南商贾的附庸风雅及资本凝聚，极大刺激了书画作伪的活动，形成了明代作伪泛滥的风气。《万历野获编》描写这一情况载道：“赏识摩挲，滥觞于江南好事缙绅，波靡于新安耳食，诸大估曰千、曰百，动辄倾囊相酬，真赝不可复辨。以至沈（周）、唐（寅）之画，上等荆、关；

文（徵明）、祝（允明）之书，进参苏、米，其弊不知何极。”这种胸无定见、徒信传闻却又财力雄厚的江南好事缙绅改变了“以古为贵”的审美趣味，促使明代书画古玩“其价遂与古敌”。而明末张泰阶专门造假，为其伪跋伪序编造《宝绘录》一书，又是历史上伪造画史文献的案例。有明一代，作伪地区主要在苏州、松江、嘉兴、南京、开封等城市，并出现了像詹喜、王涞、王彪、吴颖卯、温葆光、朱生、李著等一批作伪高手。

清中后期以降而至民国，古书画出现了又一作伪高峰，学者称之为第三次高潮。其原因有以下几点。其一，经济的愈发繁荣促使书画收藏的趣味至清达到封建顶点，而资本积累导致清代私人收藏家空前增多，如梁清标、安岐、宋荦、高士奇、孙承泽、毕沅、毕泷、庞莱臣等，书画著录也较之以前增加尤甚。其二，书画市场分工出现精细化趋势，北京的琉璃厂、上海的城隍庙、天津的艺林阁、南京的夫子庙，与相应各地域造伪形成工坊制集团，如“苏州片”“广东造”“北京后门造”等。其三，出现了一批海外收藏家对中国古书画产生兴趣，如杜伯秋、顾洛阜、安思远、福开森、庞耐、艾略特等，其凭借经济发达和资本雄厚，又适逢清王朝的覆灭，导致大量皇室收藏及民间收藏流向国外。

三次书画作伪高潮相比较而言，整体呈现四个趋势。第一，复古思想贯穿作伪活动始终，书画皆“以古为贵”，历代莫不以晋唐为“平淡天真”之神品，故而为追求创作高古和利益最大化，三次书画作伪高峰皆有复古思想的出现。第二，自唐以后，收藏逐渐打破官府的垄断，私人收藏家越来越多，至明清更有甚者，富有到天下书画一半经过其手，这反映了收藏家的多元化与势力的增大。第三，商品经济的愈发繁荣，富商缙绅的出现使得书画作伪活动猖獗，此是从北宋至清作伪活动规模化、书画市场分工专业化的根本原因。第四，买家市场不断扩大，至晚清民国甚至出现一大批海外藏家，古书画的市场从国内市场拓展到国外。但这也加速了国宝的流失，新中国成立以后，政府出台了《文物保护法》，古书画倾销改以日本、香港为中转地，国家出资与外国争购国宝，亦费资尤甚。①

5. 功夫在鉴定之外

书画鉴定不只是技术问题，在鉴定过程中，赏是主要环节。鉴定负责的是真伪问题，而赏是要体味古人之心，透过书画看到其背后所承载的活的文化，故而每一次鉴定都是与古为徒，向历史和审美对话的过程。究其根源，决定鉴定水平的根基有二，均不能从鉴定本身求得。一是绘画、书法的苦学实践，大鉴定家在鉴定外必有深厚的书画基础，在此之上方能谈笔墨，辨时代。二是传统文化作为鉴定的根基，光有书画基础是不够的，传统文化的学习是与古人、古书画对话的前提。自宋代以来文人画兴起，而诗书画一体由来久矣，若不全方位学习传统文化，终不能彻底看懂古人作画，此乃功夫在鉴定之外的第二点。涉及具体实践层次，前者从风格对鉴定进行帮助，后者从文史、考订、训诂、音韵等方面提升鉴定。杨新在从学徐邦达时，就谈到徐邦达先生有着坚实的书画基础，此外更有深厚的文史造诣，1978 年，杨新随徐邦达到山东济南游龙洞时，徐邦达写成《满庭芳》一首，赠予杨新。词曰：

岚合晴容，泉吟清韵，千寻层翠迷空。天开图画，绣出锦屏风。裂破云根土脉，何年事，潜卧痴龙。穿邃窟，初抛列炬，回看失前峰。

蒙蒙篁竹下，修蛇逦迤，佛峪还通。暂停车坐对，是处丹枫。仰首虚亭木末，心振荡，悬级难从。巉岩外，风呼谷应，山客若为逢。

① 参观杨新，《商品经济、世风与书画作伪》，《中国古代书画鉴定二十五讲》，浙江大学出版社，2019 年版。

旧体诗在形式上要讲究平仄、对仗、音韵格律之外，在内容上要讲究工稳、雅正、修辞、用典等，最后才是意境、情思、个性风格的创新，故而是一个人对传统文化的修养与造诣的全面体现，历代著名鉴定家都是深谙于文史，熟于诗词的人，例如启功、张伯驹、张葱玉、朱家溍、王世襄都是此中高手。唯有深厚的传统根基，才可以真正与古人对话，提升鉴定的境界与水平。词人作词，必见江山风雨外，常有万般不得已者。这便是所谓词心，词人必有词心，在境界中更见思韵深情。这种“词心”是熔铸于人本身的气韵，故而诗词也是鉴定家人品和气韵的体现。这就引出了功夫在鉴定之外的最后一层意思，即是鉴定家要修炼正直的人格与高洁的气韵，做到实事求是和舍弃私欲，不受外界因素干扰自己的鉴定结果，这是修心的功夫。

6. 功夫在鉴定之外书画鉴定三感

一为书画鉴定家一定能书善画。

书画鉴定自张葱玉、徐邦达形成现代鉴定学后，以书画风格作为主要依据。但“纸上得来终觉浅”，实践体验是了解风格的最好手段。卫夫人虽有“善书者不鉴，善鉴者不书”之言，但这主要是强调书画鉴赏与书画创作分工的专业性，书画鉴赏以体会书画的风格气息为判断的主要目标，在欣赏时往往模拟重现书画创作者的思想情感和技法，徐复观在《中国艺术精神》中称之为“追体验”模式，但鉴赏仍是要追求以书画实践体验为旨归。故中国美术史上，伟大画论家、鉴定家一定是优秀的书画家。如北宋的米氏父子，元代赵孟頫、柯九思，明代董其昌、项元汴、李东阳，清代安岐，近现代吴湖帆、张葱玉、徐邦达、王季迁、启功、谢稚柳等，都是以书画实践为根底从而转向鉴定。

但目前从事书画鉴定研究人员却面临诸多困境，第一，会书法、绘画的人多从事创作类专业，而无理论的归纳高度和深入学术研究的能力。张葱玉先生言书画鉴定是一门科学，而徐邦达认为书画鉴定是学问，尤需要学术功底。第二，与之形成鲜明反比的是从事文化案头工作的人员却大多使用硬笔，尤其中青年研究人员没有书法绘画基础。第三，古文化知识的缺失导致书画鉴定人才的培养越发困难，现代性革命的剧烈变化使得文言文、繁体字、异体字和书体的辨识困难日益严重。

二为“望气”之法得失有无。

“望气”即对书画作品的“第一眼印象”，是指通过艺术作品的风格和材料归纳出整体形式感与特点，所望之“气”即是书画的时代气息与个人风格。此词原本来自相术，后被引申到书画鉴赏领域。其方法根据作品的艺术特征与精神气息来判定，要求鉴定者对书画史和艺术本体有着深入全面的认识。

“望气”符合中国文化特点，体现了中国特有的天人合一思想，被引入书画鉴定领域后，更是突出“气”这一中国独特的美学范畴。“望气”来源于汉代的占候之学，亦称“候气”，《史记·孝文本纪》载“赵人新垣平以望气见，因说上设立渭阳五庙”，即由观望云气而知道人事吉凶的征兆，这是中国哲学从西周起源而到董仲舒越发明显的“天人之际，合而为一”的独特思想观。

“望气”所带来的直观感受是鉴定家的主要依据，故而要珍惜“第一眼印象”。书画鉴定往往由于对象的复杂性、鉴定主体的心理因素而出现判断上的动摇，详细对比后往往“谨毛失貌”，即局促于细节却忽略了整体，故而“望气”特别重要。

三为书画鉴定的“模糊性”，具体体现在以下三点。

①书画鉴定中很多词语是模糊性词语，首先书画鉴定受中国传统哲学的影响，以气作为书画的生命本源，在传统书写中带有唯心主义的色彩。其次，语言具有局限性，画面风格难以描述清楚，“宣物莫大于言，存形莫善于画”，讲的就是这种差别。再加上从风格进入书画本体需要很高的门槛，更增添了书画鉴定的模糊。虽然张珩以来的现代鉴定家不懈努力，终使这一

情况有所改善，但书画鉴定仍未摆脱神秘性的色彩。

②鉴定判断存在模糊性，首先书画鉴定源自个人的经验归纳，即所谓“目鉴”，作品的评判以鉴定家的个人体验为第一位，对于其他人来说判断的依据难以明晰。因此，书画鉴定到今天为止有着很大的不确定性和模糊性。就像启功先生所说：“书画鉴定是一门模糊的学科，它不像其他学科可以精确到用数字来定性。”这也导致面对作品，鉴定家会见仁见智，给出不同的意见，例如著名鉴定家谢稚柳与徐邦达就曾产生诸多分歧。其次是鉴定者的记忆存在模糊性，在调动脑海中的“标准件”进行风格比较时，样板容易出现偏差。再次，书画鉴定中以风格为主的形式感受难以量化，由于判断的依据不鲜明，鉴定主体自己也在像与不像之间踌躇不定。因书画本身构成因素众多，鉴定将其划分为主要依据和辅助依据，综合判断时往往证据间相互冲突，加之鉴定主体主观因素的干预，难以做到绝对客观，从而产生模糊与分歧。

③授课过程中存在大量模糊性。由于鉴定中的语言和判断都带有不确定性，书画鉴定难以形成系统的教学体系，鉴定人才在当今的高校系统下不易培养，鉴定是与实践紧密结合的经验学科，学习书画鉴定最好的方式还是实践，在大量观摩原作的基础上，个人经验的积累和归纳是书画鉴定传承的途径。[①]

此外，书画的材料是由水墨和纸组成的，无法像西方绘画那样，取样并检测分析，故而书画鉴定无法被科学鉴定替代。由于其复杂性，《拍卖法》规定书画拍卖品在拍卖行不保真，但不保真条款需要拍卖行尽到相应调查义务且信息无隐瞒的情况下才会生效。对于“藏”来说，首先要“鉴”，对传世的作品真伪做一个判断。这是一个棘手的问题。不同于工艺品，书画的个

① 参见杨新，《我跟徐邦达先生学鉴定》，《中国古代书画鉴定二十五讲》，浙江大学出版社，2019 年版。

人性极强，艺术性各异，就连国际大的拍卖公司都不对其真伪负责，可见相对于陶瓷、青铜器等文物，经过层层递藏的书画作品的鉴定是一件非常困难的事儿。

当代的学术研究任务集中由学院承担。学院对作品的研究并形成专业论文、专著等成果。学院通过不同的研究方向积累一段时期必然要形成系统的知识体系，持有不同见解的学者根据自身的知识结构形成不同的“学派”，百花齐放，形成学术繁荣。学界的研究结论会转而成为教材，形成相对稳定的评价体系。

第二节　改革开放后的“美术世界”

1. 新时期的制度变化

20 世纪 70 年代末，在改革开放的大环境之下，博物馆、美术馆的数量有了大幅的增长。整个 80 年代，是画院得到快速发展的时期，各地纷纷成立各级画院。文博系统的各种运作，并且相比之前有很大程度的推进。最重要的是，随着改革开放，中国美术体系从计划经济时代向市场经济时代转变，艺术品市场开始兴盛，私人资本进入艺术领域。艺术团体、美术教育机构、美术创作研究机构、美术展览与收藏机构和宣传出版机构这五大机构，均迎来了自己的市场化机遇与挑战。改革的过程中并非一帆风顺，政府主导预算的削减、机构自身筹资能力不足、市场化的路线混乱等问题，使得中国美术体制经历了混乱与新生，最终的结果导致部分机构向企业转型，许多仍以政府为主导的机构也开始发展服务业，形成了与市场融合后的现代面貌。

2. 全国文物大盘点

自晚清以降，中国遭逢千百年未遇之大变局，随着封建制度的瓦解与殖民入侵，文物也随之遭受厄运，四处流散，杨仁恺《国宝沉浮录》中记载了许多书画的散佚情况。而中华人民共和国成立后，文物的数量和保存情况均不清楚。为防止国有文物的流失，挽救晚清以来文物走私的积弊，国家建立起现代文物保护管理制度，在立法与鉴定两个层面着手，前者通过建立一系列文物保护法，阻止文物交易、出口及走私。而后者通过征集、鉴定、清点、保存新中国所存留的书画文物数量，摸清文物的基本概况，建立起分级保护制度。

1950年5月24日《禁止珍贵文物图书出口暂行办法》在第一条中指明本法的目的是“为保护我国文化遗产，防止有关革命的、历史的、文化的、艺术的珍贵文物及图书流出国外，特制定本办法”。并自第二条以下，详细列举了禁止出口的文物图书。《禁止珍贵文物图书出口暂行办法》实现了我国在文物管理制度上从无到有的突破，对保护古书画起到了重大的作用，自此，国外藏家只能通过香港、日本等地收购中国书画，卢芹斋更是因此而退出文物交易。另一方面，追索散佚书画的任务也在紧密进行中，杨仁恺《国宝沉浮录》中记载了大量口述史料，向我们勾勒了我国散佚书画和美术世界的整体面貌。

东北文物管理委员会于1948年在哈尔滨市成立，负责文物工作的是王修。主要责任是负责接收各方文物捐献，并接收敌伪的文物，加以分类登记，其中重点是长春伪皇宫散佚的文物。1948年11月，文管会从哈尔滨迁来沈阳，后与国立沈阳故宫博物院合并，终在1949年7月7日，新中国成立的第一座博物馆——东北博物馆正式开馆。这座新型博物馆向公众开放，使得文物真正属于人民。

1949年时，由于没有法律政策，国家对长春伪皇宫散佚的书画暂时无法干预。直到1952年，经过长春市民众的反映，东北文化部派出工作组展开对长春市的调查，在两个月内搞清楚了古书画散佚的线索，并将其下落扩大到北京、天津等地，查清了古书画的去向。书画散佚的当事人，长春地区以朱国恩、常伯祥、赵献臣、焦增级、刘国贤为主，天津以王恩庆、王学安、靳蕴清为主，北京地区以北京琉璃厂的“八公司”为主，通过对他们的调查与劝说，将众多古书画追回。

抗日战争胜利后的故宫博物院藏品流散，经费短缺，已破败不堪。1949 年后，故宫博物院气象为之一新，人员与经费逐年增加。其先后筹备成立了青铜器馆、陶瓷馆、珍宝馆、雕刻馆等，书画馆由于缺少书画藏品，暂未能开放。幸得国家文物局的局长王冶秋、张珩及故宫博物院院长吴仲超主持开展征集工作，以故宫博物院为代表，全国博物馆都对《佚目》书画开展征集工作（图 7-5），各地文物商店亦全面出动，到 1953 年杨仁恺写成《国宝沉浮录》一书之时，《佚目》书画收集的工作已经基本完成，而下一步就是对全国征集来的书画进行鉴定与评级，进一步发现被埋没的书画。1962 年国家文物局曾专门成立了由张葱玉、谢稚柳、刘九庵组成的“三人书画鉴定小组”，负责鉴定全国文物机构所藏书画，张葱玉担任组长，先后前往天津、黑龙江、吉林、辽宁四个省市鉴定书画达万余件，从中发现了许多湮没已久的书画珍品。这是新中国成立以来第一次对于书画进行局部盘点，但仍规模较小，而在中国漫长的历史长河中，以国家的名义对中国古代书画进行大规模盘点总结的行动一共有过三次。

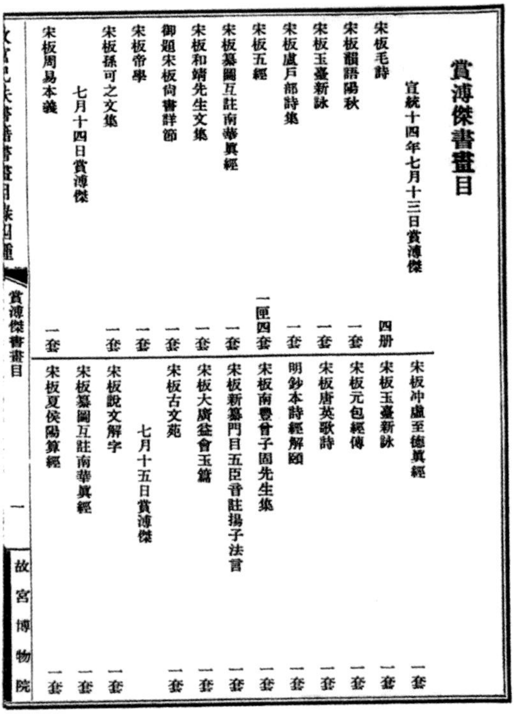
賞溥傑書畫目

宣統十四年七月十三日賞溥傑

宋板毛詩　四冊
宋板韻語陽秋　一套
宋板玉臺新詠　一套
宋板盧戶部詩集　一套
宋板五經　一匣四套
宋板纂圖互註南華真經　一套
宋板和靖先生文集　一套
御題宋板尚書詳節　一套
宋板帝學　一套
宋板孫可之文集　一套

七月十四日賞溥傑

宋板周易本義　一套
宋板冲虛至德真經　一套
宋板玉臺新詠　一套
宋板元包經傳　一套
宋板唐英歌詩　一套
明鈔本詩經解頤　一套
宋板南豐曾子固先生集　一套
宋板新纂門目五臣音註揚子法言　一套
宋板大廣益會玉篇　一套
宋板古文苑　一套

七月十五日賞溥傑

宋板說文解字　一套
宋板纂圖互註南華真經　一套
宋板夏侯陽算經　一套

賞溥傑書畫目　一　故宮博物院

图 7-5 《故宫已佚书籍书画目录》

第一次是宋朝徽宗之时。宋代一直重视对书画的搜寻，“成立自唐末变乱五代散亡图画收藏存者无几。逮至宋朝方得以次搜集……乃命待诏高文进、黄居寀，检详而品第之”[①]。以翰林图画院为主的皇家画院机构除创作以外，负责对书画的搜寻、鉴定和品第，所得藏品历经七帝一百五十年，到徽宗朝而到鼎盛，其内府书画“百倍先朝”，为掌握藏品的基本概况和张扬内府图书之盛，宋徽宗授意翰林图画院进行了第一次宫廷内府书画的大盘点，其成果编成《宣和睿览集》《宣和书谱》和《宣和画谱》等著作。《宣和书谱》收录法书1344件作品，而《宣和睿览集》收录1500件作品，《宣和画谱》收录6396幅作品。

第二次是清代乾嘉两朝。在清代宫廷收藏书画的热潮中，第一次书画大规模集中于宫廷内府，是由乾隆开始的，他多次派人重金搜求书画，得到如孙承泽、宋权、宋荦、梁清标、高士奇等许多清代著名收藏家的藏品，至此天下法书名画大多归内府所有。第二次盘点就是在乾嘉时期开始的，在达到鼎盛的内府收藏背景下，其书画著录成果蔚为壮观，形成《石渠宝笈》和《秘殿珠林》二书。其专门载释道之书画者，名为《秘殿珠林》，即佛道书画著录书。而著录一般书画者，名为《石渠宝笈》，有初编、续编及三编。

第三次盘点则是20世纪80年代。前两次盘点的对象都是宫廷内府旧藏，而第三次盘点则是面向全社会的收藏，规模之大可以说史无前例。1983年，国家文物局成立中国古代书画鉴定小组，由我国顶级鉴定大师谢稚柳、启功、徐邦达、杨仁恺、刘九庵、傅熹年、谢辰生七人组成，亦称为“巡回鉴定小组”或“七人鉴定小组”。鉴定小组对全国各博物馆、图书馆、高等院校、美术馆、大专院校、文博机构、文物商店所藏书画，逐一过目，鉴定真赝，摸清了中国历史国宝书画艺术品的家底，编纂完成中国绘画法书文字图

① 王毓贤，《绘事备考》卷一，卢辅圣主编《中国书画全书》第八册，上海书画出版社，1994年版，第610页。

目。期间巡回鉴定全国 200 多个城市，208 个书画收藏单位及部分个人藏家，耗时八年完成了历史上最大规模的书画鉴定，过目公私所藏古代书画六万件以上，制作卡片资料三万四千余张，其部分鉴定意见可见于杨仁恺先生所编著《中国古代书画鉴定笔记》一书，最终“七老”领衔的书画全国巡回鉴定，确立了现代美术史研究的书画参照系统，形成《中国古代书画图目》《中国古代书画目录》两本鸿篇巨制。20 世纪 80 年代中国美术的收藏史主要是以书画鉴定为导向，确立书画收藏的价值体系，这一体系的建立直接影响美术史和收藏史研究，而“七老”是其中的关键人物。

谢稚柳

谢稚柳（图 7-6）（1910—1997），国家文物局中国古代书画鉴定组组长，原名稚，字稚柳，后以字行，晚号壮暮生，斋名鱼饮溪堂、杜斋、烟江楼、苦篁斋。擅长书画创作、史论及鉴定。初与张珩（张葱玉）齐名，世有“北张南谢”之说。历任上海市文物管理委员会编纂、副主席，上海博物馆顾问，中国美协理事、上海分会副主席、中国书法家协会理事、上海分会副主席，国家文物鉴定委员会委员等。谢稚柳生于江苏武进（今常州），素有家学，其兄谢玉岑亦有画名。自幼喜好丹青，九岁学画并从钱名山学文史及诗词，绘画上初以陈洪绶为旨归，后博取诸家。

图 7-6　谢稚柳

谢稚柳的艺术生涯以 20 世纪 50 年代为界限，可以分为两个阶段。第一阶段是 1910 年至 1950 年，此阶段谢稚柳主要致力于绘画和美术史的研究。谢稚柳初以花鸟画入门，专临陈洪绶的人物画，一变古拙为清秀。到 1930 年代，始学北宋山水，以巨然、郭熙入门，后出入于宋元名家。谢稚柳的绘画是以南宗为主的传统文人画趣味，加之重视唐宋写实主义，强调绘画来源于生活，后来其书画风格被称为古典现实主义。①而谢稚柳对于美术史的研究也起步于此阶段，1940 年谢稚柳随张大千考察敦煌后，丹青灿烂的艺术世界震撼了他，自此以后谢稚柳就开始由敦煌石窟入手，研究中国美术史，开启了他个人的敦煌学研究，著有《敦煌石室记》《敦煌艺术叙录》等。第二阶段是 1950 年至 1997 年，1950 年上海文物管理委员会成立，此后谢稚柳就投身上海博物馆的筹备建立及书画征集的工作。在此期间，谢稚柳重要的贡献主要在于三点。一是古代画家全集的编纂工作，编辑有《唐五代宋元名迹》《董源、巨然全集》《燕文贵、范宽全集》《赵佶全集》等。二是书画鉴定工作，谢稚柳先生在 1962 年就参与了“三人鉴定小组”，与张珩、刘九庵到东北鉴定古书画，过目上万件，形成《北行所见书画琐记》一文。1983 年国家文物局建立全国古书画巡回鉴定小组，任命谢稚柳为组长，鉴定书画六万余件。其鉴定方法、案例和成就详见于《鉴余杂稿》和《中国书画鉴定》二书。三是其美术史研究的意义，其代表文章有《赵佶〈听琴图〉和他的代笔问题》，显示出谢稚柳鉴定、创作和史论研究和谐紧密的关系。

在具体鉴定之中，谢稚柳与徐邦达经常产生意见分歧，后世总结为“谢老眼宽，徐老眼严”。所谓“眼宽眼严”是指书画鉴定中两种不同的鉴定观，眼宽者，当画面笔墨风格难以判定而又缺乏其他铁证时，便不必硬断其伪，可以一概先视为真迹，此乃一种鉴定观。眼严者，认为真迹当是无疑点的、有确证证实的，除此之外皆不可视作真迹，即“宁杀错不放过”。这又是另外一种鉴定观，却往往容易错判真迹为伪作。对于私人购买书画来说，眼严可以避免经济损失。但谢稚柳先生为国家从事文物征集与鉴定工作多年，眼严容易导致国宝流失与蒙尘，与其眼严错失国宝，毋宁眼松以待后来讨论。他自己说：“对一件古人作品的真伪，如果采取严的态度，说它是假货，是

① 参见单国霖，《略论谢稚柳先生的学术与艺术》，《上海文博论丛》，2009 年第 3 期。

伪作，那是很容易的事；要看真，要肯定它，是很费功夫的。特别是有争议的作品，更不能轻率地把它否定，打入冷宫。有时不妨多看几遍，多想一想，有的画我是看了思索了若干年才决定的。有些画这一代人决定不了，让后来人再看。对画就像对人一样，要持慎重态度。”①

谢稚柳先生在史论研究上，从书画实践的角度来研究美术史，并将理论所得反哺于实践，而他的鉴定又来源于书画实践和史论研究，形成了三位一体的紧密关系。谢稚柳的鉴定方法被称为“风格鉴定”，亦被称为“望气派”，他擅长从书画创作的实践来研究鉴定，即其鉴定“绝大多数都是由对传世作品的具体认识而来”并“重在对具体作品笔墨风格的分析”，开拓了书画鉴定理论的新路径。在1966年发表的《论书画鉴别》一文中谢稚柳指出:“鉴别，并不排除任何旁证，但它必须在书画本身判定之后才起作用。之所以如此，是因为二者的关系不同一体，因而旁证的可信性，必须由作为主体的书画本身来对它做出决定。”谢稚柳认为书画本身由笔墨、个性、流派和时代性四部分构成，印章、题跋等皆为旁证。个性、流派和时代精神都是通过笔墨而表现出来的，所以谢稚柳鉴定的核心是笔墨风格，这是判断真伪的根本标准。此观点与张葱玉不谋而合，而徐邦达在书画本身之外又扩充了书法的文字考订、绘画的建筑和服用品形制考订两方面，强调文献的考证，至此作为一门现代学科的书画鉴定，已经完全成熟，可以说现代鉴定方法的确立，离不开三位鉴定大家。

图7-7　杨仁恺

杨仁恺

杨仁恺（图7-7）（1915—2008），号

① 朱万章《书画鉴定家的书画——谢稚柳的学术成就与荷画、书札漫谈》，《中国艺术时空》，2005年第6期。

遗民，笔名易木，斋名沐雨楼，四川岳池人。杨仁恺的学术生涯为两个阶段，第一阶段是1915年至1950年，此阶段是杨仁恺从“厂肆之学”步入艺术领域的阶段。他少年时失怙，后因家道中落而被迫辍学，早年在成都任中学文史教员，喜爱逛总府街古玩店，自称书画鉴定源于厂肆之学。后因在巴蜀印刷厂《说文月刊》兼职校对与印刷，从而结识金毓黻、郭沫若、沈尹默、老舍、谢无量、马衡等人，为以后从事学术研究埋下伏笔。1945年，杨仁恺因在“全国书画义卖展览会”负责征集工作而与张大千、徐悲鸿、黄宾虹、潘天寿、傅抱石等人结缘。1950年，杨仁恺经郭沫若引导，开始有意愿从事文博工作，但中央文物局人员筹备已满，转而到东北人民政府文化部文物处研究室任研究员，接收东北银行藏品，这批画是溥仪逃往长春伪满皇宫时截获的，其中包括《簪花仕女图》《夏景山口待渡图》《曹娥诔辞》等一百二十余件法书名画，这是杨仁恺学术生涯的开端。第二阶段是1951年至2008年，此阶段是他转向文博工作后，鉴定学的大成阶段。1951年杨仁恺发现北宋张择端《清明上河图》，1952年调任东北博物馆（今辽宁省博物馆）。其后从事博物馆工作五十余年，抢救文物上千件，一生将自己奉献给了文博系统。1983年，中国古代书画鉴定小组成立，时任辽宁省博物馆副馆长的杨仁恺成为鉴定小组成员七人之一，作为鉴定小组成员，杨仁恺先生坚持全程参与了鉴定工作，亲自撰写了六十本鉴定笔记，出版成为《中国古代书画鉴定笔记》九册，成为今天研究书画鉴定最为宝贵的资料之一。晚年担任中国博物馆协会名誉理事、辽宁省博物馆名誉馆长、辽宁省文史研究馆名誉馆长、鲁迅美术学院名誉教授、中国人民大学国学院教授、中央美术学院研究生导师、辽宁省书法家协会名誉主席、辽宁省美术家协会名誉主席等职。因其杰出贡献，授予他“人民鉴赏家”荣誉称号，被誉为“国眼”。

总的来说，杨仁恺的贡献可以归纳成三点。一是挽救东北地区清宫流散文物，杨仁恺先生上任之时，溥仪携带书画出逃不久，仍有大量国宝流落民间，杨仁恺先生为追寻文物的下落四处找寻线索，形成《国宝沉浮录》一书。《国宝沉浮录》分上下两篇，上篇“国宝沉浮史”重点讲述文物收藏史，为求得珍贵史料，杨仁恺实地调研、采访众多当事人，经其口述后整理成文字档案。下篇“国宝辨析录”，对晋唐以来富有争议的一批知名书画进行鉴赏评析和梳理，是杨仁恺书画鉴定与赏析的思想遗存。中国书画收藏史以《国宝沉浮录》为经典，因其保存了许多第一手资料，极大便利了后学的研究与考证，其书是文物收藏史的大成之作。

二是在东北地区文博建设方面，主持辽宁省博物馆的发展工作，为辽宁省博物馆的书画鉴定人才培养、美术史研究、文物的挖掘与保存等方面作出了不可磨灭的贡献。

三是在鉴定学方面的成就，杨仁恺提出了“比较研究法”与“宏观探究”相结合的鉴定观。比较研究法即微观研究，即在美术史研究和鉴定时将书画作品与同一位书画家的公认真迹进行比较，以笔墨、构图、皴法的相似与差异作为主要依据；进而将同一地域的不同作品、不同时期的作品、本人及其传派的作品都加以比较，得出较为全面的认识。而面对孤本时，杨仁恺从社会思潮、时代风格、文化背景和画家文献资料等宏观因素进行判定。其鉴定著作等身，代表作有《中国古代书画鉴定笔记》九册、《中国书画鉴定学稿》等。

刘九庵

刘九庵（图 7-8）（1915 — 1999），故宫博物院研究馆员、古书画鉴定专家、历史文物咨议委员会委员、国家文物鉴定委员会常务委员。1915 年生于河北省冀县大齐村。

14 岁由吉珍斋韩辑五介绍到北京琉璃厂悦古斋字画店当学徒，书画盈目长达 12 年之久，这奠定了他一生的学业基础。后书画鉴定水平日益精进，便独自营销、代售古旧字画。1956 年 5 月，刘先生进入故宫博物院，先后在业务部、保管部、陈列部、研究室从事书画整理、鉴定、编档、收购、陈列和研究工作，是文物博物馆界首批获得国务院批准的享受国务院政府特殊津

图 7-8 刘九庵

贴的著名专家之一。历任国家历史文物咨议委员会委员、国家文物局文物鉴定委员会常务委员，并受国家文物局委托任中央美术学院硕士生导师。刘九庵在故宫工作期间从已经被划为非物质文物的字画中，发现了宋人《柳荫群盲图》、元赵孟頫《行书五言诗》轴、元颜辉《山水》轴等国家一级文物，为国家文物事业作出了突出贡献。此外，刘九庵曾亲理故宫博物院所藏数万通明清尺牍，成为研究明清尺牍的专家之一。同时他不惮烦琐，手书人藏凭据百万之巨，为后人从事该项工作奠定了坚实的基础。

刘九庵 1962 年和 1983 年，先后两度参加国家文物局组织的全国古书画鉴定小组，在实物资料的基础上，勘校补充郭味蕖《宋元明清书画家年表》，而形成《宋元明清书画家传世作品年表》一书，是其毕生鉴定经验的总结。此外，他还发表三十多篇论文，进行了大量书画家的个案研究。刘九庵去世后，故宫整理出版了《刘九庵书画鉴定研究笔记》，笔记起自 1956 年，终于 1997 年，历时 41 年。目前已整理 273 本，300 余万字，内容主要涉及鉴定心得、工作日记、书画过眼著录、相关文献抄录、研究专题的材料汇集等，全面反映了刘九庵书画鉴定思想，内容庞杂，体量巨大。

总的来说，刘九庵的书画鉴定有三个特点。第一，相较于其他鉴定大家，刘九庵是从个人买卖书画过程中自己体会摸索，所以他尤其擅长小名头画家的鉴定，这一特长也为故宫填补了短板。第二，刘九庵尤其强调在书画鉴定中，知真必须识伪，指出辨伪和知真相结合，才能提高书画鉴定的准确性。第三，刘九庵在鉴定中特别注意题跋和署款的真伪性，鉴定方法主要以历代书简、明清尺牍、信札为根基。

爱新觉罗·启功

爱新觉罗·启功（图 7-9）（1912—2005），字元白，也作元伯，号苑北居士，满族人，中国当代著名书画家、教育家、古典文献学家。启功 1912 年生于北京。启功的先祖是清朝雍正皇帝的儿子，排行第五，名弘昼，封“和亲王”。其后代逐渐从王府中分离出来，至其曾祖时，家族已失去门荫，要通过科举找出路了。曾祖溥良，考中进士，入翰林，清末曾任礼部尚书、察哈尔都统。祖父毓隆，也是翰林出身，为典礼院学士，曾任学政、主考。启功出身于书香门第之家，少时便有艺术天赋，15 岁开始从贾羲民、吴镜汀学画。18 岁从姜戴福先生学习中国古典文学，习作诗词。他早年的绘画主要以山水为主，师法恽寿平笔意，清冷俊秀，富有文人气息。1933 年，经傅增湘介绍受教于陈垣，这奠定了启功的书画鉴定基础，尤其是他以文史资料治书画的鉴定方式直接得益于陈垣的教导。1935 年任辅仁大学美术系助教。1938 年后任辅仁大学国文系讲师，兼任故宫博物院专门委员，从事故宫文献馆审稿及文物鉴定工作。1949 年任辅仁大学国文系副教授及北京大学国文系副教授。1952 年后任北京师范大学中文系副教授，教授中国古典文学。1983 年，参加中国古代书画鉴定小组，负责甄别、鉴定北京及全国各大博物馆收藏的古代书画作品。晚年担任中央文史馆副馆长、九三学社顾问、中国书法家协会名誉主席、世界华人书画家联合会创会主席、西泠印社社长。

图 7-9　启功

启功先生一生的学术思想和创作成就都集中于《启功丛稿》，该稿也成为研究他本人最为重要的著作。其书分为题跋、诗词、论文和艺论四卷。《论文卷》收录了部分篇幅较长的专题论文，内容涵盖了文史艺术诸领域，可视为启功先生的杂集，包括对古代碑帖的考证和研究、《红楼梦》研究、诗书画关系的宏观思考等。《题跋卷》汇集了作者历年撰写的短篇题跋及文史、谈艺札记，其中涉及对碑帖书画的题跋、读书时短篇札记、回忆师友的文章等。《诗词卷》是作者此前陆续出版的《启功韵语》《启功絮语》《启功赘语》三部诗集的合编，收录了启功青年时代以来的大部分诗作，是他文学上创作实践的集中呈现。《艺论卷》所收为启功先生的书论、画论，是集中反映启功艺术研究思想的材料，其中涉及书画鉴定、史论研究、为青年指示学艺门径三方面，代表作如《董其昌书画代笔人考》。

启功的学术、艺术贡献可总结为三点。第一是文学、史学研究上的贡献。启功一生精于文学、史学的研究，曾参与中华书局组织标点《二十四史》和《清史稿》的工作，负责标点《清史稿》，启功的书画鉴定也多得益于文史的博学，其代表作有《古代字体论稿》和《诗文声律论稿》两本书稿。

第二是书法上的贡献。启功的书法早年学赵孟頫《胆巴碑》，后改学米芾、董其昌，用力以智永《千字文》最深，终成一体，形成端庄稳重、流利秀劲的面貌，自称“笔圆结体严”。启功在书法实践上强调结构的重要性，认为骨架既定，不论何种用笔，“其工其势，正在其中”，尤其他提出书法在结构上符合“黄金分割率”的特点，更体现了他对于结体的研究。赵孟頫提出“结字因时相传，用笔千古不易”，而启功则对曰“用笔何如结字难，纵横聚散最相关。一从证得黄金律，顿觉全牛骨隙宽”。其学说自成一家，影响深远。

第三是书画鉴定成就。张珩去世以后，谢稚柳、徐邦达、启功并称书画鉴定三大家。启功的治学方法主要是文献鉴定，从查阅古文献资料入手，但他不局限于画史著录，所取范围十分广泛。他以文辞音韵为功，以训诂学为基础，因此往往长于书法碑帖的文献考据。

谢辰生

谢辰生（图 7-10）（1922—2022），江苏武进人。国家鉴定委员会常委、第七届全国政协委员、中共十三大代表、国家文物局顾问。我国文物界著名专家，中国文物学会名誉会长，中国文物法规的起草者和执笔人。1922 年出生于北京，年轻时接触进步思想，高中二年级时毅然辍学，准备与弟弟一同奔赴延安投身革命。但因道路封锁，辗转到上海。1946 年经徐森玉介绍帮郑振铎先生进行战时文物清理，并参与徐森玉主持的《中国中日甲午以后流入日本之文物目录》的编辑出版。成为郑振铎先生助手后，主要从事郑振铎先生所编书籍的目录抄写、印刷等工作，重点参与了《中国历史参考图谱》的出版。中华人民共和国成立后，经郑振铎劝说，谢辰生放弃学术研究从而转向文物保护工作。而保护文物的最重要的事情就是立法，通过法律和法规防止国宝向外流失。1950 年，谢辰生参与起草《禁止珍贵文物图书出口暂行办法》等我国第一批保护文物的法规，结束了 100 多年来中国文物向外流散的命运，这标志着我国艺术法的出现，同时意味着肆意买卖中国文物的时代过去了。其后 1982 第一部《中华人民共和国文物保护法》，以及改革开放以来许多文物工作的法令条例，几乎都是谢辰生参加起草或主要起草的。在此过程中，他首先确定了“文物”的定义，第一次提出了“文物重点保护单位”的概念，推动设立“文化遗产日”，呼吁保护北京古观象台和古城不受破坏。总的来说，谢辰生将自己一生都奉献给了文物保护事业，是新中国文物事业制度的奠基人之一。他追随着郑振铎的脚步，认为无论是书画鉴定、美术史的研究都是以

图 7-10　谢辰生

文物为核心的，“离开了保护就不可能发挥文物的作用”。因此他为保护文物奔走70余年，被称为“祖国文物的守护人”，自言“我一辈子都在从事文物工作，可以说一辈子就只做这一件事”。其一生的成就反映在《谢辰生口述：新中国文物事业重大决策纪事》一书中。

傅熹年

傅熹年（图7-11）（1933— ），著名建筑历史学家、文物鉴定专家，启功先生的私淑弟子。现为中国工程院院士，建设部科学技术委员会委员，中国建筑技术研究院建筑历史研究所研究员，国家古籍整理出版规划小组组员，国家文物鉴定委员会委员，中国考古学会理事，清华大学建筑学院兼职教授。傅熹年1933年生于北京，祖籍四川省江安县。1955年毕业于清华大学建筑系后，从事中国建筑史研究，先后为中国建筑史权威梁思成和刘敦桢的助手，协助他们进行中国古代和近代建筑史研究。侧重于研究古代城市规划和建筑设计的规制和手法，并运用这些规制进行一些已不存的历史上重要建筑的复刻研究，先后发表论文近三十篇，编为《傅熹年建筑史论文集》，又选编所绘建筑画为《古建腾辉——傅熹年建筑画选》。主编了《北京古建筑》和《魏晋南北朝隋唐五代建筑史》等专著。傅熹年与书画的缘分始于他就读清华大学营建系时，当时绘画是建筑的基本功课之一，他的素描、水彩从师于李宗津、吴冠中、关广智，西方的造型训练锻造了他严谨写实的能力。而在建筑绘图中，傅熹年以梁思成风格为基础，

图7-11 傅熹年

兼收中国画中的皴擦技法、山石景物表现方法，结合鸟瞰式构图，形成了自己的建筑绘画风格。同时，对古建筑的研究与复原，锻炼了傅熹年文献考证与图像再现的能力。从古建筑研究步入绘画，再从绘画进入书画鉴定，傅熹年在鉴定学中另辟蹊径。傅熹年接触书画鉴定的时间很早，也拥有学习书画鉴定的理想条件，他的父亲在文物局工作，因此父亲同事张葱玉、徐邦达、启功时常到傅熹年家相聚，傅熹年经常旁听他们对于古书画的鉴定意见，也当面向他们请教。由此，傅熹年的书画鉴定融合了建筑学、书画鉴定学和文献考证为一体。20 世纪 90 年代初，傅熹年在故宫讲授书画鉴定，总结了书画鉴定的三点观念，并在此基础上撰成《浅谈做好书画鉴定工作的体会》一文。他提出：一、书画鉴定工作要建立在坚实的书法史、绘画史的基础上；二、有目的地利用比较分析的方法建立起书画鉴定所需要的微观的标准系列和宏观的综合概念；三、要有一定的文献史料基础和考证能力。这三点观念正是他对于自己书画鉴定的总结。

傅熹年著有《傅熹年书画鉴定集》，他从古建筑研究出发，将图像与服饰史、建筑史相印证，结合文献加以考订，极大地弥补了书画鉴定中主要依据以风格鉴定为主的不足。从学术研究的角度出发，傅熹年强调鉴定与美术史的互动关系。侧重宏观入手，层层递进，最后到达微观。傅熹年为建筑史专业，且有版本目录学的深厚基础，在双重影响下他自觉地将之带入书画鉴定工作中，形成了独特的比较分析和综合概念结合的方法，并长于通过绘画中的建筑判定作品的时代分期。在五年多的全国博物馆巡回鉴定过程中，有争议的作品多达 1090 件，其中一半以上的作品都有傅熹年先生的鉴定意见。尤其到了巡回鉴定后期，由于老先生们年事已高等原因，许多书画都是以刘九庵和傅熹年为主来完成鉴定工作的。曾有人质疑专业学习古代建筑的傅熹年鉴定古代文人画的能力，于是，傅熹年先生撰写了一篇鉴定上海博物馆馆藏《百尺梧桐轩图》的论文《百尺梧桐轩图考——赵孟頫》。在这篇论文里，傅先生完全不提建筑，仅仅从文人画角度来进行考证，得出了两个重要发现。一、发现题款有疑。1985 年全国书画鉴定组在上海工作期间，傅熹年初睹此图真迹。在欣赏其精雅之余，也发现画幅右上方的一行“吴兴赵孟頫”款识笔法滞涩，徒存轮廓，画幅右方也颇显局促。反复分析，认为它是一幅被人裁去原款又补加伪赵孟頫款的元人作品。二、确定《百尺梧桐轩图》的创作时间。傅熹年辨认出卷后七人题诗均为真，其中只有第三人倪瓒、第五人饶介、第六人王蒙书有纪年，为至正二十五年（1365 年）乙巳的六月和七月。自此，傅熹年的鉴定能力受到大家的认可。

有关傅熹年鉴定，最著名的案例是他关于隋代展子虔《游春图》的辨伪，这也是我国鉴定史上的大案。展子虔《游春图》1956 年由张伯驹捐赠给故宫博物院，以往被视作中国美术史上公认传世最早的山水画。但傅熹年从历代著录者的意见、幞头形制、建筑形制、宋徽宗题名、底本五个角度进行分析，提出其实为北宋摹本的意见。傅熹年先生有现代建筑学的教育背景，他对故宫博物院所藏的《游春图》进行了系统精密的论证。第一，《游春图》在元代周密《云烟过眼录》中的评语是存疑的，而明代之后的诸家著录则清一色地认定为隋代展子虔作品无疑。第二，画中人物的幞头和墓室壁画中的人物画对比，大概是晚唐时期的样式。第三，从画中建筑的鸱尾形制来看，确定该样式是北宋时期的建筑形制。第四，“展子虔游春图”这一画题目的题写方式，有可能是北宋宫廷传移模写作品后的题名，在米芾《画史》中记载有这样的做法。第五，故宫藏《游春图》左半部分和传为李思训《江帆楼阁图》构图极似，傅氏倾向判断它们是出自同一底本。①

除鉴定小组的“七老”以外，陈垣和傅增湘也是特别重要的人物。他们二人与傅熹年、启功等人联系紧密，深刻影响他们的鉴定乃至学术。陈垣是启功的恩师，二人的师徒情谊是在傅增湘的举才推荐下结成的，而傅增湘是傅熹年的祖父，傅熹年又是启功的私淑弟子。由此可见，陈垣和傅增湘占

① 傅熹年，《关于展子虔 < 游春图 > 年代的探讨》，《文物》，1978 年第 11 期。

有特别重要的地位，值得申说。

陈垣（图 7-12）（1880—1971），号援庵，广东新会人，历史学家、宗教史学家、教育家。出身于药商之家，其父常以重金资助他读书，十三岁开始以《书目问答》和《四库全书总目提要》作为目录学启蒙，为今后的史学研究打下坚实的基础。因陈垣性不喜八股文，早年求科举未中，便在中学任教。目睹晚清以来国家状况，他认为要让中国摆脱落后的局面，一定要让科学发达起来，于是他先后进入博济医学院和光华医学院学习。1913 年辛亥革命后，陈垣当选为众议员，自此在北京定居。后来陈垣没有继续从医，1917 年他发表了第一篇史学论文《元也里可温教考》，这标志着陈垣史学研究生涯的开始。1921 年，创建北平平民中学（今北京市第四十一中学）。1926—1952 年，任辅仁大学校长；1952—1971 年，任北京师范大学校长。1949 年，他还担任过京师图书馆馆长、故宫博物院图书馆馆长。1949 年后，还任中国科学院历史研究所第二所所长，历任第一、二、三届全国人民代表大会常务委员会委员。曾任国立北京大学、北平师范大学、辅仁大学的教授、导师。

图 7-12 陈垣

陈垣在元史、历史文献学、宗教史等方面著作等身，他对待史料上采取“竭泽而渔”的态度，首先力求史料的全面归纳，不带有孤立、片面的观点看问题，立论建立在坚实可靠的基础上。其次，对于史料的辨析上，陈垣对史料的出处与可信度一一加以考证，只运用最原始、最真实的材料。此外，陈垣逻辑性强，因接受过自然科学的训练，陈垣的史学研究带有论证的条理性，加之陈垣力求行文晓畅，故而文章通俗易懂，说理清楚明白。

主要著述有《元西域人华化考》《校勘学释例》《史讳举例》《南宋初河

图 7-13　傅增湘

北新道教考》《明季滇黔佛教考》《清初僧诤记》《中国佛教史籍概论》及《通鉴胡注表微》等，另有《陈垣学术论文集》行世。

傅增湘（图 7-13）（1872—1949），四川省江安县人，号润元，字沅叔，别署双鉴楼主人、藏园居士、藏园老人、清泉逸叟、长春室主人。中国近现代著名藏书家、清代翰林。曾任民国教育总长、故宫博物院图书馆馆长。

傅增湘出身书香门第之家，其祖父傅诚为河北通判，父傅世榕为两任直隶淮安知县，自言“绮岁耽书，尤嗜古本”，科举亦中第一等第一名，授翰林编修之职，在天津办学成绩斐然，受到光绪和慈禧召见，授直隶提学使，创办北洋女子师范学堂及京师女子师范学堂。辛亥革命后，入袁世凯幕府，与军政要人相识，这是他步入仕途的开始。其后他受袁世凯委任，参加唐绍仪的议和代表团南下议和。也是在此时期，他全力转向古书收藏的事业。1917 年，傅增湘在北洋政府任教育总长，十年后担任故宫博物院图书馆馆长，以图书收藏研究为乐，开始大规模搜访中国古籍，甚至远赴日本，致力于版本目录学研究。傅增湘一生藏宋金刻本一百五十种，四千六百余卷；元刻本善本数十种，三千七百余卷；明清精刻本、抄本、校本更多，总数达二十万卷以上，是晚清以来继陆心源皕宋楼、丁丙八千卷楼、杨氏海源阁、瞿氏铁琴铜剑楼之后的又一大家，编有《藏园群书经眼录》《藏园群书题记》

图 7-14　张伯驹

《双鉴楼善本书目》等。

张伯驹（图 7–14）先生曾对傅熹年先生的《游春图》鉴定结果进行了驳斥，认为该画为山水，人物的服饰、建筑形制刻画偏小且简略，形制如果和史实有出入，也是有可能的。周密是元人，宋徽宗赵佶对《游春图》的判断要早于周密，如果按傅先生的逻辑，赵佶要早于周密，判断应该更为接近真实。而宫内仿制的作品，应该署名“仿”，而不该书写“展子虔游春图”。最后张伯驹先生认为傅先生的判断过于草率，建议存疑，不能判断《游春图》一定非隋画。可见当下的书画鉴定，专家的意见是以学术结论呈现出来的。是对是错，通过发表文章或出版书籍的形式公布出来，供大众存疑讨论。①

在五年多的全国博物馆巡回鉴定过程中，鉴定小组过眼了 10 万余件古代书画作品，七人小组最终将鉴定结果编写成了《中国古代书画图目》。20 世纪 80 年代中国美术的面貌是以鉴藏出现，书画鉴定走进了学院，成为一门现代学科。90 年代中国美术收藏史又迎来了艺术消费时代的兴起，极大地改变了收藏史的研究格局。

第三节 社会发展推动学科迭代

1. 全球化与科技进步带来的巨变

1991 年苏联解体，二战之后的冷战格局结束。美苏争霸的格局在一定程度上阻碍了国与国之间金融资本的流动。1992 年美国克林顿就任总统后，进一步推行新自由主义的全球化政策，加速卸除金融管制，使得冷战结束以后垄断资本加速向全球扩张。资本的全球化发展一步步凌驾于国家权力乃至美国的霸权之上。垄断资本最终从国家权力身后走到前台，成为影响当下国

① 参见张伯驹，《关于展子虔 <游春图> 年代的一点浅见》，《文物》，1979 年第 5 期。

际关系发展的主要因素。

垄断资本在全球范围内带来更多领域的融合和交流，并且同时伴随着资本侵略。侵略和扩张必然遇到反制。比如恐怖主义、金融危机、民粹主义等。爆发在2001年的来自恐怖主义的暴力袭击便是纽约“9·11”事件。事件的根源是，美国霸权和控制它的垄断资本在中东地区的扩张破坏了地区力量的平衡，制造了大量矛盾冲突。2008年的金融危机，起因是垄断资本在扩张、积累的过程中过度金融化，催生出过于膨胀的金融泡沫，由于某一链条的断裂而引起多米诺骨牌效应，最终酿成了席卷全球的金融风暴。而垄断资本主导的经济全球化，一方面导致许多发展中国家成为“世界工厂”，一方面造成了西方国家“产业空心化”。大规模的去工业化现象损害了发达国家的社会就业和福利，导致贫富分化加剧，最终以2016年“英国脱欧”和美国特朗普上台集中表现，体现了民粹主义对垄断资本全球扩张的反制。①

中国在工业化的过程中比欧美国家慢了一步，却正好赶上了互联网带来的信息革命。诞生于美国的互联网科技对中国社会的改造绝对大于对其他国家的改造。20世纪90年代互联网进入中国，让中国的商业模式发生了彻底的变化。电子商务的崛起对传统制造业、服务业领域引爆了一系列的渠道变化以及消费者革命。传统的舆论管制方式也不得不随着微博等媒体出现而做出极大变化。可以说互联网彻底重新结构了中国的媒体、社交生态。

21世纪以来，中国诞生了数以千万计的私营企业，四千多万个体工商户，人数总和超过了韩国总人口，是前无古人的。古代社会的那种政府垄断经济命脉的情况被改变了。有产阶层在寻求自己个性化的发展方向。由于国家地区间财富的消长，近些年兴起的许多有产阶层的移民现象便是一个明显现象。社会开放、信息迅捷，使得中国在国际交流中益发重要，中国人也早

① 参见秦晋德，《强权与资本的二重变奏：二战后国际秩序的再探析》，外交学院2020届硕士研究生学位论文，导师姚遥。

已改变了“东亚病夫”的形象，在全球交流中占有越来越大的比重。通过互联网进行创业的独立知识分子，在益发广阔的市场空间里寻找生存机会，对思想、文化的研究都可以给自己谋求生活保障。

中国的传统书画收藏家表面上多避讳谈金钱交易，彼此之间的转让藏品很多是采取“以物换物”的方式。不太习惯于今天现代社会的契约关系。古代的私人收藏家大都出身于官宦，享受朝廷的俸禄，不需直接从事物物交换。而且在官僚体制之中活动，可以更倾向于“义”而淡漠谈“利”。这和今天的市场经济体制下的社会关系有极大差别。费孝通在《乡土中国》中提到“熟人社会”的概念，“熟人社会”中人们都按照亲疏和远近的原则，处理彼此关系，“熟人社会”中都是“道德人”。支配社会财富等资源的都是按照人与人之间的利益分配和社会交换的基础，以此约束彼此的行为。现代社会是“陌生人社会”，愈发达的城市或者地区，人口流动大，以乡土为根本的社会结构形式基本瓦解。陌生人之间，更多的是具有法律效力的契约来互相约束，道德谴责这种约束起不到太大的作用了。当然在工业化的中国，人情关系也受到一定程度的挑战。而古代社会艺术品的易主途径大概有两种，暴力或者强权的攫取在乱世，或者皇帝下令征集，都是常见的。比如中国乱世军阀往往会以武力占有私人或皇家的艺术品。如汉武帝、乾隆皇帝等喜好书画的皇帝，经常通过征集的方式获得私人的艺术品。而真正的交易，则是出现在商人或者文官、私人之间。比如李清照便在《金石录》中记载了她因为缺钱，错过了看到的宝物这样的经历。

2. 中国艺术管理专业应运而生

中华人民共和国在成立之初仿效的是苏联模式的计划经济体制，消除了私有产权。民国时期的市价准则，随着 1956 年社会主义工商业改造的基本完成，琉璃厂等先前经营文物的店铺从私营逐渐转变为公私合营，文物均收归国有。这时的首要任务就是要收集流散在社会上的文物。旧时代的艺术家则被纳入政府编制，公家供给生活所需，创作及生活所需都有国家供给，作品归国家所有，个人不能私下卖画。在20世纪80年代之后，中国逐渐引入了西方的“产权学说”。中国在改革开放之后，进行了政治体制的改革，逐步在90年代细化产权的逐项规则，特权社会逐渐转化为产权社会，现代艺术市场的建立便是在这样的一个社会基础上形成的。职业画家重新根据市场的供需来创作，这是形成美术产业发展和繁荣的重要前提。

当下美术市场的藏家，也就是购买方的基本身份大概有：个人收藏、专家收藏、企业收藏、官方收藏等。但中国由于艺术市场的法律法规并不那么健全，画家越过机构，私自和买家沟通、卖画的行为已是常态，客观上造成了市场的混乱和大量税收流失。个人收藏主要是“附庸风雅”。美术收藏中的重要主体就是从事美术收藏的组织，如国家博物馆等专业收藏组织。国博这样的组织的主要收藏目的就是以国家财政来在市场上购入流散民间的古典美术作品。像国家博物馆、故宫博物院等全国性或者各地官办博物馆，都有自己的鉴定委员会，由专家组负责对藏品进行遴选和鉴别。

我国的现代艺术市场机制的建设都是学习西方发达国家。营利性美术组织包括画廊、拍卖行、基金会、博览会等。画廊和博览会为一级市场，主要面对的是书画家和散户收藏家，拍卖行是二级市场。西方艺术市场中，拍卖行只经营画廊等机构输送来的作品，分工很明确。但在我国当下分级比较混乱。很多画廊在21世纪以来，经历了经济危机便倒闭很多，而拍卖行非常红火。拍卖行为提取买卖双方的佣金，很多小拍的起拍作品门槛不高，造成赝品很多，假拍混杂。

中国艺术市场中，从作品的时代和形式上区别，大概可以分为传统的古代美术作品和现代美术作品。古代传统美术作品的门类大概有：书画、青铜器、瓷器、玉器、石雕、陶器、古钱等，即书画和器物。现代艺术在概念上和西方美术理论是接轨的，引用了西方的艺术分类法：架上绘画、雕塑、影像、装置等。按照份额比较大的绘画市场来说，还可以按照时间区分为：

古代绘画市场、近现代绘画市场和当代绘画市场。1950 年之后出生的、还活着的艺术家，他们在市场上被称为“当代艺术家”。由于古典艺术品和现当代艺术品在类别和形成的艺术史背景都不尽相同，因此传统美术品的买卖和现当代艺术品的流通是泾渭分明的。

市场的建立和完善必须依据相关的健全法律。中国美术市场要遵守的国际公约有《保护文学和艺术作品伯尔尼公约》《世界知识产权组织版权条约》。联合国教科文组织在 1970 年发布《关于禁止和防止非法进出口文化财产和非法转让其所有权的方法的公约》，1972 年颁布《保护世界文化和自然遗产公约》等。这些国际法律条文都是为了保护人类共同文化遗产免遭破坏。

中国政府早在 1950 年就颁布了《禁止珍贵文物图书出口暂行办法》，这是新中国最早颁布的全国性文物保护法规之一。1982 年 11 月 19 日，第五届全国人民代表大会常务委员会第二十五次会议通过了《中华人民共和国文物保护法》。该法在颁布后根据时代特点曾多次修订。

自 90 年代中国艺术市场开始蓬勃发展以来，传统意义上的收藏史开始向现代艺术市场研究转型，应对现实需要，艺术管理作为一门学科应运而生。新中国艺术管理专业的设置，标志着艺术学教育系统中又一个跨学科交叉专业的建立，其是国家应对当下社会发展而设立的专业。这意味着传统研究模式的突破，现实告诉我们对于艺术市场的研究，需要美术学科的知识，也需要市场学的知识。

2003 年中央美术学院设立了艺术管理学方向。2015 年，艺术管理与教育学院成立，是中央美术学院下设的第八个专业分院。2019 年中央美术学院艺术与设计管理学院获批，艺术与设计管理学成为中央美术学院的一级学科，中央美术学院的第九个本科专业建立起来。这是这个学科在学府内应社会发展而设置的。

我国艺术管理专业的设置，标志着教育系统中，跨学科的交叉专业建立，是国家对当下社会发展而设立的专业。对于艺术市场的研究，需要美术学科的知识，也需要市场学的知识。传统的鉴藏史，包括鉴定学、历史学为主，着重从文献的角度来研究古代艺术市场的历史，阐述市场下艺术品的流通。而艺术管理学语境下的艺术商业研究方向，是交叉型学科，有经济、法律、艺术等多种知识背景。由于在新世纪面对不同的传播媒介、交通方式，在全新的国际格局、经济模式之下，需要学习研究传统收藏史不同的知识。传统的鉴定学、文献学方法依然是很重要的基础学习，但在新时期是远远不够的。

3. 双年展与独立策展人

1895 年“威尼斯国际艺术展”开启了双年展（英语：Biennial；意大利语：Biennale）的模式。从 19 世纪末开始的世界艺术展览会，相当于艺术界的“奥林匹克运动会”。由各个参展国家自筹经费，来选送本国推崇的艺术作品。第二次世界大战前夕，英国、法国、苏联、西班牙、德国、荷兰、日本、韩国等国家，都在意大利的主展览地吉拉蒂尼（Giardini）建起了固定场馆。各国的大城市都以申办国际艺术双年展为提高本地国际知名度、加强国际化的方式。威尼斯双年展成了西方先锋艺术的最前沿，它提供了国际艺术展览的一种流行模式，威尼斯双年展的开创性和在时代发展中的影响力，已然变成当代国际艺术的标杆。影响仅次于威尼斯双年展的还有 1951 年开始举办的巴西的圣保罗双年展，紧排在后面第三位的是 1955 年的德国卡塞尔文献展（自第五届卡塞尔文献展开始，展览由四年或五年一届固定为五年一届。卡塞尔文献展在形式上也是双年展的变体）。除了世界三大国际艺术展览，全球著名的双年展还有如美国惠特尼双年展、澳大利亚悉尼双年展、法国里昂双年展、土耳其伊斯坦布尔双年展、韩国光州双年展、南非约翰内斯堡双年展等都很有影响力。这一类的双年展都是国际性展览，每一届都是全世界艺术家的盛会。当代世界艺术的当下状况与前沿问题都能够反映出来。双年展逐渐成为全球艺术交流的一大平台。

西方的国际展览制度都是以策划人为主导的。策展人实际上具有整个展览的话语权，展览的大小问题他都要负责。策展人先要确定展览主题、决定参展作品目录、划分展览场地的区域等宏观和具体的工作，都由策划人来负责，策展人一般是艺术史、艺术批评、艺术理论领域内的权威专家。展览最终呈现出的面貌都在策展人的策划思路下一步步实现。

中国美术家协会组织举办的全国美术作品展是中国以往基本的展览体制。官办展览的传统分类方法，如中国画、油画、版画、雕塑、年画、连环画、壁画、设计等。主要歌颂祖国山河、表达爱国主义、反映和谐社会等国家主流意识形态。作品遴选和评奖有专家组成的评审委员会，不是西方的独立策展人制度。学术委员会的成员基本是各级艺术官员。艺术官员大都由画家组成，不是专业的批评家和独立策划人。

20 世纪 90 年代以来，中国改革开放步子加快，国际艺术展览能作为文化名牌来提升都市的文化形象，推动城市的旅游增长点。大城市如北京、广州和上海，在 20 世纪 90 年代开始举办双年展。1992 年广州首届双年展成功举办，1996 年上海首届双年展成功举办，还有如 2001 年成都双年展、2002 年广州当代艺术三年展、2003 年北京首届双年展。中国的双年展模式和策展人制度便应运而生了。一届好的双年展不单单是一次美术作品展览会，不是作品的累积、叠加，要能够反映出一种当代的文化态度，具备一定批判性，对社会中的敏感问题作出积极回应。而且要有国际视角，学术上要和世界当代艺术有对话的高度，对艺术尖端课题提出解决方案。

迈克尔·本森总结了优秀的策划人需要的综合素质："在不同的文化国度工作并需要充分创造力来处理不同文化冲突与竞争的国际艺术展的组织者，必须同时是一位审美创造者、外交家、经济学家、批评家、历史学家、政治家和艺术观众的培养者与引导者。他们不仅需要与艺术家沟通，还要和当地社区的行政负责人、商人妇女及国家领导人打交道。”① 同时，职业策展人在策划学术展览的过程中，要兼顾学术效应、社会效应、经济效应。展览在选择策展人的时候，不仅可以采取个人策划，还可以实行集体策划。

英语中“Curator”一词中文可以翻译成博物馆或者美术馆的馆长，也可以翻译成策展人等，如何翻译主要是看该词使用的语境。在欧美国家，Curator 通常是指在博物馆、美术馆等非营利性艺术机构专职负责藏品研究、保管和陈列、策划组织展览活动的专业人员。在比较小型的博物馆中，一般就是指馆长。在像纽约大都会艺术博物馆里就是指部门主管。西方的博物馆、美术馆一般都采用 Curator 负责制来开展业务，贯穿着博物馆的收藏、展览、研究、教育等多块业务。20 世纪 90 年代以来，这一制度在国内的各大博物馆也多有采用，当然翻译方法各有不同。如“策展人制度”“业务主管负责制”“研究馆员负责制”等。实际上就是欧美的“Curator 负责制”。

公元前 4 世纪，马其顿的大帝亚历山大将他建立亚历山大帝国的过程中获取的珍奇之物全部带回亚历山大城。亚里士多德是大帝的教师，他负责保管、整理、研究这些物品。埃及总督托勒密在亚历山大逝世后建立起新王朝，继续推行希腊化。亚历山大掠取的奇珍异宝被放入埃及的亚历山大里亚博学园。博学园拥有图书馆、动物园、植物园，还有缪斯神庙。缪斯神庙专门收藏历代积累下来的文化珍品。西方博物馆“Museum”一词就起源于缪斯神庙。神庙中设置有专职人员，他们都是古希腊的著名学者。专职人员有对藏品研究的经验和方法，有专门的管理方式，还懂文献和古物的修复和保存，即“Curator”的最初形态。②

19 世纪末 20 世纪初期，“Curator”便代表了西方博物馆中藏品的管理者、研究者、教育者的复合身份。而“Independent Curator”一词在 20 世纪

① [美] 迈克尔·本森，张朝晖译，《策划人的时代》，《世界美术》，1998 年第 4 期。

② 参见卢忻，《中国美术馆学概论》，上海书画出版社，2008 年版。

出现，就是中文里的“独立策展人”，也有翻译为“独立策划人”的。20 世纪 80 年代前后开始在香港、台湾等地区，以及海外华人范围内使用。在 20 世纪 90 年代这一概念开始在中国艺术界广泛使用。独立策展人不隶属于特定美术馆和博物馆，不是常设策展人。这一身份的独立性指的是根据自己独立学术理念来策划组织艺术展览，不隶属于任何机构或团体。总之，策展人制度的出现到完善，历时漫长，在当代艺术世界里扮演着越来越重要的角色。

中国的双年展策划人制度的形成可以说是自发、自觉的。最早具有影响力的展览策划应追溯到 1989 年中国美术馆的“中国现代艺术展”。那一次展览只有展览的组织者，还没有“策划人”这一概念。但实际上栗宪庭、高名潞等批评家在展览筹备、开幕等过程中所承担的责任来看，这就是在行使策划人的权利了。他们实际上履行了策划人的义务，就是在扮演策划人的角色。展览的策划人这一角色在中国也是从理论家、批评家中转化而来的。在当时，批评家以策划人的身份出现完全是时代所迫。这些批评家已经不自觉地完成了由文本批评到实践批评的有效转换，将参与和影响艺术的方式从案头移到了展场。①

4. 艺术市场的繁荣

依照西方资本主义从 19 世纪就开始构建的艺术市场模式，有大概六块内容：艺术批评、展览策划、博物馆（公共）收藏、艺术拍卖、艺术品经纪（画廊）、私人收藏。前三者，在西方的市场体系里被称为观念（idea）系统，后三者被称为资本（money）系统。②是市场和市场外部系统一起组成的，任何一部分的缺失，都会造成市场发展的不正常。

① 参见杭海宁，《中国双年展策划人制度的现状评析》，中国艺术研究院 2005 届硕士学位论文，导师刘骁纯。

② 参见余丁，《回顾与反思：中国艺术品市场二十年启示》，《美术观察》，2010 年第 12 期。

立足于当下回望改革开放到21世纪头十年的中国艺术市场发展，大致可以分为四个阶段。第一个阶段是中国改革开放初期，这一时期的特征是传统的“画店”开始复兴，艺术品的交易市场保障等各方面相应的配套没有跟上，政策的改革还不到位，有些旧有的政策对艺术市场发展起到阻碍作用，这一时期的市场发展相对缓慢。第二个阶段是整个20世纪80年代。此时期的特点是随着经济改革逐步深入，满足民众的艺术品画廊和画店相较前一段时期数量明显增加。针对外国艺术消费品的单位依附在繁荣的旅游业上也发展起来。第三个阶段是20世纪90年代。专业画廊体制逐渐建立起来。签约代理艺术家的制度在中国建立起来。传统的画店和销售美术消费品的旅游公司逐渐被当代成熟的画廊制度替代。而传统的依赖艺术家名气的做法开始改变，艺术经纪对艺术家发展前景判断的比重在经营中凸显出来。拍卖行和艺术博览会也在“一级市场”画廊建立起来之后逐步在国家政策和法律的推动下兴起，成为“二级市场”，各级市场逐步完善。第四个阶段是21世纪的头十年。而这十年的特点是画廊数量大幅度增加，并且盈利增加，外资画廊也大量涌入。很多经济、文化发达的大城市如北京、上海、广州、深圳等都形成画廊聚集区。拍卖和艺术博览会也在各大城市形成稳定的核心区域，专业的艺术经纪人在艺术市场的经营活动中的戏份增加。艺术市场关注的文化价值取向益发多元，关注中国当下艺术创作，并和国际的艺术发展交融性进一步加强。①

1958年，旧体制留下来的最后一家拍卖行在天津关门。后经近三十年时间，1986年，改革开放后的第一家拍卖机构广州拍卖行在广州成立了。1996年，中国的拍卖活动有了法律依据，《中华人民共和国拍卖法》颁布标志着中国的拍卖事业进入规范发展的时代。1995年12月25日中国国家文物局正式批准授权6家拍卖公司实行文物拍卖直管专营试点，它们是：中国嘉

①参见赵力，《新中国美术品市场的历史与发展》，《美术》，2010年第4期。

德、北京瀚海、北京荣宝、中商盛佳、上海朵云轩、四川翰雅。直到 21 世纪第一个十年，中国形成了北京、上海为核心的中心化发展，成交量和拍品类别的广泛程度均达到前所未有的状态。

中国在 19 世纪末 20 世纪初流出海外的大批中国古代艺术作品，在当代经常通过拍卖、回购的方式，再回到国内市场。而回购的作品往往是过亿的天价。这种现象屡见不鲜。造成这种现象的历史原因是中国在近代贫弱状态下，文物大量外流，给海外收藏家带来了收购红利。近代藏家往往通过极为低廉的价格，购到极品文物。中国在 20 世纪后半期经济崛起，财富的流向产生了回购的可能性。国力增强，便有重塑文化形象的内需，通过商业渠道回购流失文物，便成为一个普遍现象。

中国美术收藏史，书写的不仅仅是古代中国美术作品收藏的历史，它随着时代的推进，和世界大的变革紧密联系，有显著的时代特点和地方特点。中国历史上对外来文化的接纳，并不是一成不变的。虽然清末以来中国呈现出封闭的态度，但放在一个较长的时段，中国和世界毫无疑问是紧密联系的，交流也是必须的。21 世纪以来，传统的美术体制不再是唯一的艺术生产系统。政府之外的各种资本团体，都开始重视艺术投资。如民生银行的美术馆、爱慕集团美术馆的经营。中国经济文化和世界基本同步，并在某些领域有创新和领先。

这个时期的收藏，具有鲜明的时代特点。国外收藏家对中国艺术的投资，对艺术品的购买成为一支力量。国内诸多资本实体也纷纷开设美术馆、画廊，艺术经纪人开始经营艺术家，推动艺术市场的多元发展。这一时期的艺术品收藏，形成了企业收藏为主的形式。在这一特定的时代，藏家的口味多元，艺术家的创作与时代紧扣，很多作品也和之前有“时代主流”的方式不同，呈现多元的面貌。各种艺术种类也都有不同的展现。艺术各个门类之间，也逐渐在模糊边界。很多艺术家的作品，逐步被开发出衍生品，同步上市。北京故宫博物院利用藏品的巨大优势，推出各类文创产品，丰富了市场。

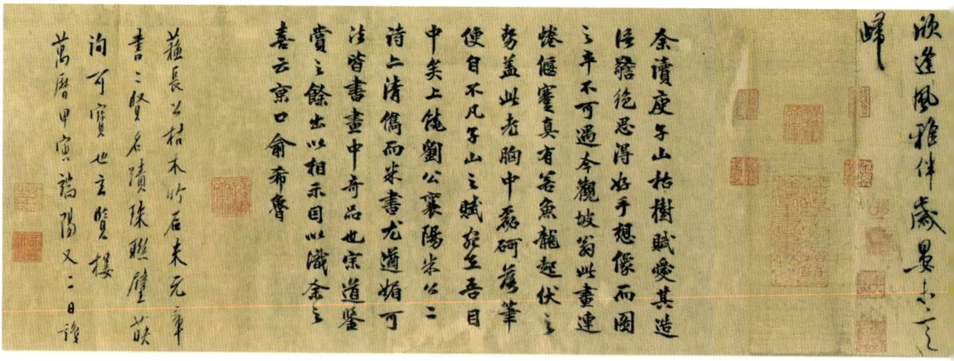

5. 艺术品拍卖

历史文献中对拍卖活动的记载最早可能是公元前 5 世纪历史学家希罗多德在其名著《历史》中所记载古巴比伦的拍卖新娘的事迹。古巴比伦、古希腊、古埃及的拍卖业是拍卖业发展的第一个阶段。古罗马帝国扩张过程中，拍卖奴隶和战利品形成了极大规模的拍卖业，为现代拍卖业建立了模式，是拍卖史上的第二个高峰。拍卖业正式形成是在 17 世纪的近代欧洲。18 世纪苏富比和佳士得两大拍卖行在伦敦成立，更多的拍卖机构在欧洲纷纷出现。20 世纪，世界两大拍卖行苏富比和佳士得进入繁荣昌盛时期，伦敦和纽约成为艺术品交易中心。

中国的艺术品拍卖，是这一时期非常重要的艺术品流通方式，可以看作艺术市场的风向标。几家大的拍卖公司，如嘉德集团、苏富比、保利集团等。处于信息时代的中国艺术的创作，和世界艺术思潮越来越紧密。许多国外的大博物馆、美术馆都有线上功能，信息的共享越来越方便，全球艺术的敞开交流就逐渐成了这一时期时代主流。

根据《中华人民共和国拍卖法》的第 61 条第 2 款，“拍卖人、委托人

图 7-15 《枯木怪石图》

在拍卖前声明不能保证拍卖标的的真伪或者品质的，不承担瑕疵担保责任”[①]。也就是说，只要拍卖人以公开方式声明本次拍卖不能保证作为拍卖标的的物品（如果是艺术品拍卖，标的物便是艺术品）的真伪或品质，便可以对被拍卖艺术品的瑕疵、真伪不负法律责任。这一条款也被业界称为“不保真条款”。

中国自改革开放 40 多年以来，经济构成发生改变，市场经济繁荣起来。对外开放的实行，使很多流失海外的古书画得以归国。跨国公司通过拍卖等方式回购了大量的海外文物。拍卖是在现代国际贸易体系中，合理合法将流失海外文物追回的最有效途径。2018 年 11 月 26 日，传为北宋苏轼所作《枯木怪石图》（图 7-15），以 4 亿多人民币的天价经过佳士得秋拍被中国藏家买下。

中国文化源远流长，文物经历代损毁散失，我们今天所能见的古代文物已经是九牛一毛。但这不影响我们沿着古人走过的路，来延续文明。艺

①《中华人民共和国拍卖法》，1996 年 7 月 5 日第八届全国人民代表大会常务委员会第二十次会议通过。根据 2004 年 8 月 28 日第十届全国人民代表大会常务委员会第十一次会议《关于修改〈中华人民共和国拍卖法〉的决定》第一次修正。根据 2015 年 4 月 24 日第十二届全国人民代表大会常务委员会第十四次会议《关于修改〈中华人民共和国电力法〉等六部法律的决定》第二次修正。

图 7-16　法国蒙特马尔

术对于传统的吸收是永远的话题，艺术对当下的表现又是另外的一个课题。我们关注收藏，是从一个特定的视角来走近艺术，探索文化。

图 7-17　美国苏荷区

6. 艺术区

经济相对发达的大都市产生大批艺术家聚集的“艺术区”，这一现象集中体现了现代工业文明的高度发达。比如法国巴黎有蒙特马尔（图 7–16），美国纽约有苏荷区（图 7–17）。大都市往往商业高度繁荣，人口密集，能够产生极高的聚集效益，艺术家有更多的展示空间和成功机会。大都市人们思想文化活跃并且自由度高。在这样的土壤中，艺术家容易获得基本的生活条件，在创作上较少受到政府或宗教等限制。回顾中国的艺术区发展，20 世纪 90 年代至今，大概走过二十余年的历程。最早的艺术区是北京圆明园的画家村，之后还有花家地（东村）和后来的宋庄艺术区。798 艺术区（图 7–18）则是艺术家集聚区发展到 21 世纪的新高峰。自由艺术家为了“抱团取暖”，艺术企业和国家政策也不断投资、导向，共同推动、促进了艺术区的发展。

图 7-18 798 艺术区

进入 21 世纪以来，西方发达国家的发展重心逐渐从制造业转入到服务为主的产业。中国在加速发展制造业、抓紧经济建设的同时，也重视文化大国的建设，要提高文化软实力。我国政府在“十一五”规划中提出要积极发展文化事业和文化产业。在这样的风气下，文化产业区快速出现。随着中国的艺术品市场逐渐升温，画廊的集聚使默默无闻的艺术区逐渐进入公众的视野，艺术区进入了商业化时代，全国各地出现了许多类似于 798 的艺术区，如上海的 M50、杭州 LOFT49 艺术区、重庆坦克库艺术区等。据统计，目前我国已经有了大概 110 多个艺术区。国内的艺术区基本上呈现出三种形态。第一种，可以称为“艺术村”，即相对静止的区域。艺术家自发而聚集形成，与外界的来往比较少。早期的北京圆明园画家村、索家村、费家村、宋庄小堡艺术村、黑桥艺术村都属于这一种类型。第二种是“画廊集聚区”。即在艺术村的基础上形成，后以画廊占主导的艺术品交易区。北京 798 艺术区、草场地艺术区、上海 M50 艺术区等。第三种是“规划类艺术区”。这一类主要由政府或企业规划建设成的综合园区。北京观音堂艺术大道、雍和艺术区等都属于这一种。北京的 798 艺术区则极为特殊，先后经历了以上三个时期。①

① 参见迟海鹏，《艺术区现状研究》，中央美术学院 2014 届硕士学位论文，导师赵力。

在2006年前后，798艺术区被朝阳区政府、北京市政府均列为首批文化创意产业聚集区之一。798艺术区位于北京朝阳区酒仙桥大山子地区，核心区域占地面积30万平方米，建筑面积23万平方米。798艺术区内多种业态混杂，有艺术家工作室、画廊，还有各种艺术相关的商业，如艺术书店、衍生品。不同区块里还有科研、工厂生产等。多方因素影响着园区的“生长”。艺术区原为国营798厂等电子工业的老厂区所在地，它成长为艺术区与中央美术学院的“二厂时代”有直接关系。①

1995年，中央美术学院从王府井原校址迁出，在大山子北京电子器件二厂有6年的过渡期。直到2001年才迁入今天望京花家地南街的新校址。中央美术学院雕塑系接到了创作任务，为新中国成立五十周年卢沟桥创作抗战胜利群雕。但是学校中转过渡办学，工作室空间有限，时任雕塑系副主任的隋建国偶然发现二厂街对面的酒仙桥4号院有很多闲置库房。“雕塑系以每天每平方米3毛钱的低廉租金租用了一个3000多平方米的仓库作为雕塑车间，从1995年到1998年的近4年中，雕塑系的所有教师学生都在此工作过。”②厂房的建筑风格接近包豪斯审美理念，且空间宽阔、采光良好、租金低廉。中央美术学院带来的艺术家聚集，逐渐将厂区填充起来。

偶然事件开启了艺术家工作室集聚798厂区之路后，从1999年到2002年，陆续有艺术家入驻厂区。2006年政府出面将其正式定为首批北京市10个文化创意产业集聚区之一。798艺术区逐步发展先后带动了周边地区的艺术区聚集带的形成。以798为首，先后有朝阳区的酒厂国际艺术园区、一号地艺术园区、草场地艺术区、环铁国际艺术区、索家村和费家村艺术村落等十余个文化艺术集聚园区。

在21世纪头十年，798艺术区一步步繁荣起来。在2008年临近奥运会

① 参见余丁，《798艺术区调研报告》，《美术家通讯》，2008年第4期。

② 舒可文，《“798工厂”与城市形态》，《三联生活周刊》，2004年第20期。

时，房租早就从最初美术学院雕塑系租用的每平方米每天3毛钱涨到7块钱到8块钱。同年，纽约的佩斯画廊（图7–19）选择798艺术区作为它唯一的亚洲分支。这将外国机构入驻推向高潮，极大提升了园区的整体艺术品格。798艺术园区的物业在租赁房屋的过程中为营利，更倾向出租给设计、建筑、媒体等营利性质的文化机构。被798园区名气吸引，每年都有数以百万计的游客光顾。园区内的餐厅、咖啡厅、酒吧，还有画廊周边的创意品商店生意无比火爆。798园区每年都可以获得9000万左右的房租收益。[①] 到2015年，798艺术区已经由早期的艺术家工作室、画廊为主的艺术区，开始走向商业化。

图7-19　佩斯画廊

① 参见迟海鹏，《艺术区现状研究》，中央美术学院2014届硕士学位论文，导师赵力。

后记

本书的写作初衷源于2018年开始在中央美术学院艺术管理与教育学院开设硕士研究方向“中国美术收藏史研究”。在余丁院长的鼓励和建议下，在赵力副院长的指导下我提交了“收藏史”的研究方向。在余院长的力挺下申报成功。但在具体的授课、研究、指导学生的具体工作过程中，一再发现自己在这方面的知识不够系统。

2019年美院科研处下发“青年学者资助项目”（项目编号：19QNQD104），我非常幸运地得到了四万元的项目资助。在项目执行计划里，我把这个困扰已久的想法列在了资金使用方向中，准备以项目资金来完成这个课题的研究。随后新春之际疫情暴发，面对无味的、封闭的生活，每天搜寻资料，一点点完善想法成为“日课”。“日进千字”的“软磨硬泡”，看似枯燥的工作，就像消磨时光，但不知不觉中，这本书居然逐渐有了个模样。

做研究、教学的工作对于我来说，看似熟悉，实则陌生。近20年在美院图书馆工作，能够让我沉下心来，天天对着书磨性子，“坐得住”就非常重要。而站在讲台上，面对学生，却一再感觉自己的知识需要不断补充和更新。在艺管学院、中法学院的教学过程中，我一再体会到余老师、赵老师多年辛勤耕耘的不易，打心里感激老师们一再提携学生，给学生提供锻炼和学习的机会。

和辽宁美术出版社合作多次，彭伟哲社长多年从事出版工作，对我给予了大力支持，在此一并谢过。本书的部分章节调整、梳理，是我的研究生勾崇智、朱俊屹、吕宁茁同学完成。图版的寻找、扫描是席文迪、朱俊屹、金雪滢同学完成，他们为本书的完稿付出了辛苦的劳动。

杨仁恺，《国宝沉浮录》（精读本），上海人民美术出版社，2018 年。

杨仁恺主编，《中国书画》（修订本），上海古籍出版社，2009 年。

黄朋，《吴门具眼：明代苏州书画鉴藏》，上海书画出版社，2015 年。

范金民，《科第冠海内，人文甲天下》，江苏人民出版社，2019 年。

傅申，《元代皇室书画收藏史略》，上海书画出版社，2018 年。

朱剑心，《金石学》，浙江人民美术出版社，2015 年。

庄申，《前生造定故宫缘》，紫禁城出版社，2006 年。

那志良，《故宫五十年》，民主与建设出版社，2020 年。

白谦慎，《晚清官员收藏活动研究》，广西师范大学出版社，2019 年。

杨新，《中国古代书画鉴定二十五讲》，浙江大学出版社，2019 年。

钱穆，《中国历代政治得失》，九州出版社，2019 年。

吴晓波，《历代经济变革得失》，浙江大学出版社，2013 年。

［日］关西中国书画收藏研究会编著，苏玲怡、黄立芸、陈建志译，《中国书画在日本：关西百年鉴藏纪录》，上海书画出版社，2017 年。

［日］富田升，《近代日本的中国艺术品流转与鉴赏》，赵秀敏译，上海书画出版社，2014 年。

［美］聂婷，《福开森与中国艺术》，郑涛译，上海书画

出版社，2017 年。

傅芸子，《正仓院考古记》，上海书画出版社，2014 年。

张伯驹，《烟云过眼》，中华书局，2016 年。

[法] 罗拉，《卢芹斋传》，卞婉钰译，中国文联出版社，2015 年。

宋路霞，《百年收藏：20 世纪中国民间收藏风云录》，复旦大学出版社，1999 年。

陈文平、牛梦沉编译，《山中定次郎与山中商会》，上海书画出版社，2020 年。

王子琪，《开账：荣宝斋与二十世纪早期的北京艺术社会》，荣宝斋出版社，2018 年。

商勇，《中国美术制度与美术市场》，东南大学出版社，2014 年。

[美] 杰弗里、余丁，《向艺术致敬：中国与美国的视觉艺术管理》，知识产权出版社，2008 年。

余丁，《艺术管理学概论》，高等教育出版社，2008 年。

[法] 皮埃尔 · 布尔迪厄，《艺术的法则》，中央编译出版社，2001 年。

[美] 丹托，《艺术的终结之后》，王春辰译，江苏人民出版社，2007 年。

[法] 米歇尔 · 福柯，《规训与惩罚》，生活 · 读书 · 新知三联书店，2003 年。

图书在版编目（CIP）数据

中国美术收藏史 / 谷赟著．—沈阳 ：辽宁美术出版社，2023.6

ISBN 978-7-5314-9414-0

Ⅰ．①中… Ⅱ．①谷… Ⅲ．①艺术品—收藏—历史—中国 Ⅳ．①G262-092

中国版本图书馆CIP数据核字（2022）第240200号

出 版 者：辽宁美术出版社
地　　址：沈阳市和平区民族北街29号
邮　　编：110001
发 行 者：辽宁美术出版社
印 刷 者：辽宁新华印务有限公司
开　　本：787mm×1092mm　1/16
印　　张：22.5
字　　数：245千字
出版时间：2023年6月第1版
印刷时间：2023年6月第1次印刷
责任编辑：张　畅
责任校对：郝　刚
书籍装帧：张　畅　何　力
书　　号：ISBN 978-7-5314-9414-0
定　　价：248.00元

邮购部电话：024-83833008

E-mail:lnmscbs@163.com

http://www.lnmscbs.cn

图书如有印装质量问题请与出版部联系调换

出版部电话：024-23835227